재해 리질리언스:
사전부흥으로 안전학을 과학하자

재해 리질리언스:
사전부흥으로 안전학을 과학하자

김영근 · 야마 요시유키
가와무라 가즈노리 · 전성곤 지음

한국학술정보

[일러두기]

1. 본문에서 사용하는 일본어 표기는 가능한 한 원어발음을 사용하고자 했다.
   예) 南三陸→미나미산리쿠(南三陸)

2. 일본의 행정구역인 시나 현은 아래와 같이 표기했다.
   예) 仙台市→센다이 시(仙台市), 福島県→후쿠시마 현(福島県)

3. 일본어의 동일본대진재(東日本大震災)는 동일본대지진으로 표기하고, 이하 사용되는 한신・아와지대지진 등은 하나의 고유 명사로 여겨 띄어쓰기를 하지 않았다.
예) 東日本大震災→동일본대지진

4. 일본의 지방자치체라는 용어는, 지자체라는 말로 사용했다.
   예) 自治体→자치제

5. 인명이나 고유명사에 대해서는 원어 발음을 그대로 표기했다.
   예) Benedict Anderson→베네딕트 앤더슨(Benedict Anderson)
   山中茂樹→야마나카 시게키(山中茂樹)

6. 새롭게 제언하는 의미에서 원자력 재해 피해자나 재해/재난 피난자의 용어는 원전재해 피난자, 재해 피난자라고 표현했다.

서론: 안전학을 시작하자

-사전부흥론 및 리질리언스-

1. 안전학을 시작하자: 11.15포항지진이 묻고 9.12경주지진이 답하다.

1) 안전학을 시작하자!

'안전학'이란 리스크 및 위험, 재난이나 재해로부터 벗어난 상태로 가는 프로세스 및 메커니즘을 규명하는 학문분야이다. 특히 재해 리질리언스, 사전부흥, 과학의 개념을 학제적으로 생활 속에 구현하고 실천하기 위한 이론적 점검이라 할 수 있다.

2) 재해 리질리언스란 무엇인가?

우선 '리질리언스(resilience)'란 여러 사물이나 생각(사상)에 외부적 힘이 작용하여 물리적 · 정신적 변화(변용) 과정을 거쳐, 외력이 사라졌을 때 원상태로 되돌아가는 능력(탄성)을 말한다[1]. 따라서 재해 리질리언스란 복합적으로 상존하고 있거나 늘상 발생하는(발생

---

1) "Resilience" means the capacity to recover quickly from difficulties, risks, dangers, disasters etc. "Resilience" as a region's ability and/or capacity to adjust and bounce-back from severe stress in emergency situations. "Resilience" has four dimensions(4Rs) for measuring resilience; Robustness(강인성), Redundancy(가외성), Resourcefulness(풍부한 경험을 바탕으로 한 임기응변의 대응력), Rapidity(신속성)

할) 위기와 점증하는 리스크를 관리함으로써 재해 이전의 상태로 복구·재생할 수 있는 유전자를 의미한다. 말하자면 향후 미래의 안전 생태계를 결정하는 중요한 요소로 과거와 현재의 사례 및 과학적이고 경험적인 지식들을 반영한 것이다.

재해 리질리언스 및 재해로부터의 복구·부흥·재생 과정에서 중요한 것은 재해 이전의 상태(현상)을 제대로 기억해야만 가능하다. 또한 이와 관련된 개념으로 '사전부흥'이 중요한 데, 재해 리질리언스의 효율성(성능)과 밀접한 관계가 있으며 상호간 영향을 미치고 있다. 그렇다면 사전부흥(事前復興)이란 무엇인가?

3) 사전부흥이란 무엇이며 과연 가능한가?

재해가 발생하기 이전에 다양한 노력들이 결과적으로 재해 발생 후(災後) 복구-부흥-재생에 크게 기여한다는 점에서 유용한 개념이라 할 수 있다[2]. 단순하게 재난에 대응하고 복구를 하는 데 집중할 것이 아니라 재해 발생 이전의 프로세스에 더더욱 비전을 가지고 체계적으로 예방하고 복구하는 힘 즉 '리질리언스(복원력)'를 위해 예방하는 과정을 강조할 필요가 있다. '사전부흥'에 관해서는 여러 유형들이 있을 수 있겠으나 우선 재해가 발생 할 경우 피해를 최대한 최소화하기 위해 사전에 하드웨어 중심의 부흥계획을 세워두는 것이다. 이와 관련된 재후 신속한 부흥을 위한 프로그램(프로세스+운용 메커니즘)을 미리 준비해 두자는 소프트웨어적 주장이다. 자연재해는 지진학이나 방재학, 핵원자력공학 등 강성(hard) 요소의 성격이

2) '사전부흥'에 관해서는 야마의 제2부(재해와 상징적 부흥론) 제4장(재해를 대비하는 중산간지역의 사전부흥) 및 전성곤의 제5부(재해와 사상적 부흥)에서도 논의하고 있다.

강하며, 사회재해 및 인문재해는 소문(풍평)피해나 지역 커뮤니티의 현장력 등 평소의 인식이나 넓게는 사상까지도 포괄하는 연성(soft) 요인을 어떻게 안전과 연동시킬 것인가가 중요하다[3].

이러한 사전부흥을 위해서는 재해가 발생할 경우 국가 혹은 지방자치단체, 개인을 포함한 지역커뮤니티 등 행위자별 상황인식이 재난 예방-대비—대응-복구라는 재해 거버넌스 4단계와 맞물려 갖춰지고 실천가능 한 시스템이나 안전생태계가 마련되어 있어야 한다. 즉 인문학-사회과학-자연과학기술공학이 아우러진 안전을 확보하기 위한 다양한 노력 중에서도 '사전부흥'은 매우 중요하며. 상정한 만큼이나 그 기대효과는 상상을 초월할 것이다.

4) 과학만이 답이다.

지금까지 설명한 재해 리질리언스, 사전부흥이 제대로 작동하기 위한 답(기제)은 과학에서 찾을 수 있다. 여기서 '과학'이란 기본적으로 사물의 현상에 관한 보편적 원리 및 법칙을 알아내고 해명하는 것을 목적으로 하는 지식 체계나 학문을 뜻한다. 다만 지금까지는 아니 앞으로도 물리, 화학, 생물, 지구과학 등 자연과학에 집중되어 논의되어 왔다. 그러나 자연과학에 매몰된 지식이나 태도, 처리 능력만으로는 초학제적이고 융복합적인 시대의 여러 문제들에 관해 해결책을 찾을 수 없다[4]. 사회과학이나 인문과학을 횡단하는 노력이

---

3) 제1부(재해와 한국형 재난학) 제1장(일본의 진재학과 재해부흥의 역(逆)이미지) <표 1>을 참조할 것

4) 과학(科學)이라는 용어(단어)는 일본의 철학자 니시 아마네(西周)가 1874년『명륙잡지(明六雜誌)』에 연재된「지설(知說)」이란 글에서 처음으로 사용했다. 당시에는 '전문화되는 각 분과(分科)의 학문(學)' 이란 뜻으로 사용된 표현이었다. 박성래(2011)『인물과학사 2 세계의 과학자들: 그리스의 아르키메데스부터 중국 로켓 공학자 천쉐썬

필요하거나 시대적으로 요구되어지고 있다. 특히 위험사회에 살고 있는 인간이 재난에서 벗어나 안전을 확보하기 위해서는 인문과학 및 사회과학의 협업이 필요하다는 점이다. 여기서 '사회과학'이란 무엇보다도 인간과 인간 사이의 관계에 주목하여, 자연과학의 발전에 영향을 받아 발전한 과학적 방법을 사용하여 사회현상과 인간의 사회적 행동을 탐구하는 과학의 한 분야이다. '인문과학'은 인간과 인간의 근원문제, 인간의 사상과 문화에 관해 경험적으로 탐구하는 학문이다. 자연과학과 사회과학이 경험적인 접근을 주로 사용하는 것과는 달리, 분석적이고 비판적이며 사변(思辨)적인 방법을 폭넓게 사용한다. 물론 경험 그 자체로는 과학이 아니다. 인간에 대한 합리적인 과학이 되기 위해서는 일반적으로 기술, 설명, 예측, 관리(통제)라는 경험과학의 4가지 목표가 융복합적으로 작동해야 한다.

지진재해를 예로 들자면, 첫째, 서술(description)이란 지진의 기원이나 정의를 묘사하고 기술하며 역사적 전개를 논한다[5]. 둘째, 인과관계적 설명(explanation)으로 재해는 왜 일어나는지, 예를 들어, 최근 한국에서도 발생하고 있는 규모가 큰 지진(경주 M5.8 vs. 포항 M5.4)을 어떻게 하면 체계적으로 관측할 것인가 혹은 인과 관계를 밝히는 것이다. 셋째, 예측(prediction)하는 것으로 지진계는 물론 경고 시스템 전반에 걸친 과학적 방법론과 역사적 기록 등 과거의 경험치를 향후 발생할 미래의 재해에 관해 연동시켜 예방적 차원에서 활용한다. 넷째, 리스크 매니지먼트 혹은 관리(control)에 관한 것이다. 이는 인간이 얻은 과학적이고 경험적인 지식들을 인간 혹은 인간과 인

까지』책과함께 참조.

5) 예를 들어, 역사서를 분석해 본 결과, 과거 1900년간 한반도에서 규모6.7 강진이 15회나 발생한 것으로 알려지고 있다. 『한국일보』 2017년 11월 18일자.

간사이에서 발생하는 모든 요소에 대해 이로운 방향으로 적용하는 과정이다. 주지하다시피 과학이 발달함에도 불구하고 자연재해 이외의 사회재해 및 인문재해라는 상상을 초월하는 영향력(피해)로 인해, 애초에 재해가 일어나지 않게 하는 '방재(防災)'나 인명이나 재산피해를 줄일 수 있는 행위 즉 '감재(減災)'에서 재해피해를 최소화 하는 '축재(縮災)'로 그 목적이 변화할 수도 있으며, 복잡해 질 수 있다. 이렇듯 지금까지 전통적 개념의 과학이나 과학자들로서는 '예상밖(상정외)'의 영역이었지만 더 이상 단일 학문영역이 아니라는 점은 명백하다. 따라서 통합적 과학의 개념은 구성주의적 관점에서 접근하여 자연적 현상은 물론 사회적 문제 및 인문학적 모든 요소들을 이해하기 위해 추론(사상)하고 규칙성을 발견하기 위한 초석이라 할 수 있다.

이를 전제로 '안전학'을 과학하기 위해서는 우리는 무엇을 해야 하는가. 우선 무엇을 인문학으로 봐야 하고, 사회과학으로 봐야 하는지, 또한 어떻게 자연과학만으로 해결 할 수 없는 문제를 풀어나가야 하는 지, 나아가 가령 주어진 해답 혹은 목표를 어떻게 법제도화 하고 생활화할 것인가라는 물음에는 인문-사회-과학이 융복합적으로 대응해야 한다.

5) '11.15 포항지진'이 묻고 '9.12 경주지진'이 답하다

'11.15 포항지진' 재해가 발생한 바로 다음날 SBSCNBC TV 프로그램 <경제와이드 백브리핑 시시각각>이라는 코너에 생방송으로 출연하여 피력한 경주지진의 교훈에 대해서 살펴보기로 하자.[6]

6) 경제와이드 백브리핑 시시각각 http://v.media.daum.net/v/20171116114506996

[SBSCNBC 김영교 앵커]

어제 포항 지진은 전국에서 지진동이 감지되면서 많은 시민이 불안에 떨었습니다. 그리고 한반도가 이제는 지진의 안전지대가 아니라는 인식을 더욱 절감하는 계기가 되기에 충분했습니다. 그런데 우리나라는 지진에 대한 종합대책은 물론이고 지진이 났을 경우 행동지침 조차도 교육이 제대로 이뤄지지 못하고 있다는 점이 현실입니다. 이웃나라 일본은, 지진이 많은 나라로 잘 알려져 있지요. 한번 일본의 사례와 비교하면서, 우리가 배울 점은 없는지, 우리 시민들이 지진에 대해 어떻게 대처해야 할지, 알아보는 시간 마련했습니다. 고려대학교 글로벌일본연구원 사회재난안전연구센터 소장을 맡고 계신 김영근 교수 연결돼 있습니다. 작년 경주지진 당시 번역하신 ≪재난에서 살아남기≫책으로도 알려져 있는 데요.

[질문1] 먼저 이번 포항지진에 관해서 어떻게 보셨습니까?

작년 9.12 경주지진에 이어 인근지역인 포항에서 발생한 규모 5.4 지진으로 2018학년도 대학수학능력시험이 일주일 연기되는 등 전국이 '흔들'리고 있습니다. 문자 발송까지 상당한 시간이 걸려 '늑장 알림'으로 비판받았던 경주지진 때와는 달리 포항지진 발생을 알리는 긴급재난문자가 지진 관측 23초 만에 발송된 것으로 나타나 서울의 경우 최대 50초 동안 대피 시간을 확보할 수 있었다고 합니다. 이는 경주의 처방전이 실제 효력을 발휘한 것으로 무엇보다도 생활안전 시스템이 개선되었다는 점에서 높이 평가할 만합니다.

다만, 더 이상 지진안전지대가 아닌 한국에서도 지진의 정도를 나타내는 단위에 관해서도 진도와 규모(매그니튜드)를 구별하여 숙지할 필요가 있다고 생각합니다. 지진에너지의 규모를 나타내는 매그니튜드(M)와는 달리, 일본의 경우 체감수치를 나타내는 [진도] 개념을 도입하여, 9단계로 나누어 사용하고 있습니다. 실제 자신이 있는 장소는 얼마나 '흔들렸는지'를 나타내는 척도가 '진도'입니다. 경주지진보다 규모눈 더 작지만 진동 더 크게 느껴진 것도 관련되어 있는데요 하루빨리 한국형 진도 개념을 개선하여 실제 지진재난 상황에 대비했으면 좋겠습니다.

특히 이번 '11.15 포항지진'은 경주지진 이어 역대 2위 위력이라고 하지만 그 파급력은 그 이상이 될 것으로 생각됩니다. 무엇보다도 지대한 관심을 갖고 대응해 나간다면, 진정한 안전문화를 구축하는 계기가 될 것으로 생각합니다.

[질문2] 어제 전국에 걸쳐서 많은 시민들이 지진을 실제로 느꼈는데요. 그런데, 문제는 지진이 일어났을 때 어떻게 행동해야 하는지를 일단 모른다는 겁니다. 예를 들어, 어느 정도의 진동을 느꼈을 때 대피하기 시작해야 하는 것인지. 지진 중에 엘리베이터에 있으면 어떻게 행동해야 하는 것인지 하는 것 말이지요.

지진이 일어났을 때 건물 위로부터 광고물이나 기와 등의 낙하물이나 교통사고 위험이 있기 때문에 곧바로 밖으로 뛰어나가지 않는 것이 기본이지만, 실제로는 때와 경우에 따라 다릅니다. 예를 들어, 일본의 경우 오래된 목조가옥의 1층에 있을 때 예전에 없던 큰 진동을 느끼면 곧바로 밖으로 대피하는 것으로 알려져 있습니다. 이는 1995년 고베지역에서 발생한 1.17한신아와지대지진 당시 많은 건물들이 절반 정도 붕괴되었고, 6천434명의 사망자 중 대다수가 압사했고, 목조가옥이 붕괴되어 목숨을 앗아갔다고 합니다.

영화관, 극장, 노래방, 지하도, 전철, 버스, 고속도로, 슈퍼마켓 등 상황별 지진 대책을 파악해 두는 것이 중요한데요, 질문하신 엘리베이터에 갇혔을 경우에 어떻게 해야할지는 너무나 당연한 행동요령이기에 실제 한 번도 재난이 일어났을 경우를 생각해 보지 않는 시민들이 금방 답하기 어려울 수 있지만, “당황하지말고 비상용 호출버튼을 눌러 도움을 청합시다.” 물론 지진이 일어났을 때 엘리베이터는 자동으로 가장 가까운 층에서 정지하도록 되어있습니다. 오래된 엘리베이터에는 그런 기능이 없을 수 있으므로, 엘리베이터 관리회사 혹은 소방서에 연락해야 할 것입니다.

[질문3] 또 궁금한 것은 재난 상황에 처하게 되면 많은 분들이 가족들, 친지들 등 가까운 분들을 걱정하게 될 텐데요. 어제도 일시적으로나마 전화도 SNS도 연결이 원활치 않았구요. 통신이 끊겨서 연락이 되지 않을 가능성도 있지 않습니까? 평소에 가족들과 어디서 어떻게 만나자라든가, 약속을 해놓고 있어야 하는 건가요?

오랫동안 일본에서 유학생활을 했고 3.11동일본대지진과 한신아와지대지진, 구마모토지진 등 일본의 교훈을 한국에 소개해 왔던 저로는 우선 일본의 생활안전 매뉴얼의 표준화 및 통합시스템이 구축되어 있는 점이 부럽습니다. 신속한 지진속보, 정확한 대응 매뉴얼, 긴장감속에 차분한 행동 등 질서정연한 안전생태계가 작동되고 있다는 느낌입니다. 다소 우리는 평소 안전불감증으로 살고 있습니다. 아마도 전화나 SNS 등이 두절된다고 가정해 본 사람은 거의 없을 것 같습니다만, 우선 예상하고 대비하는 습관을 기르는 것이 중요합니다. 어떻게 보면 생존가방을 준비하는 것도 중요하지만, '안전개념 가방'이 더 필요하지 않을까라는 진단입니다.

"재해 시 스스로를 지켜내기 위한 평소에 안전의식을 갖추는 것이 중요합니다. 안전의식이란 재난 대응 매뉴얼을 숙지하거나, 소화기 위치며 비상시 피난경로 등을 늘상 확인하는 습관이 몸에 배어(익어)있어야 할 것입니다."

[질문4] 전체적으로 봤을 때, 지진이 일어났을 경우 시민들의 행동 요령에 대한 대대적인 교육이 필요해 보이는데요?

미국 캐나다 일본 등 재해대응 선진국에서는 평소 지진을 포함한 재난대비 교육훈련이 잘 되어있습니다. 특히 스스로를 지켜내기 위한 다양한 정보들을 학교에서 비상훈련 등을 통해 몸으로 익혀두는 과정이 무엇보다도 절실하다고 생각됩니다.

일본의 경우, 작년 9.12경주지진 발생 이후 화제가 된 모든 가정에 상비되어 있는 <도쿄방재>라는 매뉴얼(행동요령)이 다국어로 번역되어 있어 관심이 집중된 바 있습니다만, 한국의 경우 재난에서 살아남기 위한 가이드북이나 책을 구입하고 미리 학습해 두는 습관은 아직까지는 미흡한 실정입니다. 4.16세월호 재난이나 9.12경주지진 발생 후 시민여러분들이 각자 다짐했던 재난 및 안전에 관한 의식을 높여나가는 것이 중요할 것입니다.

[질문5] 마지막으로, 지진과 같은 상황이 일어날 경우에 잘 대처하기 위해 정부나 지자체는 어떤 준비를 해야합니까?

사실, 무엇보다도 재난대응 과정에서는 재해현장의 힘, 즉 현장력이 중요하다가 생각합니다. 재해발생 지역을 주관하고 있는 지방자치단체들이 지역밀착형으로 축적해 온 지식이나 경험들이 고스란히 재난 예방 및 대처, 복구 과정에서 실력이 발휘되어야 한다고 생각합니다. 물론 현재 정부 주도의 재난 행정과의 협력없이는 효과적으로 작동하지 못한다는 점도 명심해야 합니다. 예를 들어, 관광산업 등 2차산업 피해를 염려하여 특별재난지역 선포에 관해 이해관계가 상충할 경우를 상정해 보면, 이러한 재난과 관련된 모든 프로세스가 제도화될 필요가 있습니다. 재난대응 과정이 시스템이나 제도와는 동떨어진 이슈들이 오히려 부각된다는 것은 바람직하지 못하다고 생각합니다. 날씨까지 차가운데 여진은 계속되는 현재의 상황에서 더 이상의 지진 피해는 발생하지 않도록 정부와 지자체가 온 힘을 다해 대응해 나갈 수 있었으면 좋겠습니다.

2. 사전부흥 및 재해 리질리언스가 효율적으로 작동되기 위해서는 무엇을 해야 하는가

재해 리질리언스가 효율적으로 작동하기 위해서는 사전부흥이 중요하다는 점은 앞에서 강조한 바 있으며, 야마 교수, 가와무라 교수, 전성곤 교수의 사례분석을 통해서도 다시금 다루고 있다. 우선 여기서는 9.12경주지진 이후의 대응과정이 결과적으로 11.15포항지진에서 어떻게 연계되었는지에 관해 문제제기 차원에서 개관하고자 한다. 예를 들어, 건설현장에서 안전모・안전고리만 착용해도 큰 사고를 막을 수 있었음에도 불구하고 관련 사망자 수는 매년 늘어나고 있다고 한다. 근본적으로 미흡한 사전예방이 곧 사전부흥으로 연동될 수 있다는 사례이다. 더 이상 한국이 지진안전지대가 아닌데도 불구하고 전국의 대피소가 국민 1인당 0.4평에 불과한현실을 생각하면 아직까지도 안전 대한민국의 실현은 요원하다. 지진이 발생하고도 수십 분이 지난 후에 재난 문자가 발송된 경주 사례와는 달리 포항지진의 경우 그 대응속도 및 관리체제는 큰 진전을 보였다. 특히 '정보 불신'이 '정부 불신'으로 이어지는 악순환 혹은 역방향을 포함한 피드백 현상에서 벗어나는 정부와 지자체의 대응이 돋보인다. 규모 5.4의 경북 포항지진발생 닷새째의 응급복구율이 90%에 육박하고 있다. 경주시청은 경험을 살려 지자체간 협력을 통해 포항지진의 긴급구호에 앞장서고 있으며, 행정안전부 <중앙재난안전대책본부>도 포항시 및 경북도청-<경상북도재난안전대책본부>와도 협력하여 재해복구에 힘쓰고 있다. 다만, 경주 대지진 10개월 뒤에야 활성단층 연구를 시작하는 등 비록 지진대책에 관한 허점은 아직까지도 많은 것도 사실이다. 물론 경주지진 이후 내진보강을 실시한 학교시설이나 민간건물들은 거의 피해가 없는 것으로 나타나 '포스트 9.12경주지진(2016년)'의 사전부흥이 어느 정도는 결실을 맺고 있다는 점에서 높이 평가할 만하다. 지속적으로 사전부흥 및 재해 리질리언스이 효율적으로 작동하기 위해서 부단한 노력이 필수불가결한 상황임에는 틀림없다.

3. 이제는 한국형 사전부흥이 절실하다

일본의 사례들을 펼쳐놓고 재해 거버넌스의 성공과 실패의 교훈을 점검하고자 하는 과정에서, 재차 국가 개념을 바탕으로 한 지정학에서 벗어나 한국형 재난학-재난학-진재학-안전학을 시작해야 한다는 필요성을 절실히 느끼고 있다. 구축에 대한 구체적 논리들을 고민할 필요성을 절감했다. 특히 최근 논의가 활발한 4차산업혁명의 분야나 방향성, 속도보다도 더 중요한 것은 '안전(학)'의 개념을 접목시키는 것이다. 한국형 '재난학'-'재난학'-'진재학'-'안전학'을 구축해 나가기 위해서는 방재, 감재, 리질리언스라는 개념과 함께 위에서 지적한 '사전부흥'이라는창조적 사례를 도입해야 한다는 점에 공감하고 사회적으로 공유하고자 이 책을 소개하기에 이르렀다. 물론 사전부흥 이론 또한 한계를 가질 수 있지만, 적어도 '재해 리질리언스'와 '사전부흥'은 아주 밀접한 관계적 맥락을 갖는 것으로, 일본과 한국의 재해 사례를 통해 개인 주체적 부흥의 역사를 개척해야 하는 의미로 이어져야 할 것이다.

나아가 '사전부흥론'을 구축하기 위해서는 해당 지역이나 해당국가가 가진 취약성과 그 역사적 극복 조건들이 무엇이었는지를 구체적으로 찾아내야 하며, 그 취약성이 어떻게 갈등 논리로 현현하게 되는지도 파악되어야 할 것이다. 이를 위한 새로운 대안적 논리로 본서는 방재, 감재, 리질리언스, 부흥에 관해 현장경험을 통해 얻은 논리를 근거로 시사점을 찾아내고자 했다.

그러한 의미에서 본 저서는 재해를 둘러싸고 나타나는 형태들을 구체적으로 주목하여 정부나 지자체, 혹은 지자체 내부의 인간관계 및 사전부흥학를 보여주고자 했다. 특히 일본 등 선진사례나 이론들은 이제 한국사회에 새롭게 한국형 '재난학'-'재난학'-'진재학'-'안전학' 구축을 위한 밑거름으로서 하나의 모델 및 이론을 창출해 가는 토대가 될 것이다. 이러한 의도들이 한국사회에 전달되어, 향후 <한

국재난연구센터(Korea Disaster Research Center)> 및 <안전학회>를 새롭게 구축하고 인문학적인 의미의 '인간 부흥론'을 지속적으로 생산해 낼 수 있기를 기대하고 있다.

2017년 11월

저자를 대표하여

김영근

본 저서의 전체 구성

본 저서는 그동안 진재학 탐구를 위해, 함께 연구회나 학술대회를 가졌던 사전재해부흥과 진재학 연구를 키워드로 한데 모은 것이다. 학술연구 발표 논문이기는 하지만, 반드시 학술적 차원의 고찰이라기보다는 사전재해 부흥을 위한 기초적 제언들이라는 점에서 그 특징이 있다.

제1장에서는, 일본 재해연구 특히 일본진재학 연구들의 분석을 통해 한국에서 재해연구를 심화시키고, 학문적인 어프로치 기반 구축에 기여하는데 의의를 두었다. 특히 본 1장에서는 재해 후 일본거버넌스가 어떻게 연동되어 변용되는지 그것을 분석하는 이론적인 틀을 고찰해 갔다. 대지진이나 대재해 발생 후 일본의 경우를 보면 국민들의 사상, 달리 표현하자면 인문학적인 인식과 사회구조 및 사회적 관점 그리고 더 나아가 경제구조나 정책에 대한 변화의 목소리가 커진다. 그런 의미에서 지진 및 그 이후 사회 문화 역사적인 변화에 대해 연구하는 진재학도 피해를 입은 지역과 정부, NGO등 다각적인 시점에서 고려되어야 하며, 더구나 지진재해와 쓰나미재해, 원전사고 등에 의한 방사능 재해 등 복합적인 연쇄위험을 시야에 넣은 연구가 필요한 시대가 되었다.

이를 반영하듯이 진재학은 다양한 분석 레벨을 담지하면서 진행되고 있는 것을 시사한다. 상정외의 대재해를 초래한 동일본대지진은 복합연쇄위기라고도 불리는 융합적인 리스크였다. 그렇지만 이러한 재해 대응문제는, 일본의 문제에 국한되는 것이 아니라, 국제적인 관심이 집중되면서 재해를 거버넌스 할 필요성이 고조되고 있다. 재해거버넌스의 창출이라는 신시대적 담론의 등장이라고도 볼 수 있을 것이다. 그런데 이런 경향과는 달리 국제적인 제도라고 할 만한 국제적인 레벨의 시스템 측면에서만 보더라도, 재해로부터 복구, 부흥과 재생 프로세스가 충분하다거나 명확하다고 볼 수 없다. 그뿐만 아니라 지역 이익집단, 의회(일본국회), 정부를 둘러싼 국내정치 프로세스 또한 복잡하게 얽혀있다. 따라서 국제적 측면과 국내적 정치 양면에 주목할 필요가 있다. 이는 정부(국가)가 주도하는 재해거버넌스, 다시 말해 국가에 의해 선택되는 재해부흥제도의 차이에 주목하는 전통적인 재해거버넌스로부터 탈피하여 한 나라의 재해부흥정책이 국내 피해지의 사정과 정치를 반영한 것이라는 <역이미지>에 주목하고자 하는 새로운 시점이 필요하다고 여겨진다.

따라서 본 1장에서는 재해부흥에 있어 사회・문화・정치・경제적 구조의 변화에 주목하는 한편 부흥제도(재해발생 이후 체제vs 재해 중 체제 vs 재해 전 체제)의 선택모델 구축도 시도하였으며, 결론에서는 일본에서의 진재학과 재난복구의 역이미지 이론을 한국사회에 소개하여 복합 연쇄위기 리스트에 관한 대재난으로부터 부흥하고자 하는 시좌, 다시 말하자면 한국형 위기관리 모델에 대한 새로운 상(像)을 제시하였다.

제2장의 목적은 세계 각국의 재해 및 안전 이슈를 점검하고, 나아가 재해문화와 안전에 관한 대학 혹은 교육의 역할을 고찰하는데 있다. 특히, 사회안전 구축을 위한 대학의 역할에 주목함으로써

최근 융복합적이고 거대화하는 재해의 프로세스 및 메커니즘을 규명하는 것은 매우 중요한 과제이다. 이러한 문제의식과 분석방법을 바탕으로 첫 번째로서 동일본대지진 및 후쿠시마 재해현장의 대응 사례를 중심으로 일본의 안전문화에 관해서 고찰하고, 현장(체험) 중심의 재난안전 교육체계가 구축되어야 하는 현 상황을 해부한다. 둘째로는 한국에 안전문화란 존재하는가, 그것이 과연 중요한 요소인가, 또한 재해 발생 시 이와 관련해서는 무엇이 문제인가에 관해 분석한다. '한국의 잃어버린 재해 거버넌스 20년'이 초래한 한・일 간의 위기관리를 둘러싼 재해문화에 관한 격차를 규명하고자 한다.

나아가 안전사회 구축을 위한 대학의 역할에 주목하여, 새로운 대안을 제시한다. 마지막으로 미래교육이라는 관점 하에 글로벌 시대의 재난과 안전 거버넌스 구축을 위한 세 가지를 제언했다. ①한국의 고등학교 및 대학(교)에 재난 및 안전을 다루는 학과의 개설이 시급하다. ②미래형 기초 교양과정으로 '미래사회의 안전' 아젠더가 매우 중요하며, 이를 위한 대학의 교육 플랫폼을 마련해야 한다. ③포스트 '5・31 교육개혁'으로 관심이 높아지고 있는 새로운 '4・16 교육체제' 구축을 서둘러야 한다.

제3장은 2006년 12월에 간행된 『첨단사회연구』 제5호 특집 재해부흥제도의 연구라는 테마로 진행된 연구논문 중의 하나이다. 첨단 과학사회의 도래를 예견하면서도, 자연 재해가 발생할 경우 과연 공학적 측면과 사람이 살아가는데 있어서 가장 근원적인 인식론의 세계는 어떻게 리질리언스가 가능한가라는 점에 주목하고자 했다. 토목공학적인 발상에 근거한 종래의 '부흥'개념을 재검토하고, 사람들이 어떻게 부흥을 느낄 수 있는지, 그리고 부흥을 느끼는 감정이나 그 감정을 만들어내는 '상징적 부흥'이라는 새로운 개념을 제기한 것이다.

2011년 3월 11일에 발생한 동일본대지진 이후 많은 피재지에서 '부흥의 상징' 만들기가 활발하게 행해지고 있다. 이는 부흥이 상징으로 나타나고 있음을 드러내고 있는 하나의 증거이다. 경제가 정체되고 종래의 개발주의적인 도시 계획의 연장으로는 부흥이 곤란한 가운데 '상징적 부흥'이라는 사고방식은 점점 중요해지고 있는 것이다.

제4장, 산간지역의 작은 커뮤니티는 급속한 인구감소와 고령화가 진행되고 있는 점을 감안하여 이러한 지역 대부분의 커뮤니티는 자연재해가 발생할 경우에는 심각한 피해를 입을 가능성에 대해 고찰했다. 재해가 발생하기 이전부터 재해가 발생한 이후의 부흥 프로세스를 신속하게 진행하고 동시에 커뮤니티를 강하게 하기위한 노력이 요구된다. 본 4장에서는 산간 지역 커뮤니티에서 재해가 발생하기 이전부터 그 리스크를 경감시키기 위해 유효한 것이 무엇인가를 탐색하는 논리를 제시하고자 한다. 특히 오랫동안 커뮤니티 운영을 위해 이용되어 왔던 상징적 자원, 예를 들면 전통적인 축제나 문화유산 등을 재발견하고 그것을 이용하는 것을 통해 커뮤니티 강화를 시도하는 활동에 초점을 맞추었다. 그리고 이들 상징적 자원을 재발견하고 커뮤니티 운영을 위해 이용하는 담당자의 적극적인 역할에 대해서도 지적해 두기로 한다. 본 장에서는 도쿠시마현(德島県) 서부 산간 지역 마을을 실례로 들면서 어떻게 사전부흥에 대해 노력하는지를 검토한다.

제5장은, 동일본대지진 발생 이후 일본에서 새롭게 나타난 재해법규 개정에 대해 검토한다. 물론 재해대책을 위해 대대적인 법 개정이 이루어졌지만, 그렇다고 해서 재해에 대한 과제가 다 해결된 것이 아니라는 점에 주목하여, 정부와 시정촌의 재해 대응에 대한 과제를 검토한다.

먼저 계속되는 자연 재해나 기상재해 등등에 대비해야 하는 지자체는 실무적 대응 측면에서는 오히려 법 개정에 의해 재해에 대한 대응이 어려워진 경우가 발생했다는 점이 무엇인가를 고찰할 필요가 있는 것이었다. 지역 방재력 향상에 초점을 맞춰 자조와 공조를 주창하게 되었지만, 국가와 도도부현 그리고 지자체가 갖는 세 층위의 재해 대응에 대한 자조와 공조의 경계가 애매한 부분이 존재하는데, 이러한 부분에 대한 구체적 대응 방안도 고려되어야 할 점으로 부각시켰다.

제6장은, 동일본대지진 발생 이후 생겨난 정보신뢰의 문제와 시스템 신용의 문제를 연관시켜 다루었다. 특히 본 6장의 특징은 현장 조사 자료를 근거로 했다는 점에서 있다. 즉, 2012년에 릿쿄(立教)대학 사회학부 무라세 요이치(村瀬洋一) 연구실과 필자가 소속된 도호쿠(東北)대학 대학원 정보과학연구과 정치정보학 연구실이 센다이 시(仙台市) 북쪽의 지자체에서 공동으로 실시한 센다이 시 북부지방 조사 데이터를 통한 구체적인 사례분석이었다. 특히 동일본대지진 이후 일본사회에 방재 체제나 원전 사고에 대한 대응책의 신뢰가 깨진 사례로 등장했었다. 「원전신화」는 붕괴되고, 리스크 사회적인 견해가 증가했던 것이다. 재해나 진재에 의해 방재 시스템이나 원전 사고 대책 매뉴얼이 제대로 기능하지 않는다는 것을 보여주고 말았다. 이러한 실패는 정보 관리에 대한 불신을 낳았다는 점에서 정보 관리의 한계성과 정보 처리에 대한 일반 주민의 대응도 상정되는 것을 보여주고 있다. 그럼에도 불구하고 일본 사회에서 조직이나 제도에 대한 신뢰가 그래도 유지되는 것을 보면, 일본 사회의 재해 대응 논리의 일면을 엿볼 수 있을 것이다.

제7장을 통해서는 재해 이후 복구·부흥에 관심을 가진 연구자

대부분이 약자보호에 관심을 집중한 결과 「피재자의 입장을 존중하자」라는 자세가 강했다는 것, 그렇기 때문이 편향적 연구를 낳았다는 것에 초점을 맞추었다. 일본의 재해 행정이 기본적으로 시정촌 제일주의를 채용하고 있는데, 대규모 자연재해가 발생했을 경우에는 국가가 법제적인 면, 재정적인 면에서 주도적인 역할을 담당하게 된다. 과거 연구들은 '피재자 지원은 이래야한다'라고 하는 '바람직한 모습'을 주장하는 쪽에 편중되는 경향이 있었던 것이다.

단, 대규모 자연재해는 국가가 주도적인 역할을 담당한다는 측면에 신경을 빼앗겨, 재해 행정은 시구정촌 제일주의로 실시해야 한다는 측면을 소홀히 하게 된다. 부흥정책이나 피재자 지원 정책은 시구정촌의 능력에 크게 좌우되고, 의사결정 환경에 의존하게 되는 것이 현실이다. 국가가 큰 틀에서 규정한다 해도 실제적으로 대응하는 것은 시구정촌이라는 기초 자치제이며, 해당 자치제의 재정능력이나 인재 능력 면에서 차이가 나타나버리게 된다. 연구자들의 제언이 이상적인 것이라고 해도 그것이 주민의 의사에 맞지 않는 것이라고 한다면, 해당 자치단체는 그 제언을 적극적으로 수용하여 진행할 수는 없는 것이다.

반복해서 기술하지만, 부흥정책이나 피재자 정책을 분석할 때 피재자 쪽만 초점을 맞추는 것이 아니라, 피재 자치단체에 살고 있는 비피해자의 의식도 파악해야만 한다. 따라서 본 장에서는 피재지 세현(県) 이외의 거주자로부터는 거의 확실하게 피재 자치제로 인식되고 있으며, 한편으로 원자력 피해 피난자를 받아들인 후쿠시마 시의 주민이 안고 있는 「피재자 지원에 대한 '이중적 감정'」에 대해 고찰해 보았다.

제8장은 일본에서 사용되고 있는 사전부흥계획 개념의 변이 과정

과 주택문제와 관련하여 살펴보았다. 일본에서 시민권을 얻은 사전부흥계획이라는 용어는 1995년에 발생한 한신·아와지대지진 복구과정에서 나온 '소근거림'에서 출발했다. 재해 방지라는 의미의 방재나, 재해의 피해를 줄인다는 감재(減災), 그리고 재해 이후 이를 회복하거나 복원한다는 리질리언스의 의미가 새롭게 재구성된 논리였다. 재해가 발생하기 이전에 그 지역의 취약성을 미리 파악하고, 동시에 재해가 발생했을 때에는 부흥까지 상정하면서 도시와 생활을 새롭게 구축해 간다는 의미로 사용하게 되었다.

사전부흥계획은, 도시기능의 부흥과 생활 기능의 부흥으로 나누어 진척시키면서, 서로 별개의 것이 아니라 자조, 상호 부조와 공조로 이루어지는 것이었다. 특히 부흥이라는 논리는, 재해가 발생하기 이전의 원상태로 돌아가는 차원을 넘어, 새로운 도시계획 논리가 도입되고, 새로운 환경론이나 시대적 기술을 동시에 도입하면서, 새로운 도시 만들기/생활 만들기를 담지하게 되었다.

구체적으로 재해가 발생할 경우 피해자들은 응급가설주택에 거주하게 되는데, 이는 생활 재건과 함께 도시 재건 과정과 연동되는 '부흥도시론'이기도 하다. 특히 응급가설주택은 영구주택과 차이성을 갖고 있어, 즉흥적인 대응이 필요한 반면, 주거 기간이 장기화되면 많은 문제점을 노출하는 실정이다. 특히 고령자나 사회적 약자가 거주하거나, 계절과 지역의 차이 특성에 따른 단열문제가 발생한다. 또한 응급가설주택이기 때문에, 소음 문제나 실내 환경 오염문제가 동반된다.

이러한 문제를 해결하는 사전부흥계획에 약자 배려, 소음문제 해결, 환경오염 문제를 고려한 새로운 건축 기술을 도입하여 생활 당사자의 도시 생태형 생활부흥이 필요하다는 것을 제시했다.

제9장은 복구와 부흥의 현상태와 과제에서의 '주거' 문제를 중점적으로 다룬다. 가설주택의 경향으로서 '지진・쓰나미에 의한 응급가설주택 피난자의 경우'와 방사능 누출에 따른 '피난구역 및 경계구역' 피난자의 경우를 대상으로 한다. 주거 문제 중에 응급가설주택에 초점을 맞추어 개선이 필요한 문제를 다룬다.

원전 방사능 누출 때문에 원커뮤니티를 떠나야하는 피해자의 경우 재해 피해자이기도 하면서, 근대적 '자본주의' 혜택을 누린 혜택자라는 '사회적 위치'가 마찰을 빚는 경우가 발생했다. 동일본대지진이 가져온 재해 피해는 '피해자의 입장에 대한 정의, 근대적 원전의 혜택에 대한 갈등, 지역의 재생과 커뮤니티의 재구성 문제'를 표출했으며, 이것은 우연성이라는 단독의 문제가 아니라 주민의 '일상사회' 속에 잠재되어 있는 배제와 사회적 문제를 재구축하기 위한 이론으로 다시 재구성되어야 한다는 숙제를 제시한 것이다.

목적은 지진과 쓰나미 피해에 의해 제공된 응급가설주택과 후쿠시마 제1원전 방사능누출에 의한 피해주민의 응급가설주택을 직접 조사하여, 그곳에서 발생하는 문제점들을 제시하는 것이다. 현재 개인의 이동경로 분석을 통한, 응급피난 가설주택의 현재 상황과 속성을 제시한다. 그리고 그러한 응급가설주택의 현실에서 발견되는 문제점을 통해 '거주'와 일상의 문제가 무엇인지를 밝혀내고자 했다.

제10장은, 동일본대지진의 경험자인 당사자 내러티브 분석을 통해 재해 경험이 자아인식의 새로운 세계성을 열수 있는지, 아니면 하나의 '이야기 패턴 방식'에 갇히는 비세계성을 갖게 되는지에 대해 논의하고자 했다.

특히 자아인식이 갖는 세계성과 비세계성이 동시에 존재하는 현실에서 그 경계 넘기가 어떻게 역사화로 활용될 수 있을지, 그리고 재해의 경험이나 기억이 어떻게 사전(事前)부흥과 연결되는지를 제언하고자 한다. 이를 위해 먼저 '내러티브'의 역사성에 대해 살펴보았다.

근래 역사학의 흐름에서 빠질 수 없는 개인의 경험과 기억에 대한 역사수정주의 방법론의 등장이 갖는 의미를 검토했다. 일본어에는 개인의 경험과 기억을 이야기하는 것을 의미하는 '모노가타루(物語る)'라는 표현이 존재한다. 이 '모노가타루'라는 말에는 '사건에 대해 사후적으로 의미를 부여한다'는 뜻이 함의되어 있었는데, 외래어인 내러티브(narrative)도 '현재적 의미에서 과거를 재현하는 것'이라고 해석된 사실과 내러티브가 일본 내에서 자리잡는 과정을 살펴보았다.

이 내러티브 시점을 통해 역사라는 것도 객관적 사실로서 과거로부터 존재하는 것이 아니라 현재적 '인식'에 의해 재편된다는 의미로 연결시켰다. 즉 과거의 사건이 현재의 인식에 의해 '재현'되는 것이라고 보는 논점이었다. 이를 근거로 둘째로는 동일본대지진을 경험한 당사자의 '이야기'를 통해 '재해의 기억' 재현이 갖는 의미를 재고했다. 그것은 '목소리=내러티브'를 통해 포스트-기억으로 호명되는 '프로세스'에 함의된 '의식 세계'의 역사화 문제이기도 했다.

또한 동일본대지진 경험이 '민화'라는 훈련된 기술에 의해 패턴화되면서, 오히려 동일본대지진 내러티브의 다양함이나 '민중의 자각' 논리가 소거되어 버릴 위험성에 대해 고찰했다. 사실로서 존재했던 '동일본대지진'과 '동일본대지진 내러티브' 사이에 '개별적 기억과 경험'이 기억되고, 그것이 사회적 패러다임으로 자리를 잡을 때 재해 경험이 일률적인 논리로 수렴될 우려가 있었다.

이러한 문제점을 제시하면서 내러티브의 기억도 현재적 입장에서 재구성되는 논리라고 보며, 그 내러티브 속에 역설적으로 새로운 세계를 체현시키는 과정에서 나타나는 배경물들인 산, 건물, 바다, 도로 등등의 사물들이 만들어주는 인식의 세계에 지배되는 기억이 아니라, 새로 형성된 자아 각성에 관한 것을 제시했다. 인간의 인식세계에서 표출되는 단어나 사물의 양상을 텍스트 마이닝(Text mining)이라는 방식을 통해 분석하고, 또한 그것이 오토포에이시스(autopoiesis)라는 방식에서 제어와 창출이라는 이중성을 갖고 나타난다는 것을 분석했다. 그것은 동시에 배해를 경험하지 않은 비당사자도 동일한 인식적 내러티브를 갖고 있는 것이며, 그것을 새롭게 바라보면서, 각성된 내러티브를 통해 경험하지 못한 자아 내부의 새로운 타자성을 깨닫게 되는 제3의 신(新)내러티브를 산출해 낼 수 있다는 것을 밝혀냈다.

이러한 작업을 통해 내러티브 속에 과거의 경험과 기억이 새롭게 자각되어 '물질'로 다루어지는 기억에서 탈각하는 논리를 제시했다. 그것은 '인식론적 자각=주체화'가 내러티브에서 발견되는 순간이며, 새로운 내러티브 텍스트가 발생되어 화자와 청취자의 내부에서 공동으로 발견되는 '상호적 자아 내부의 타자성'이라는 제3의 인식이 창출될 가능성을 고찰했다. 재해 기억의 내러티브 속에서 이러한 화자와 청취자의 내부 소통이 이루어지면, 그 재해 경험이나 기억은 새로운 역사로서 경험자/비경험자의 경계를 넘어 공유되는 것이다.

그것은 국가적 입장에서 구축하려는 제도적 역사에 수렴되지 않는 '자각 이식'의 공유인 것이다. 내러티브가 만들어내는 자각에 의한 '인간 내성'의 재해기억인 것이다. 그것은, 재해가 발생하기 이전 즉 사전부흥으로 연결되어 자각의 의미가 사상성을 갖게 되면서 그것이 역사화 되기를 기대하는 것이었다.

목 차

제2부 | 재해와 상징적 부흥론 - 상징/사전부흥 _야마 요시유키

제1부

재해와 '한국진재학' – 4차 혁명으로서 위기관리

제1장

일본의 진재학과 재해부흥의 역(逆)이미지: 한국형 위기관리 모델론

1. 한국형 재해 거버넌스의 신(新) 이론의 절실성

일본은 물론 전 세계에 크나큰 충격을 주었던 '3.11 동일본대지진'(東日本大震災)[1]이 발생한 지 벌써 6주년을 앞두고 있다. 주지하다시피 2011년 3월 11일 오후2시 46분 일본열도 동북부의 미야기(宮{城)현의 먼 바다에서 발생한 매그니튜드 9.0의 대지진과 거대쓰나미로 말미암아 약 2만 명의 고귀한 생명이 죽거나 실종되었고, 건물의 파괴와 인프라 붕괴 등 피해액은 20조 엔을 상회하고 있다. 지진과 쓰나미 피해에 그치지 않고 후쿠시마(福島)현 제1원자력발전소의 제1・2・3호기가 전원상실에 의해 핵연료가 녹아내려 원자로가 파괴되고, 그 결과 원자물질이 바다와 공기 중으로 배출되는 방사능 오염피해도 발생하였다.

이러한 점을 감안하면서 본 장에서는 목적은 3.11 동일본대지진을 계기로 관심이 높아진 대재해 발생 후, 일본의 재해 거버넌스 혹

1) 이 글에서는 대지진으로 인한 지진재해(震災)와 전쟁으로 인한 전쟁재해(戰災)를 구별하여 사용하며, 문맥상 이해를 돕기 위해 법률용어 등에 관해서는 진재 또는 전재 표기를 병행하고 있음을 밝혀둔다.

은 위기관리 변용에 관한 이론적 틀을 제시하는 데 있다. 특히, 재해 부흥과정에서 지역사회가 국가(정부)와 글로벌 재해 거버넌스에 끼치는 영향, 프로세스 및 메커니즘에 주목하여 진재(재해)학 정립을 통한 이론제시와 제도개선의 방향성에 대해 초점을 맞추기로 한다.

예를 들어, 일본의 재해 거버넌스, 경제구조 및 경제정책이 대내외적인 환경변화에 대응하여 어떻게 변화했는지에 관해 분석하는 이론을 도출하고자 하는 것이다. 3.11 동일본대지진 이후 지금까지의 일본의 위기관리 시스템은 일본 사회에 적합한 것인지를 분석하려는 다양한 노력이 있었으며, 지난 6년 동안 일본 정부가 취한 조치들이 올바른 것이었는가에 대한 문제제기도 많았다. 그렇지만 이에 관한 국내에서의 논의 및 분석은 일본 국내의 피해상황과 복구상황(검증)이나 부흥정책의 소개에 그치고 있는 것이 현실이다. 이에 본 논문은 일본의 축적된 재해연구(진재학)를 체계적으로 정리하고 재해 거버넌스의 프로세스 및 메커니즘을 분석함으로써,[2] 효율적인 위기관리 모델 및 진재학의 구축을 위한 단서를 제공하고자 한다. 특히 본 논고에서 제시된 이론이 재해부흥 활동에 기여하고 나아가 '관민(民官) 협동' 프로세스 구축에도 도움이 되기를 기대한다.

먼저 이 글에서 일본의 재해 관련 시스템 혹은 거버넌스에 관해 명명하고 있는 '○○체제'는 대재해를 둘러싼 일본의 정치경제적 패러다임의 전환을 의미한다. 예를 들어, 일본이 제2차 세계대전의 패

2) 재해연구 선진국이라 할 수 있는 일본에서 조차도 '진재학'에 관한 선행연구는 찾아보기 어렵다. '재해'라는 용어가 너무도 광범위하기에 본 논문에서는 '재해학'이라 칭하지 않고 '진재학'을 선택하고 있다. 도호쿠가쿠인(東北学院)대학은 종합학술지 震災学(진재학)을 발간하여 아카데미즘(학문) 관점에서 재해문제의 해결책을 모색하고 있다. 홈페이지(http://www.tohoku-gakuin.ac.jp/research/journal/shinsaigaku/)를 참조할 것.

배 이후 '전후체제'를 확립했던 것처럼 대지진 피해를 복구하고 일본재생 혹은 일본재건(부흥)을 지향한다는 '재후 체제'에는 중요한 전환기적 의미가 내포되어 있다. '대지진', '쓰나미', '원전사고'라는 예상 밖(想定外)의 피해를 초래한 미증유의 재해 문제가 비단 일본만의 문제가 아니라 동아시아의 지역적 문제, 나아가 전 세계적인 이슈로 대두되고 있는 3.11 동일본대지진에 비하면 1995년 한신·아와지대지진 이후의 거버넌스는 3.11 이전의 재해라는 의미에서 '재전(災前)체제' 혹은 재해와 재해 사이(間)라는 의미로 '재간(災間)체제'라 할 수 있다.

이상에서 언급한 문제의식과 분석방법을 바탕으로 다음과 같은 구성으로 논하고자 한다. 먼저 3.11 동일본대지진을 중심으로 일본 진재학의 기원과 전개에 관해서 고찰한다. 그리고 이를 바탕으로 재해부흥에 관한 전통적 이미지에서 탈피하여, 역(逆)이미지라는 이론적 분석틀을 제시한다. 논문의 분석틀(<표1>: 조감도)을 바탕으로 일본의 재해 거버넌스 분석 및 재해 부흥의 프로세스가 보다 더 선명하게 규명될 수 있도록 이론으로 고찰한다. 그리고 결론적으로 일본의 진재학과 재해 거버넌스의 진화에 관해 요약하고, 한국형 위기관리 모델 구축을 위한 시각을 제시한다. 재해 복구 과정에서 일본과 한국의 재해 거버넌스의 귀결(변화)에 관해 제언하고자 한다.

재해를 전후로 일본과 한국에서는 어떠한 시스템이 작동되고 있었으며, 글로벌 경제의 구조변화에 관해서는 어떻게 이해할 것인가, 또한 대재해 이후 일본의 경제 구조 및 일본 경제정책의 변용, 재원조달을 위한 수단(재정)은 어떻게 실행되었는지 등에 관한 이론적 분석틀을 제시한다. 더불어 대재해 발생 후 주요 정책행위자의 역할이나 담론에 관한 역학적 구조가 어떻게 변해왔는지 이해하기 위한 새로운 분석시각을 제시한다. 마지막으로 일본 재해연구(진재학)의 현황을 감안하여 한국형 위기관리 및 진재학 구축을 위한 과제를 제언하고자 한다.

2. 일본 진재학의 기원과 전개-동일본대지진의 재구성

1) 진재학이란 무엇인가?

진재학의 탄생은 리스크를 내부화 해야 한다는 논리를 담지하고 있다. 재해를 문화적 현상과 사회적 현상으로서 도출해 내고, 인간사회가 가진 하나의 내부 조건으로 다루어야 한다는 것이다.[3] 재해를 일상 내부 속에서 고민해야 한다는 의미를 재고하기까지의 역사성을 보자면, 일본 진재학의 성립시기를 정확하게 규정하기는 어렵지만 융복합적 재해연구 대상은 1923년 관동대지진이 자료 및 분석면에서 중요한 단서를 제공하고 있음에 틀림없다.

진재학의 출발점은 지진학이나 지질(地質)학, 기상(氣像)학, 방재(防災)학, 감재(減災)학, 경관(景觀)학 등이라 할 수 있다. 지질이나 기후 연구를 통해 지진피해를 예방하고, 지진 발생이후의 도시경관이나 경제부흥 등과 밀접하게 관련되어 발전되어 왔다.

예를 들어, 윤순창 한국기상학회장은 기상학에 관해 "기상학만큼 자연재해로부터 국민의 생명과 재산을 보호하고 21세기를 살아가는

3) 金菱清(2016), 『震災学入門』筑摩書店, pp.17-44.

데 있어 인류 최대의 어젠다인 기후변화가 가져올 수 있는 자연의 재앙으로부터 국민과 국가를 보호할 수 있는 학문이 없다고 본다"[4]고 강조한다. 다만, 진재학을 유형화하는 과정에서 유의할 점은 '과학적 근거의 정도' 및 '정책 행위자', '거버넌스의 분야' 및 '정책대응 이슈'에 따라 재해 거버넌스는 다양하게 변화하고 정책대응도 달라져야 한다는 것이다(<표 1> 참조).

<표 1> 진재학의 유형과 재해 거버넌스의 변화

		과학적 근거의 정도 및 정책 행위자	
		강/정부(중앙)	약/비정부(지역)
거버넌스 분야 및 정책대응 이슈	자연 재해	**A 천재(天災)지변** 예): 지진(메커니즘)학, 방재학, 소방학, 원전사고, 전력공급체제	**B 인재(人災)** 예): 스트레스 케어(의생물학), (지역)재해론, 환경론, 자원론, 원전사고 대응(오염수 등)
	사회 재해	C 예): 라이프라인의 피해 복구, 재해부흥경제, 주택재건, 정부주도의 반·탈원전(원전제로) 혹은 원전 유지 정책, 일본사회의 패러다임 전환, 재해대응력과 국제경쟁력	D 예): 복합적 위기관리(리스크 매니지먼트), 재해볼런티어, 시민·소비자·외국인의 대응행동, 지역재해, 지역부흥, 소비행동
	인문 재해	E 예): 공식 재해관련보도, 안전문화, 세이프티넷, 문화유산, 정보통신	F 예): SNS보도, 풍평피해, 안전 사상(思想), 스트레스 케어(유대감), 원자력의 안전관(사회심리학), 기업경영

출처 : 필자 작성

진재의 분석수준(level) 또한 다변화·다각화되어 가고 있다. 개인안전(humane security)-국가안전-지역(local)/커뮤니티안전-'트랜스로

4) 한국기상학회 창립 50주년 기념 지구환경포럼(2013년 4월 17-19일)의 환영사에서 발췌.

컬(trans-local)'안전-국제・글로벌(international/global)안전-초국경(transnational)안전 등과 연계되어 논의되고 있다. 재해피해지역(被災地)뿐만 아니라 주변지역, 국가 전체, 나아가 국가를 넘어선 트랜스내셔널적인 이슈로 확대되고 있으며, 진재 정책을 추진하는데 있어서도 행위자의 중층화(정부 vs. 지방자치단체 vs. NGO/ NPO)가 두드러진다. 진재에 대응하는 주요 행위자 역시 전통적으로 주요 역할을 담당해 왔던 정부에서 벗어나 NGO/NPO 혹은 커뮤니티 등의 비정부조직으로 확대되고 있으며, 재해피해지역(지방 혹은 로컬) 현장은 물론 피재(被災)지역의 경계를 넘어 협력하는 '트랜스・로컬리즘'도 대두되고 있다.

이들은 대재해(대지진과 전쟁)가 발생한 이후 자연 재해의 피해뿐만 아니라, 국민 사상(인적 재해)과 사회 구조(사회적 재해), 나아가 경제 구조와 경제정책의 큰 변화에 관해서도 융복합적으로 분석하는 학문이라 할 수 있다. 예를 들어, 동일본대진재(재해)라는 미증유의 재해 문제가 비단 자연공학적 지진・쓰나미 대책이나 방재・감재에 그치지 않고, 사회적 재해 및 인문적 재해 문제로 대두되고 있는 상황 하에서 다각적이며 융복합적인 시점에서 진재를 연구대상으로 하는 학문이라 할 수 있다.

2) 진재학의 전개와 재해 아카데미즘

일본의 재해 거버넌스 및 진재학에 관한 선행연구는 3.11 동일본대지진 이후 정치・경제・행정・법 등 다양한 학문적 분야에서 논의되고 있다.[5] 또한 일본의 재해연구자 혹은 진재학 전문가에는 일본의 정책결정자, 재해대책 관계자, 학계 전문가, 언론 관계자들이 망라되어 있다. 그야말로 재해연구 선진국이라 할 수 있다.[6] '재난대국'이자 '안전대국'인 일본에서 '3.11 동일본대지진'을 계기로 하여 일어난 재난과 부흥에 관한 다양한 현상(인식과 경험)과 연구는 3.11의 '교훈' '검증' '제언'으로 분류할 수 있다.

일본은 동일본대진재를 일본 사회의 복합위기로 규정하고, 그 실체가 무엇이며 어떻게 전개되어 왔으며, 이 복합위기에 대해 일본 정부와 관료, 민간부문이 어떻게 대응했는가를 일목요연하게 정리하면서 지금까지 재해연구의 한계를 극복하기 위한 단초를 제공하고 있다.

특히 인간안보와 관련된 '리스크 관리'라는 글로벌 이슈에 대한 일본의 재해관련 정책전문가들의 심도 있는 분석을 통해 일본의 교훈이 무엇인지를 제시하고 있다는 점에서 매우 유용하다. 일본의 직면한 복합위기와 리스크 관리를 다양한 측면에서 해부하고 있다.

비록 동일본대지진의 과제를 해결하기 위한 정책적 측면의 큰 그림을 제시하고 있지는 않지만 일본인의 국민성, 정치풍토, 행정시스템(조직과 운용), 위기관리 체제, 경영시스템, 정치와 관료 관계, 미

---

5) 이를 반영하듯 3.11 동일본대지진에 관해서 다양한 성격규정이 존재한다. 예를 들어 ①복합(연쇄)재해, ②초광역재해, ③장기화재해, ④대규모쓰나미재해, ⑤사회취약재해, ⑥대책부재재해, ⑦행정구역재편재해, ⑧전문가부재재해, ⑨물류재해 등으로 분류한다.

6) 『東日本大震災 復興への提言―持続可能な経済社会の構築』[『제언-동일본대지진: 지속 가능한 부흥을 위하여』김영근 외 옮김(2013), 고려대학교출판부]의 서문에 의하면, 2011년 3월 하순에 대지진에 대한 제언을 모집하고, 이를 토대로 출판을 위한 기획회의가 4월 중순에 열렸으며, 책이 출간된 것은 6월말이었다. 약 3개월만의 전문서 출판은 일본사회가 미증유의 대재난에 대해 얼마나 준비된 조직이며, 또한 발 빠르게 대응책을 내놓을 수 있는 재해(연구) 선진국으로서의 면모를 여실히 보여준다.

일관계 등 일본의 국가 시스템을 뒷받침하는 분야 전반에 걸친 패러다임 변화의 필요성을 강조하고 있는 점은 주목할 만하다. 이외에도 국토와 방재, 부흥과 재생, 재해대응력과 국제경쟁력, 기업경영, 원전사고, 전력공급체제, 소비행동, 정보통신 등의 분야에서 일본이 직면한 다양한 재해 이슈(문제)에 대해 일본의 '복합적 연쇄 위기'로 규정하고 종합적으로 분석하고 있다.

말하자면, 동일본대지진 부흥을 위한 제언은 3.11 이후 일본이 지속가능한 경제사회의 구축을 위한 처방전이라 할 수 있다. 일본이 대지진 피해를 복구하고 일본재생 혹은 일본재건을 지향한다는 중요한 전환기적 기로에서 50인이 공통으로 제시하는 키워드는 "사회적 공동자본으로서의 커뮤니티"[7]이다.

일본의 직면한 복합위기를 극복하고 부흥을 위한 제언으로 '제Ⅰ부 지역재생', '제Ⅱ부 일본경제의 과제', '제Ⅲ부 부흥을 향한 일본사회'로 나누어 분석제언하고 있다. 3.11 동일본대지진을 둘러싼 일본의 재해연구자(진재학자)의 의견은 다종다양하며 본서에서도 50인이 표명하고 있는 과제의 해결을 위한 접근방법(제언)은 다양하다.

다양한 제언으로부터 몇 사람의 논자에 의해 공통으로 제시되고 있는 관점이나 견해를 집약하여 9가지 제언으로 열거하면 다음과 같다. ① 지역사회 중심의 부흥정책 수립, ②지역간 연대방안 모색과 협력 거버넌스의 구축, ③부흥을 위한 사회변혁(Soft Change), ④부흥

---

7) 『제언-동일본대지진: 지속 가능한 부흥을 위하여』는 "동일본대진재는 일본의 경제사회가 지극히 취약한 기반위에 성립되어 있었다는 점이 백일하에 드러낸 미증유의 문제(과제)를 해결하는 방안을 제시하고 있다. 가치관의 근간을 흔들 정도의 충격에 휩싸인 가운데 일본을 무엇을 해야 할 것인가, 어떻게 대처해야 하는가?"라는 문제의식에서 출발해 경제학, 도시론, 산업론 등의 분야에서 활약하고 있는 제일선의 학식자 50명이 해답을 제언하고 있다.

과정에의 민간부문 활력과 시장 메커니즘의 활용, ⑤전력부족 대책 마련, ⑥다양한 채널의 미시금융(micro-financing) 방안마련, ⑦부흥을 위한 정보와 통계 정비, ⑧산업혁신, '현장대응 능력(現場力)', 기업가 능력 배양, ⑨재난 리스크 관리 능력의 배양 등이다. 일본이 처한 미증유의 대재해를 극복하고, 일본이 지속가능한 경제사회의 구축을 위해서는 무엇을 해야 할 것인가에 관해 미래지향적인 답을 제시하고 있다. 대재해의 교훈과 검증과정에서 간과하고 있는 실천과학으로서의 재해 문제에 관해 보완하고 있다. 구체적인 이론을 바탕으로 한 아카데믹한 제언이나, 정부의 입장에서 추진되는 부흥구상회의에서 나올법한 제언에 그치지 않는다. 비록 경제와 사회분야에 치우친 제언이라 다소 편협 할 수 있지만 그럼에도 불구하고 일본의 부흥을 위해 제시되고 있는 '부흥 청사진'은 평가할 만하다.

우선 일본이 경험한 대재해에 관한 선행연구를 진재(재해)학적 관점에서 요약 정리하면 다음과 같다.

첫째, 1923년의 관동대지진 분석은 지진발생 90주년을 맞이하여 지진연구의 초석이라고도 할 수 있을 만큼 다양한 분석이 이루어지고 있다.[8] 예를 들어 지진이 발생한 이후 일본 정부는 재정 및 금융면에서 다양한 정책과 경제적 효과 등에 관하여 분석하고 있다. 또한 고토 신페이(後藤新平)와 후쿠다 도쿠조(福田德三) 등 당시 부흥활동에 종사했던 정책행위자에 관한 연구 등을 들 수 있다.

둘째, 1945년 이후를 칭하는 '전후'에 관한 연구는 예로부터 지진이나 태풍 등과 같은 자연 재해에 익숙한 일본인이 특유의 결단력과

8) 越澤明(2011), 『後藤新平: 大震災と帝都復興』筑摩書房. 後藤新平著(2011), 『世紀の復興計画: 後藤新平かく語りき』毎日ワンズ.. 福田德三著・山中茂樹・井上琢智編(2012), 『復興経済の原理及若干問題』(復刻版)關西学院大学出版会.

활기로 천재지변보다 한층 더 심각한 전쟁의 참화로부터 국가를 재건하는데 전념했다는 점을 감안하면, '전후'의 일본 경제정책 변화를 분석대상으로 삼는 것도 이례적인 일은 아니다. 다만 선행연구는 전후에 전개된 도시계획 시스템 등 전후 재건 프로세스에서 전쟁재해 도시의 역사적, 사회학적 연구로 한정되어 있다.[9] 재해경제학적인 관점에서 전후 부흥계획부터 정책의 실행에 이르기까지의 과정 분석이 필요하다.[10]

셋째, 1995년에 발생한 한신・아와지대지진에 관한 선행연구는 '재해복구론'이나 '진재 불경기(震災不況)'의 회복 및 진재 부흥재원(復興財源) 마련의 과제 등을 분석하고 있다.[11]

넷째, 2011년에 발생한 3.11 동일본대지진에 관해서는 1995년에 일어난 한신・아와지대지진으로부터 10년(2005년 기점)간 축적된 선행연구를 바탕으로 재해연구의 재해석, 비교, 검증, 교훈, 제언 등 다양한 연구가 이뤄지고 있다. 예를 들어 위기관리학총론으로 실천과학에 종사하고 있는 현지 전문가에 의해 이루어진 재해 연구("검증: 3.11 동일본 대지진")나, 경제학, 도시론, 산업론 등의 일선학자 50명이 작성한 재해 부흥을 위한 제언집("동일본대지진으로부터의 부흥을 위한 제언") 등을 들 수 있다.[12]

---

9) 老川慶喜・渡辺恵一・仁木良和(2002), 『日本経済史—太閤検地から戦後復興まで』光文社.

10) 김영근(2014), 「전후(戦後)의 재해 거버넌스에 관한 한일 비교 분석」, 『한일군사문화연구』제17집, 한일군사문화학회.

11) 稲田義久(1999), 「震災からの復興に影さす不況——震災４年目の兵庫県経済」『阪神大震災と経済再建勁』草書房, pp.1-43.

12) 中平藏・船橋洋一編(2011), 『日本大災害の教訓:複合危機とリスク管理』東洋経済新報社；關西大学社会安全学部編(2012) 『検証: 東日本大震災』ミネルヴァ書房；東京大学出版会(2011), 『東日本大震災 復興への提言—持續可能な経済社会の構築』；二

한국에서의 진재학(재해연구) 또한 활발하다. 대표적으로는 국가위기관리 연구소의 이재은 소장이 적극적으로 학술활동을 전개하고 있다. 저서로는 『3.11 동일본대지진과 일본: 저팬리뷰 2012』(고려대 일본연구센터)[13], 『3.11 이후의 일본 사회: 현장에서 바라본 동일본대지진』(서울대 일본연구소)[14] 등이 있다. 『3.11 동일본대지진과 일본: 저팬리뷰 2012』는 정치학경제학, 사회학, 역사학, 문학, 문화연구, 미디어론 등 18개의 분야에서 3.11이후 일본의 변화를 연구대상으로 삼아 동일본대지진을 정리하고 일본사회 변화를 분석하고 있다.

이 저서는 일본 간세이가쿠인(関西学院) 대학출판부에서 번역출판(2013년 5월)된 바 있는 데,[15] 이는 3.11 동일본대지진을 '외부적 시점'에서 보고, 이를 다시 내부적 사회로 발신한다는 의미에서 '상호대비적 관계' 문제를 시기적절하게 제시한 중요한 선행연구로 평가할 수 있다. 『3.11 이후의 일본 사회: 현장에서 바라본 동일본대지진』은 사회학, 지리학, 경제학, 인류학, 문학 등 다양한 분야의 전문가로 구성된 동일본 재해지역의 현지조사팀이 각자의 연구영역에서 동일본대지진이 일본 사회에 끼칠 영향, 일본 사회에서 일어날 중대

神壯吉・横山禎德編著(2011), 『大震災復興ビジョン—先驅的地域社会の実現—』オーム社.; 번역서로는 다음을 참조할 것. 김영근 옮김(2012), 『일본대지진의 교훈』도서출판 문; 김영근 외 옮김(2012), 『검증 3.11 동일본대지진』도서출판 문; 김영근 외 옮김(2013), 『동일본대지진으로부터의 부흥—지속가능한 경제사회의 구축을 위한 제언』고려대학교출판부; 김영근 옮김(2013), 『일본 원자력 정책의 실패: 후쿠시마 원전 사고 대응과정의 검증과 안전규제에 관한 제언』고려대학교출판부.

13) 최관・서승원 편(2012), 『저팬리뷰 2012: 3.11 동일본대지진과 일본』고려대학교 일본연구센터, 도서출판 문.

14) 한영혜 엮음(2013), 『3.11 이후의 일본 사회: 현장에서 바라본 동일본대지진』서울대학교 일본연구소.

15) 西学院大学災害復興制度研究所・高麗大学校日本研究センター編(2013), 『東日本大震災と日本—韓国からみた3.11』関西学院大学出版会.

한 변화 등에 주목하고 있다. 대재해로 인해 파생된 재해 현장의 여러 면을 외국인 연구자의 눈으로 분석하고 있다는 점에서 유익하다.

그리고 이 모든 문제의 핵심 중 하나인 복구와 부흥을 위한 재원 문제에 중점을 두었고, 재해로 가장 큰 피해를 본 도호쿠 지역 지자체를 상대로 정책적 대응 논의가 진전되는 과정을 소개한다. 필자는 대재해(대지진 혹은 전쟁) 발생 이후 일본의 경제구조와 경제정책의 변화에 주목한 바 있다. 1923년의 관동대지진, 1945년 이후에 해당하는 전후, 1995년의 한신・아와지대지진, 2011년의 동일본대지진 이후를 분석 대상으로 설정하고, 우선 피해 실태와 현황을 파악해 주로 지진(전쟁)이 일본 사회에 미친 영향을 고찰하면서도 그중에서 경제구조와 경제정책에 관련된 변화를 중심으로 비교・분석했다.[16] 이러한 연구와 조사를 통해 얻은 것은, 역이미지 투명론인데, 이를 고찰해 보기로 한다.

---

16) 김영근(2013), 「재해후의 일본경제정책 변용: 간토・전후・한신・동일본대지진의 비교분석」『일어일문학연구』 제84집 2권, pp.375-406; 김영근(2012), 「동일본대지진 이후의 일본경제와 통상정책: TPP정책을 중심으로(東日本大震災後の日本経済と通商政策: TPP政策を中心に)」『일본연구논총』Vol.35, 현대일본학회, pp.33-66. 김영근 논문은 일본 사회가 재난에 대응하는 노하우를 역사적으로 축적해가는 과정을 경제정책에 초점을 맞추어 추적하고 비교해서 분석한다. 1923년의 간토대지진, 1945년 이후의 전후 복구, 1995년의 한신・아와지대지진, 2011년의 동일본대지진 등을 전반적 피해규모, 복구 체제의 특성, 국제경제와의 연관관계 등 다양한 각도에서 비교하고 분석한다. 각 재해가 일어난 뒤 경제정책에 변화가 발생했는지를 주요 정책결정자의 역할, 재원을 조달하기 위한 수단인 재정정책, 글로벌 경제의 변동에 따른 일본 경제정책의 대응 방향 등에 초점을 맞추면서 비교해, 전반적으로 재해가 일본 사회의 경제정책 결정에 상당한 변화를 초래해왔음을 보여준다. 특히 각각의 사례에 부분적으로 시도하는 재해와 대외경제정책의 상관관계에 관한 분석은 이론적으로 좀 더 세련화된다면 점차 글로벌화되고 지역화(regionlize)되어 가는 오늘날의 세계에서 흥미로운 분석적 잠재력을 가진 시도가 될 것으로 보인다.

3. 재해부흥의 역(逆)이미지 투영론

1) 전후 일본 재해 거버넌스의 변용

앞서 언급한 것처럼 본 논고에서는 3.11 동일본대지진(2011년) 이후 미증유의 복합적 재해 문제('대지진', '쓰나미', '원전사고')가 비단 일본만의 문제가 아니라 동아시아의 지역적 문제, 나아가 전 세계적인 이슈로 대두되고 있는 상황 하에서, 대재해 이후 일본의 재해 거버넌스 변용에 관한 이론적 틀을 제시하는 데 있다. 특히, 재해부흥과정에서 지역사회가 국가(정부)와 글로벌 재해 거버넌스에 끼치는 영향, 프로세스 및 메커니즘에 주목하여 진재(재해)학 정립을 통한 이론제시와 제도개선의 방향성을 다루고 있다.

앞에서 살펴본바와 같이, 선행연구의 검토결과만 보더라도 일본은 환경적 요인으로 인해 재해 연구 선진국이라 할 수 있으나, 한국은 3.11 동일본대지진을 계기로 일본 연구를 번역 소개하는 수준에서 벗어나 재해연구가 분석대상으로서 겨우 주목받기 시작했다. 다만, 3.11 발생 후 6년이 지난 지금 한국은 물론이거니와 일본에서도 재해부흥에 관한 관심이 희박해지고 있는 상황과 맞물려 한국의 재해연구는 개론서 역할에 그치고 있어, 재해연구에 관해 축적된 선행연구를 지속 발전시켜 나아가야 할 필요성은 지대하다.

기존연구에서 대재해 이후 일본의 재해 거버넌스 변용에 관한 이론적 분석은 거의 부재하다고 해도 과언이 아니다. 국내 제도(레짐)의 변용이라는 관점하에서 '정책에 있어서의 현상유지지향의 강약'과 '제도 자체의 개혁(변화)에 대한 저항의 강약'이라는 두 가지 요소를 조합한 4가지 제도 변화(①제도 표류-②제도 재정의-③제도의 중층화-④제도 치환)의 분석[17](<표 2> 참조) 등 다양한 이론(분석틀)이 사례연구와 연계되는 시각제시가 절실하다. 이는 무엇보다도 새로운 분석틀로 실제 재해 거버넌스의 변용과 지속이라는 부분을 조명해 본다는 점에서 매우 독창적이며 유용하다 하겠다.

<표 2> 제도변화의 유형과 재해 거버넌스의 변화

<table>
<tr><th></th><th colspan="3">제도 자체의 개혁에 대한 저항</th></tr>
<tr><td rowspan="3">정책
에서의
현상
유지
지향</td><td></td><td>강</td><td>약</td></tr>
<tr><td>강</td><td>A 제도 표류(drift)
환경변화에 대한 미대응으로 기존(既定) 정책 비효율적 대응
예): 원전사고 대응 프로그램의 리스크대응력 감퇴, 복지공약의 실현 미흡, ‘잃어버린 20년’의 지속</td><td>B 제도 전용(conversion)
기존 정책의 전략적 재정의 혹은 전용
예): 원자력 이용의 재논의 및 보완대체 방안 강구, 공적보조금을 받아온 항공우주분야 정부지원 사업의 재편</td></tr>
<tr><td>약</td><td>C 제도 중층화(layering)
기존 정책을 유지하며 새로운 정책의 수립
예): 해외 원전사업의 수주(원전의 국내정책 보전 및 新대외정책의 전개), 다각적 지역주의 정책 전개(FTA-TPP-RCEP-한중일FTA 등)</td><td>D 제도 치환(displacement)
새로운 제도의 도입
예): 탈원전/원전제로 정책의 도입, 소비세 인상, 아베노믹스의 재정완화 정책</td></tr>
</table>

출처 : 기타야마(2011) 도표(p.54)를 수정·보완한 마쓰오카 슌지(2011: 54)의 제도변화 유형도를 재인용

예를 들어, ‘제도변화의 유형과 재해 거버넌스의 변화’에 관한 논의틀 속에 ‘체제 및 정책수용의 취약성’ 개념을 도입하여 전후 재해 거버넌스의 변화 및 제도(체제)의 선택에 관한 논의도 가능하다(<표 3> 참조).[18]

---

17) 본 논문에서 제시하는 ‘제도(재해 거버넌스) 변화’에 관한 시론으로는 다음 논문을 참조할 것. 김영근(2013), 「일본 민주당의 대외경제정책: 정권교체하의 변용과 지속」『일본연구논총』 제38호, pp.165-203.

18) 본 논문에서 제시하는 ‘제도에 대한 ‘취약성’의 정도 및 정책 수용(이전 체제와의 연속성 및 단절’에 관한 시론으로는 다음 논문을 참조할 것. 김영근(2014), 「전후(戰後)의 재해 거버넌스에 관한 한일 비교 분석」『한일군사문화연구』제17집, 한일

<표 3> 재해 거버넌스의 변화와 제도(체제)의 선택

		제도에 대한 '취약성'의 정도	
		강	약
정책수용의 지향	연속	**A 제도 표류(drift)** 기존(旣定) 정책의 비효율적 대응이 지속되어 체제변화 및 거버넌스 미흡	**B 제도 전용(conversion)** 기존 정책의 전략적 재정의 혹은 전용
	단절	**C 제도 중층화(layering)** 기존 정책을 보완하며 새로운 정책의 도입	**D 제도 치환(displacement)** 체제전환이 용이하여 새로운 체제 도입 및 대응 원활

출처 : 필자작성

2) 분석 시각: 재해 거버넌스의 역이미지 도입

일반적으로 재해 거버넌스란 "상위(국가)레벨에서의 통치(governance)와 하위(지역 혹은 풀뿌리) 레벨에서의 자치(自治)와 융합적인 관계를 만들어 낸다"는 개념에서 출발한다. 특히 재해 거버넌스의 역이미지에 관해서는, 피재지역 현장의 목소리를 토대로 재해문제가 어떻게 정치적 과제로 설정되고, 어떠한 정책의 형성과정을 거치며, 이를 토대로 어떻게 복구 및 부흥사업이 계획·실시되는가가 관건이다.

정치경제시스템의 변화에 관한 선행연구에서 논의되고 있는 네가지 관점(국제시스템론-국내정치 결정론-두 번째 역 이미지론-국가간 상호작용론)[19]을 원용하여 일본재해 거버넌스의 변화 메커니즘에

군사문화학회.

19) 구체적으로 설명하자면, ①국제시스템론(패권안정론, 제도를 중시하는 시점에서는, GATT/WTO 등 국제제도가 가지는 규범의 영향력의 변화에 주목하는 국제제도론), ②이익집단, 일본 국회, 일본 정부를 둘러싼 국내정치과정을 중시하고 있는 제2 이미지론(국내 정치 결정론), ③역제2 이미지론(국제시스템의 요인의 국내 정치에 미친 영향), ④국가 간 상호작용론(예를 들어 미일간의 통상마찰 혹은 경제협력 등), 이라는 네 개의 분석 틀을 바탕으로 설명하고 있다. 예를 들어, 김영근(2008, 2010), 전게 논문 참조.

관한 새로운 이론을 구축하고 사례연구를 통해 한국의 진재학 구축에 시사점을 도출하고자 한다.

본 장에서는 일본 재해 거버넌스의 변화 메커니즘에 관해서 현장중심으로 분석하고자 한다. 전통적으로는 국가 중심의 접근방식으로, 국가가 지역의 재해로부터의 복구・부흥・재생 정책을 주도적으로 관리하고 이를 개인, 로컬이나 커뮤니티에 미치는 국가(행정)제도의 영향력의 변화에 주목해 왔다.[20] 그러나 국가(정부) 혹은 국제제도를 주요 행위자로 간주하는 상위(국제 시스템) 레벨의 시점에서는 재해 발생 후 지역의 선호 등을 고려하지 못함으로써 복구・부흥・재생의 프로세스 및 메커니즘에 관한 분석의 한계를 내포하고 있다. 이에 재해(피재) 지역의 이익집단, 의회(일본국회), 정부를 둘러싼 국내정치 프로세스에 주목해야 할 필요가 있다(<그림 1>참조).[21]

본 장에서 제시하는 '재해 거버넌스의 역이미지'란 하나의 재해부흥 정책에 있어서 국내 재해지역의 상황(정부대응력의 변화 및 정책의 선호도[22] 등)과 정치과정이 재해 거버넌스에 영향을 끼친다는 점

---

20) 재해 거버넌스의 전통적 이미지란 "과거의 대재해 에서부터 복구・부흥・재생에 관한 경험의 축적에서부터 정부간 조직이 국제협력을 촉진시키고 효과적인 행동을 강화하여 국제적인 재해에 대응하는 레짐이 가져다주는 결과에 주목하는 시각"이다.

21) 국민(피재지역 주민들)의 부흥 프로세스에 있어서 주민 혹은 커뮤니티, 로컬(local)의 의사반영을 위해 거버넌스를 재정비하거나 투명성을 확보하는 것이 중요하다. 그럼에도 불구하고 부흥 제도나 정책의 선택, 나아가 부흥프로세스 모델의 정착은 아직까지도 미흡한 실정이다. 예를 들어, 지역규모의 <도호쿠미래창조이니시아티브>에 의해서가 아니라, 재해부흥의 현실은 전국적(국가) 규모의 <일본재건이니시아티브> 혹은 <부흥구상회의>가 주도하고 있는 양상이다.

22) '정책선호(政策選好, policy preference)'란 제도 혹은 거버넌스의 작동 프로세스 및 메커니즘에서 아이디어, 아이덴티티, 합리성, 리얼리즘 등에 바탕은 둔 다양한 지지(選好) 요인으로, 결과적으로 정책선택에 영향을 끼친다는 점에서 중요한 요소로 평가된다.

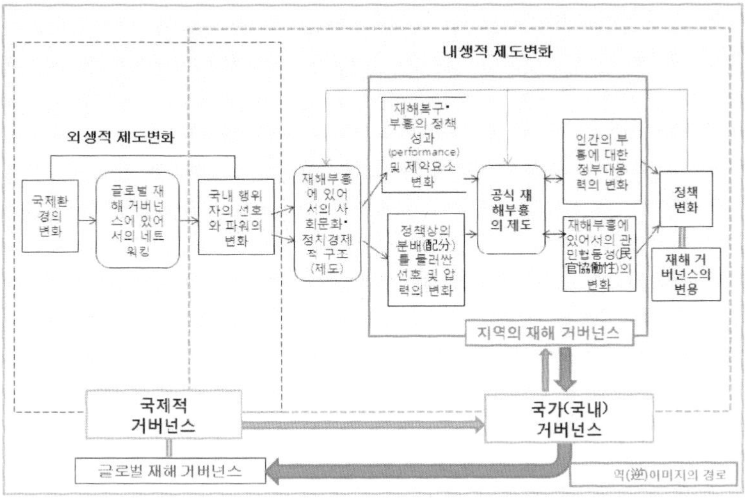

출처 : 필자 작성[23)]

<그림 1> 연구의 조감도 : 재해 거버넌스의 역(逆)이미지

에 주목하는 시점이다. 이는 정부(국가)가 주도하는 재해 거버넌스의 전통적인 이미지, 즉 국가에 의해 선택한 재해부흥 제도에 주목하는 시각에서 탈피하고 있다는 점에서 새로운 이미지라 할 수 있다. 특히, 대재해(지진) 발생 후 일본 정치경제시스템의 변용을 분석하는 데 있어서 국가중심적 혹은 글로벌 요인(변동)이 일본 정치경제 구조와 정책 변화에 영향을 주고 있다고 전제하는 문제의식(이미지)에서 탈피하여 제시하고 있는 '역이미지' 분석시각은 이론과 현장을 연계(Linkage politics)하는 시도로 높이 평가될 것이다.

23) 본 논문에서 제시하고 있는 재해 거버넌스의 역이미지 이론은 다음 논문(Geoffrey Garrett and Peter Lange(1995), "Internationalization, Institutions and Political Change," *International Organization*, Vol.49, No.4, pp.627-655)의 <국제경제-국내경제제도-정치변용>에 관한 도표를 원용하여 응용하고 있다.

재해 거버넌스에 관해서는 다음 3단계 정책 프로세스로 분류할 수 있다. 제1단계 과제의 설정(agenda setting), 제2단계 정책의 형성(policy formulation), 제3단계 정책의 실시(implementation)로 나뉜다.

이 때 일본이 재해 발생 후 복구・부흥・재생을 위해 실시한 정책(전략구상) 및 결정의 주요 행위자에 주목하여 국내 정책조정의 변화 메커니즘에 관한 이론적 분석 및 사회적 맥락에 대한 고찰을 목표로 한다(<그림 2>참조).

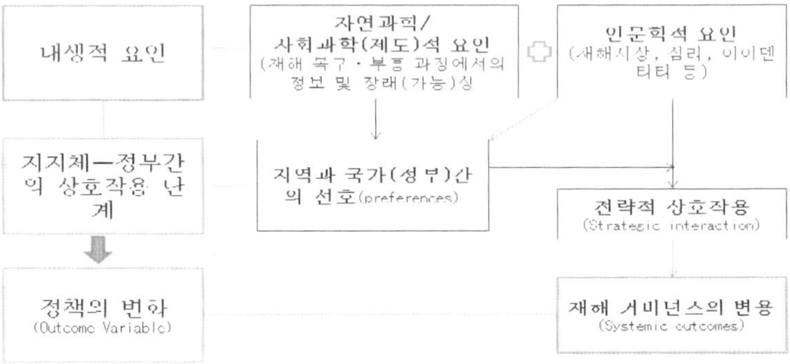

출처 : 필자 작성

<그림 2> 재해부흥 거버넌스와 정책변용의 프로세스 및 메커니즘

한편, 대재해 이후 일본 정치경제시스템의 변용을 역 이미지 이론을 바탕으로 재해부흥을 위한 정책결정의 경로분석 하기 위해서는, 재해 거버넌스를 둘러싼 일본의 정책-결정 행위자 및 국내 정책조정의 변화 메커니즘을 논점의 중심에 두고 정치경제학적 역학 관계를 분석할 필요가 있다(<표 2>, <그림 2>참조).[24]

---

24) 예를 들어, 3.11 동일본대지진 이후의 일본의 변용에 관해서는 TPP와 FTA 전략 추진을 둘러싼 국내 농업정책 조정 등에 관한 선행연구가 있다.

이 과정에서 역이미지 분석시각(<그림 1>, <그림 2>참조)을 바탕으로 재해부흥 제도 중에서 재후(災後) vs. 재간(災間) vs. 재전(災前) 체제의 선택을 분석・고찰하는 것은 진재학 혹은 진재 정책이 행위・제도의 중층화로 인해 창조적인 부흥을 요구하는 상황에서 중요하다(<그림 3>참조).

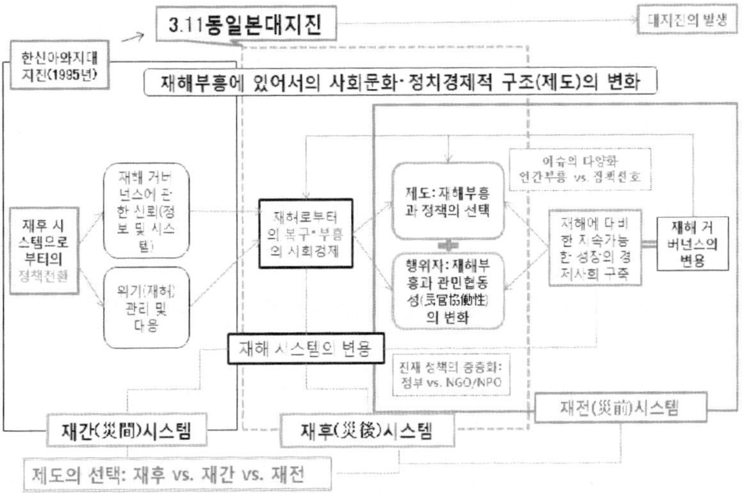

출처 : 필자 작성

<그림 3> 재해부흥 제도의 선택: 재후(災後) vs. 재간(災間) vs. 재전(災前)

동일본대지진 발생 후 후쿠시마원전사고 대응과정을 둘러싼 다양한 검증(분석)과 안전규제에 대한 논의가 다양한 시점에서 이뤄지고 있다.[25] 한편 후쿠시마 원전사고 대응과정에서 정부주도의 거버넌

25) 대표적인 저서로는 마쓰오카 슌지 저(2012), 『フクシマ原発の失敗—事故対応過程の検証とこれからの安全規制』早稲田大学出版部. 김영근 옮김(2013), 『일본 원자력 정책의 실패: 후쿠시마 원전 사고 대응과정의 검증과 안전규제에 관한 제언』고려대학교출판부. 책의 내용(목차)를 소개하면 다음과 같다. 제1장 일본 사회와 동일

스가 실패했다는 분석들도 적지 않다. 일본 원자력 정책에서도 전통적 논의로부터 벗어나 역이미지론 등 다양한 논의가 가속화된 원인의 중심에 있는 것은 두말할 것도 없이 2011년 3.11 동일본대지진과 더불어 발생한 후쿠시마 원전사고라 할 수 있다.

후쿠시마 원전사고 당시 일본 정부의 미숙한 대응이 혼란과 위기를 심화시켰다는 조사결과 및 다양한 전문가의 견해가 발표・논의되고 있다. 무엇보다도, "왜 일본은 원전 사고를 막지 못 하였는가?, 원자력 안전규제제도의 문제점은 무엇인가?"라는 문제의식 하에 현장의 관점(역이미지 이론)으로 철저한 검증을 통한 안전한 미래지향의 방향성이 요구되어지고 있다(<그림 4>참조).

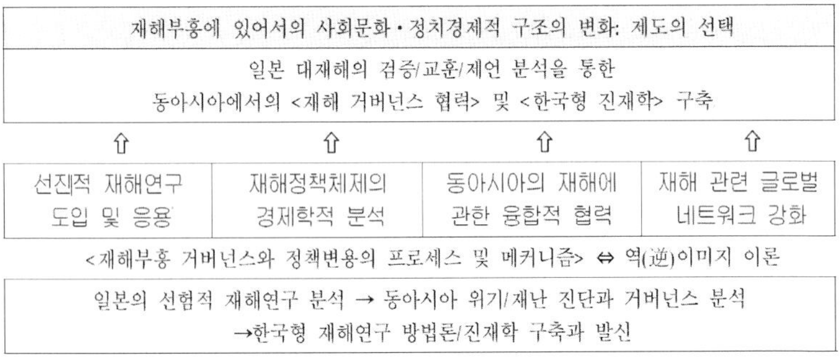
재해부흥에 있어서의 사회문화・정치경제적 구조의 변화: 제도의 선택
일본 대재해의 검증/교훈/제언 분석을 통한
동아시아에서의 <재해 거버넌스 협력> 및 <한국형 진재학> 구축
선진적 재해연구 도입 및 응용
재해정책체제의 경제학적 분석
동아시아의 재해에 관한 융합적 협력
재해 관련 글로벌 네트워크 강화
<재해부흥 거버넌스와 정책변용의 프로세스 및 메커니즘> ⇔ 역(逆)이미지 이론
일본의 선험적 재해연구 분석 → 동아시아 위기/재난 진단과 거버넌스 분석
→한국형 재해연구 방법론/진재학 구축과 발신

출처 : 필자 작성

<그림 4> 진재학 연구 체계 및 분석결과의 활용 프로세스

본대지진과 후쿠시마 원자력발전소 사고, 제2장 후쿠시마 원전사고와 안전 규제 기관의 능력, 제3장 일본의 원자력안전규제의 전개와 향후 방향, 제4장 후쿠시마 원전사고와 일본 사회의 미래

4. 일본 진재학의 교훈과 한국형 신 위기관리 모델

1) 일본의 진재학과 재해 거버넌스의 진화

3.11 이후 일본의 복구 및 부흥, 재생에 관한 한국에서의 논의는 일본 국내의 피해상황과 복구상황, 부흥정책의 소개와 대재난에 대한 일본의 대처과정 분석 등에 그치고 있는 것이 현실이다. 그러나 실제 일본이 직면한 거대복합위기관리, 재해복구 및 부흥은 자연과학·사회과학·인문과학 등 다양한 각도에서 축적된 재해 전문지식을 바탕으로 NGO/NPO 중심의 민간부분 역할이 증대되는 가운데 진행되고 있다. 이는 정부주도의 재해 정책 혹은 거버넌스와 현장의 재해부흥을 위한 수요(선호)가 서로 착종하고 있는 현상이기도 하다.

후쿠시마 원전사고를 통해 얻어진 원자력(에너지) 정책의 재고 등 원전재해 거버넌스의 구축과 효율적 운영에 관해서는 일본이 시사하는 바가 크다 하겠다. 본 장의 문제의식은 대재해 발생 후, 한국과 일본의 재해 거버넌스 분석, 나아가 경제구조나 경제정책이 대내외적인 환경변화에 대응하여 어떻게 변화했는지에 관해 분석하기 위한 이론적 틀을 제시하는 것이었다.

재해연구 선진국인 일본에서조차 이론 구축은 미흡한 실정임을 고려한다면, 일본의 기존 연구문제 및 연구방법에 대한 문제점 및 해결점(일본 시스템의 변용 모델)을 제시하고, 한국형 진재학 및 위기관리 모델의 구축을 시도하는 본 논문은 매우 유익하다고 할 수 있다. 특히 현장의 시점 및 주체를 중시하는 재해부흥의 역이미지 이론을 바탕으로 실제 제도의 선택에 있어서는 재후 vs. 재간 vs. 재전 체제 중 효율을 극대화 할 수 있는 프로세스 연계가 중요하다(<그림 3> 참조).

물론 현실적으로는 정부주도의 재해 거버넌스와 지자체를 포함한 지역이 주도하는 '지역재해 거버넌스와'의 협동형(協働型) 정책 추진이 중요하다. 본 장의 연구결과 및 연구방법은 진재(지진) 부흥에 관한 행정과 시민이 협동함으로써 혹은 역(逆)이미지 프로세스가 제대로 작동함으로써 정책과제에 착수하여, 재해로부터의 복구·부흥·재생을 향하여 추진해 가는 체제를 구축한다는 측면에서 매우 창의적이고 도전적이라 할 수 있다. 나아가 지역 밀착형 현지조사에 의하여 재해를 융복합적으로 연구·분석함으로써 재해의 방재 및 감재연구의 발전에 기여함과 동시에 이러한 연구성과(분석틀)가 현장에서 퍼펙트한 재해 거버넌스를 수행하는 데 있어 유용하게 활용되기를 기대한다.[26]

2) 한국형 위기관리 모델의 시론

3·11 동일본대지진이 발생한 지 6년이 지나면서 당시 일본 정부의 대응에 대한 논의는 시들해진 상황이다. 한국이 경험했던 원전사

---

26) 이는 본 논문에서 제시하고 있는 '재해부흥의 역이미지'가 왜 진재학 연구 및 재해부흥 과정에서 중요한 의미를 가지고 있는지를 뒷받침하는 논거이기도 하다. 본 논문이 무엇보다도 정치경제시스템 분석 시각을 도입하여, 거버넌스(시스템) 형태를 국제적 거버넌스와 국가(국내) 거버넌스로 나누어 분석가설을 설정하고 있다는 점에서 유용하다. 나아가 현실적으로 부흥 과정에서 재해 거버넌스는 국내적인 상황변화(정치적 정책결정과정, 경제시스템 등)에 따라 결정되는 요인을 중시하고 있는 역이미지 모델의 타당성을 검증하기 위해서는 국내적인 상황변화에 대한 정책결정 과정을 인터뷰하고, 설문조사를 통해 재해 거버넌스(제도 포함)에 대한 사례분석이 필요할 것으로 보인다.

고는 공기업의 방만경영이나 원전 비리 등 인재(人災)에 의해 발생한 것으로 그 원인이나 해결책은 일본과는 다를 수도 있다. 하지만 후쿠시마 원전사고 등 대재앙의 교훈을 타산지석으로 삼아 일본 재해 거버넌스의 실패를 교훈으로 삼아야 한다.

피재지의 실태(현상 및 선호도)가 일본 정부의 재해 거버넌스에 영향을 끼치고 있는 것을 검증하고 새로운 이론을 제시하고 있는 본 연구는 향후 한국에서의 진재(재해)학 구축의 토대를 마련할 것으로 기대된다. 일본의 위기관리 체계와 사례별 대응책 등을 수용해 한국형 재해 및 위기관리 거버넌스를 구축하려면 어떻게 해야 하는가. 본 논문에서 제시한 이론적 틀을 바탕으로 한 네 가지 제언으로 결론을 대신하고자 한다.

첫째, 3 · 11 동일본대지진을 계기로 한일 간의 공동위기관리 체제 정비 및 재해전문가 양성 등 실천적 국제협력의 모색이 절실하다. 동일본대지진에 따른 쓰나미와 후쿠시마 원전의 방사능 문제는 인류애적 연대라는 의미에서 국제협력을 다시 모색하게 했으며 자연스럽게 동아시아 주변국의 유대감을 자각하게 만들어주는 계기로 작용했다.

향후 한국 사회에 발생할지도 모르는 재난에 대비한 대응 · 극복 논리를 수립하기 위해 한국과 일본이 동아시아 공동체적 입장에서 실체적 대안을 공동으로 연구하고 국제협력을 모색하는 계기가 되고 있다.

예컨대 한일 국제협력의 방안으로서 초국가적 재해와 안전 문제에 관한 글로벌 대응 체제로 인재(人災)를 관리할 수 있는 인재(人才)가 절실하다. 3 · 11 대지진을 교훈 삼아 한국도 원전사고 발생을 상정하여 복합 연쇄 위기를 관리할 전문가 양성 혹은 공동위기 관리 체제를 정비하는 것이 급선무라 할 수 있다. 물론 지역과 커뮤니티, 로컬 거버넌스를 제대로 주도하고 정부와 협동(協働)할 수 있는 주체(행위자)이어야 재해 거버넌스가 더욱더 효율적으로 작동할 것이다.

둘째, 한국의 지진 및 재해 관련 학문연구와 과제에 관한 이해가 선행돼야 한다. 일본의 재해연구(진재학)는 세계 어느 나라도 경험하지 못한 대진재와, 복구 및 부흥이 언제 끝날지 알 수 없는 현재진행형의 위기 극복 과정(프로세스 및 메커니즘)을 통해 축적된 결과물이다. 이를 '재난과 안전에 관한 학제적 융복합적 연구'로서 도입하려는 한국으로서는 재해연구 선진국인 일본의 사례(경험)를 지속적으로 참고해나갈 필요가 있다.[27]

특히, 재해 의제(아젠다)가 정치/경제/사회/문화/문학/언어/의료/공학/복지/재정/환경/민관관계/예술 등으로 다변화되고, 자연적 재해, 사회적 재해 및 인문적 재해를 아우르는 융복합형 재해부흥으로 연구관심과 정책대응이 변화하고 있다.

특히 재해연구(진재학)를 재난과 안전에 관한 융복합적 연구로 도입하고 있는 한국은 지속적으로 재해연구 선진국인 일본으로부터 더욱더 배워야 한다. 특히 재해에 관한 일본의 검증 결과 및 다양한 제언을 한국형으로 소화해내려는 창조적 재해부흥을 위한 기반이 마련되어야 할 것이다. 무엇보다 일본의 재해연구에 관한 선행연구

27) 나아가 일본 대재해의 교훈을 타산지석으로 삼기 위해서는 일본 재해 거버넌스의 실패('일본 정부가 가장 싫어하는 용어')의 경험을 낱낱이 담은 일본 정부, 민간, 도쿄전력, 국회 각각의 사고조사보고서 분석의 필요성도 대두된다.

고찰 및 정보의 축적 등 진재학 구축을 위한 다양한 노력이야말로 한국의 진재(재해)학 연구를 위한 중요한 계기가 될 것이다.[28]

일본은 세계 어느 나라도 겪어보지 못한 재해와 복구의 경험을 갖고 있으며 재해 관련 학문과 지식을 축적하고 있다. 또한 본 논문에서 제시하고 있는 재해부응의 역이미지에 관한 것 또한 창조적으로 한국형 모델로 진화, 발전시켜야 할 것이다.

셋째, 한국형 재해연구 및 학문 구축을 위한 제도 등 구체적 이론 구축 및 실천방안이 새롭게 모색돼야 한다. 특히 일본의 선진적인 재해학문을 창조적이며 건설적으로 수용해야 한다.

예를 들어 재후(災後)와 재전(災前)의 경제정책 혹은 재해 거버넌스에 있어 차별화 및 특성화가 필요할 것으로 보인다. 단적인 예로 진재후 경제회복과 진재 전 대비하는 경제정책의 차이점을 상정하는 것은 중요하다. 재후의 회복경제에 비해 재전의 성장경제를 추구하는 과정에서는 서로 다른 정책 및 거버넌스가 필수불가결할 것이다.

마지막으로 재해 거버넌스의 국제협력을 모색하고 네트워크를 구축해야 한다. 한 국가를 넘어 동아시아, 나아가 글로벌 차원에서 후쿠시마 원전사고의 체계적 이해가 선행됐을 때 비로소 보다 더 효율적인 한국의 원전 운영 및 원전사고 대비책도 제시될 수 있다.

---

28) 지속적으로 일본의 재해 전문서적들이 번역되어 한국에 소개되고, 나아가 학술교류 등을 통해 재해연구의 국제협력 중요하다고 생각된다. 마쓰오카 교수는 예를 들어, 아사히신문 연재 후 출간된 <프로메테우스의 덫-밝혀지지 않은 후쿠시마 원전사고의 진실>(이와나미서점), 언론인 출신 변호사 히즈미 가즈오 등이 쓴 <검증 후쿠시마 원전사고・기자회견-도쿄전력・정부는 무엇을 숨겼는가>(가켄), 시사주간지 기자였던 오시카 야스아키가 정리한 <멜트다운-다큐멘터리 후쿠시마 제1원전 사고>(고단샤) 등을 중요한 전문서적으로 들고 있다. 김영근 옮김 『일본 원자력정책의 실패』 고려대학교출판부, 2013년.

사회과학자와 원자력공학자가 같은 시점에 후쿠시마 원전사고 혹은 한국의 원전사고를 점검하고 앞으로의 효율적 재해 거버넌스 구축을 위해 한일 간 연구협력 하는 일은 좋은 사례가 될 것으로 생각된다.[29)]

29) 한일간의 재해관련 정책제언 및 원전안전 관리를 위한 의견 교환(일본의 교훈을 한국형으로 수용)은 중요하다. 예를 들어 한국에서는 후쿠시마 원전사고 즉 노심 융해 사고시의 열처리 문제에 대한 '냉각수 공급'에 관해서만 대책을 세워놓고 있는 실정이다. 이는 전원공급 처리 문제로 해결되고, 냉각수 공급으로 문제가 해결된다고 상정한 문제해결 방식이다. 원전사고가 가진 총체적 점검 즉 원전기술이나 원전 방사능 오염에 대한 국민적 이해, 안정성 경제성에 대한 일반 국민들의 수준을 의식한 '투명성'에 대한 신용도를 높여야할 과제가 존재한다.

제2장

한국형 재난 및 안전시스템 구축을 위한 과제 - 일본 3.11 후쿠시마의 교훈

1. 한국의 재난사(史)를 누구에게 어떻게 가르칠 것인가?

3.11 동일본대지진(2011년) 이후 미증유의 복합적 재해 문제('대지진', '쓰나미', '원전사고')가 비단 일본만의 문제가 아니라 동아시아의 지역적 문제, 나아가 전 세계적인 이슈로 대두되고 있는 상황이다.

한국 또한 '4.16 세월호 침몰사고(2014년)'라는 대형재난(대재해)을 경험하고 북핵문제, 테러, 중동호흡기증후군(MERS) 의료재해 등 다양한 '위험'에 노출되어 있어 이에 대한 관심이 높아지고 있으며, 한국이 처한 위기관리 및 재난(재해)학 구축을 위한 토대를 시급하게 마련해야 한다. 이에 세계 각국의 재해 및 안전 이슈를 점검하고, 나아가 재해문화와 안전교육에 관한 대학 혹은 교육의 역할을 제고하고자 한다.[1]

우리 사회는 3년 전 결코 잊어서는 안 될 4.16 세월호 재해를 경

---

1) 일본의 재해 관련 부흥문화에 관해서는 다음 논문을 참조할 것. 김영근(2015), 「일본의 재해부흥 문화에 관한 일고찰: 재난관리 체제 및 구호제도・정책을 중심으로」, 『인문사회21』제6권4호, 아시아문화학술원, pp.1039-1060.

험했다. 모두가 잊지 않겠다고 바꾸겠다고 외치고 다짐했지만 제대로 대응책을 마련하여 위기관리 선진국이 되었다고 자신할 수는 없는 노릇이다. 과연 우리 사회의 안전피라미드 구조를 제대로 이해하고 있는가가 관건이라 할 수 있다. 안전피라미드의 넓은 최하층은 물, 불, 전기, 공기 등의 기저문화를 다루는 정부와 공공기관, 그 위에 기업, 대학과 연구소, 법과 언론, 그리고 최상층에는 국민들의 안전생활화가 순서대로 배치되어 유기적으로 작동해야만 안전피라미드는 비로소 제대로 기능을 발휘한다.

본 장의 분석대상은 안전피라미드에서 지금까지 가장 역할이 미비했다고 여겨지는 대학과 연구소의 역할에 주목하고자 한다. 세월호에 관해 어떻게 가르치고 배울 것인가에 관한 물음에 「교육을 통해 '사회적 기억'으로 승화시켜야 한다」는 주장에 귀 기울일 필요가 있다.[2] 또한 '세월호의 모든 것을 이해하고 가르칠 수 있는 사람은 없지만, 각자가 아는 만큼을 정리하고, 공유하고, 결합해서 서로 합의할 수 있는 '세월호 지식'을 만드는 일은 할 수 있다'는 주장처럼, 단일학과를 넘어선 학제적 접근 방식이 요구된다.

그렇다면 세월호(재난과 안전 이슈)를 누구에게 가르쳐야 할까? 한국과 일본의 재해 거버넌스를 비교(<표 1> 참조)하여 얻어 낸 가장 큰 교훈은 안전교육의 내용과 대상에 관한 것이다. 결론적으로, '가장 안전한 사회를 구축하기 위한 교육의 대상자는 가장 먼저 책임을 짊어지는 자리'인 것이다. 바꾸어 말하자면, "최고의 리더, 신뢰받는 리더십을 발휘하기를 희망하는 사람은 우선 스스로의 안전윤리 및 위기관리 능력을 확보해야 할 것이다."[3]

---

2) 『시사저널』2016년 4월 15일. 인터넷 검색일: 2016년 5월 15일.

이상에서 언급한 문제의식과 분석방법을 바탕으로 다음과 같은 구성으로 논하고자 한다. 제1장에서는 3.11 동일본대지진 및 후쿠시마 재해현장의 대응사례를 중심으로 일본의 안전문화에 관해서 고찰한다. 현장(체험) 중심의 재난안전 교육체계가 구축되어야 하는 현 상황을 해부한다.

그리고 두번째 장에서는 한국에 안전문화란 어떻게 이해되고 있으며, 과연 중요한 요소인가, 또한 재해 발생 시 이와 관련해서는 무엇이 문제인가에 관해 분석한다. '한국의 잃어버린 재해 거버넌스 20년'이 초래한 한·일간의 위기관리를 둘러싼 재해문화에 관한 격차를 규명하고자 한다. 나아가 안전사회 구축을 위한 대학의 역할에 주목하여, 새로운 대안을 제시한다.

<표 1> 한국과 일본의 재해 거버넌스 비교

	일본의 3.11재해(2011년)*	한국의 4.16 재해(2014년)
재해 거버넌스	재후(災後) 체제: 자연재해 →인재(人災)	재전(災前) 체제: 인재(人災)
글로벌 환경변화	-세계금융위기	-세계금융위기
경제구조	-일본의 '잃어버린 20년' (산업공동화의 가속화)	-'창조경제'(신성장동력) 모색
재해 문제	-정보의 축소·왜곡·은폐	-정보의 제한·축소·왜곡·은폐
재해 관련 제도 개혁	-규제강화법 제정(규제 담당부서의 일원화) -오염수 문제	- 재해관리 문제: 산재체제(散在体制) →일원시스템 구축을 위한 국가(국민)안전처 창설 검토 - 「완전한 국가개조(国家総改造)」
재해부흥 프로세스	-민관협동(民官協働)의 역(逆)이미지 ·안전문화(安全文化)의 성숙	-정부주도의 이미지 ·안전문화(安全文化)의 결여
주요 정책 수행자	-수상관저 vs. NGO/NPO -국가전략회의(National Policy Unit) -국토교통성 사고방재대책검토위원회	-재해 컨트롤타워의 부재 -중대본의 폐지 및 해안경찰청의 해체 ☞ <국민안전처> 설립
재해 관련 대응 이슈	-지속가능한 경제사회의 구축 -재해와 사상·종교(死生学)	-재해와 저널리즘(미디어) -기업의 사회적책임(CSR) -PTSD(개인-사회-국가적 트라우마) -재해후(災後) 피재지역경제의 부흥 -피해지역(지방)의 선거

출처: 필자작성, 김영근(2015) 재인용.

3) 일본재건이니셔티브의 후나바시 요이치 이사장과의 인터뷰 (2014년 5월)

마지막으로 세번째 장에서는 미래교육이라는 관점 하에 글로벌 시대의 재난과 안전 거버넌스 구축을 위한 세 가지 제언으로 결론을 대신하고자 한다. 첫째, 한국의 고등학교 및 대학(교)에 재난 및 안전을 다루는 학과의 개설이 시급하다. 둘째, 미래형 기초 교양과정으로 <미래사회의 안전> 아젠더가 매우 중요하며, 이를 위한 대학의 교육 플랫폼을 마련해야 한다. 셋째, 포스트 '5.31 교육개혁'으로 관심이 높아지고 있는 새로운 '4.16 교육체제' 구축을 서둘러야 한다.

2. 일본 3·11 후쿠시마의 교훈

1) 일본의 안전문화, 재해부흥문화

한국이 사회안전 문화를 구축하고 나아가 교육과 연계시키기 위한 체계적인 노력 및 제도적 뒷받침이 긴요하다(<표 2> 참조). 그렇

<표 2> 재해학/재난학의 유형과 재해 거버넌스의 변화

거버넌스의 분야 및 정책대응이슈	과학적 근거의 정도 및 정책 행위자 강/정부(중앙)	과학적 근거의 정도 및 정책 행위자 약/비정부(지역)
자연재해	**A 천재(天災)지변** **예):** 지진(메커니즘)학, 방재학, 소방학, 원전사고, 전력공급체제	**B 인재(人災)** **예):** 스트레스 케어(의생물학), **(지역)재해론, 환경론, 자원론,** 원전사고 대응(오염수 등)
사회재해	**C** **예):** 라이프라인의 피해 복구, 재해부흥경제, 주택재건, 정부주도의 반·탈원전(원전제로) 혹은 원전유지 정책, 일본 사회의 패러다임 전환, 재해대응력과 국제경쟁력	**D** **예):** 복합적 위기관리(리스크 매니지먼트), 재해볼런티어, 시민·소비자·외국인의 대응행동, 지역재해, 지역부흥, 소비행동
인문재해	**E** **예):** 공식 재해관련보도, 안전문화, 세이프티넷, 문화유산, 정보통신	**F** **예): SNS** 보도, 풍평피해, 안전의 사상(思想), 스트레스 케어(유대감), 원자력의 안전의식(사회심리학), 기업경영

출처: 필자작성, 김영근(2013) 재인용.

다면 일본 3・11 후쿠시마의 재해현장에서 얻은 안전문화와 관련된 교훈은 무엇인가?[4)]

첫째, 3.11 동일본대지진의 복구・부흥・재생 과정에서 일본의 재해문화는 직업윤리 등 심리 교육적 측면이 중요하다. 둘째, 재해가 문화에 영향을 미친다는 점에 착안한다면, <재해문화> 혹은 <재해와 문화>라는 어젠다(agenda)는 '재해인류학', '재해예방사회학', '재해경제학', '재해인지심리학', '재해사상학', '재해역사학', '의료재해학', '예방재해의학' 등 다양한 학문영역(discipline)과 연계하여 논의되고 재해부흥 과정에 도입되어야 한다. 셋째, 국가 혹은 기업, 지역커뮤니티 등 다양한 행위자들의 사회적책임(CSR)은 안전문화의 창출 및 실천(안전사회 구축)을 위해서는 매우 중요한 요소이다.

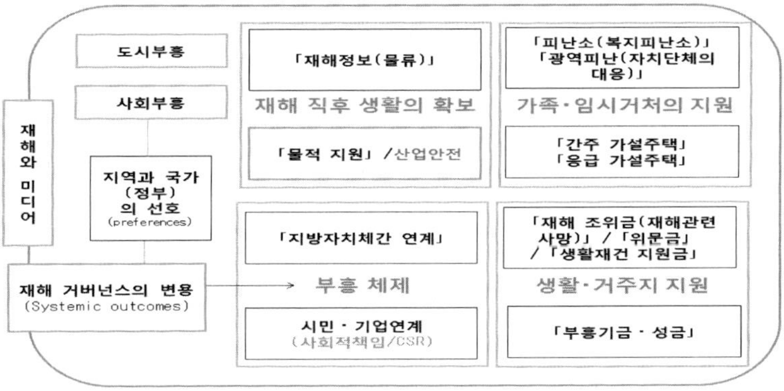

출처: 필자작성.

<그림 1> 재해복구/부흥/재생 과제와 문화적 요소의 상관관계

4) 田中真理・川住隆一・菅井裕行編(2016), 『東日本大震災と特別支援教育:共生社会にむけた防災教育を』慶應義塾大学出版会. 青木栄一編(2015), 『復旧・復興へ向かう地域と学校』(大震災に学ぶ社会科学第6巻)東洋経済新報社.

한편, 재해복구/부흥/재생 과정에서 재해(재난)학의 유형과 재해 거버넌스의 변화요인은 다양하다(<그림 1> 참조). 예를 들어, 재해로부터의 복구・부흥・재생 과정에서 일본의 재해문화는 도시부흥, 사회부흥, 산업부흥, 가족부흥이라는 융복합적 재해복구와 밀접하게 관련되어 있다.

또한 재해의 공간(피난소, 가설주택 등) 및 재해 관련 행위자(지방지자체, 시민・기업, 국가 등), 재해 이후 물적・심리적 지원 체제와 연계되어 재해문화는 변화하기도 한다.

일본의 안전문화 및 재해부흥문화를 이해하는 데 있어서 그 단서를 제공하고 있는 '일본 정권교체의 재해사회학・재해문화학'은 매우 흥미로운 주제이다. 특히, 재해다발국가인 일본으로서는 대재난에 제대로 대응하지 못한 정부로 평가될 경우 '정권교체'에 지대한 영향을 미치고 있다. 「일본의 민주당 정권은 굉장히 약한 정부이다. 2011년 당시 3.11 동일본대지진 이후 재해복구 및 부흥 과정은 강한 리더십을 요청하는 상황이었으며, 이는 민주당 정권 자체가 만들어냈다.」

말하자면 불안감과 우경화를 일본 내에서 양산하는 체제였다라고 볼 수 있다.[5] 「결과적으로는 3.11 대재해가 '잃어버린 20년'이라는 침체된 일본경제를 가속화시킴으로써, '경제 불황(위기)'으로부터 탈피하고자 하는 사회문화적 정책선호(지지기반)을 바탕으로 한 자민당 정권이 재탄생하게 되었던 것이다.」

당시 3.11 발생 직후 초기대응은 신속하게 전면전에 직접 나섰으나, 민주당 실무진의 행정절차(매뉴얼)에 대한 미숙함으로 구호품이

---

5) 김영근 인터뷰, 「일본 극우파의 전략 '국민 불안・불만 자극', 뉴스 in NEWS, <SBS 8뉴스>, 2012년 11월 23일.

제대로 전달되지 않아 재해지역에서의 정부불신이 고조되었다. 또한 예상치 못했던 후쿠시마 원전사고까지 발생하면서 대처가 부진하고 미숙했다고 평가됨으로써, 결국 다음해 총선에서 자민당으로 정권 교체되는 것에 영향을 미쳤다고 평가된다.

주지하다시피 일본의 재난대응 시스템이 잘 되어있긴 하지만 2011년 3.11 동일본대지진이라는 큰 재해 이후, 불과 5년 만에 다시 구마모토(熊本) 지진(2016년 4월)을 맞닥뜨린 상태이다. 더불어 규슈(九州) 지역이 비교적 지진발생 확률이 적었던 지역이라는 의외성이 불안을 야기하고 있다.

지난 구마모토 지진 때는 아베정부의 발 빠른 대처능력이 주목을 받은 바 있다. 4월 14일 1차 구마모토 지진 발생 이후, 26분 만에 언론인터뷰 진행하며 국민 안심시키기에 나섰고, 이후 위기관리센터로 이동 후, 피해 상황 파악에 전력하여 재난대응 전면에 직접 나서 발 빠르게 행동하는 모습이 돋보인 바 있다.

향후 초기대응에 긍정적인 평가를 이끌어 낸 아베총리가 재해 이후 마무리까지 현재의 평가와 지지를 이끌고 갈 수 있다면, (이는 일본의 사회문화적 요인을 제대로 정책에 반영한 형태로써) 이는 앞으로 남은 임기 동안 아베 정권의 진로에 더 단단한 지지와 탄력이 될 수도 있을 것[6]이라는 평가를 받기도 한다.

2) 일본의 재해 및 안전 교육: 활용 및 현황

일본정부사고조사위원회(政府事故調査委)의 최종조사보고서에는

6) 김영근 논평, 「구마모토 지진, 일본의 미래는?」, <KBS 특파원 보고 세계는 지금(제1회)>, 2016년 4월 23일

도쿄전력(東京電力)의 위기관리(대응)와 관련하여, 교육과 훈련의 문제점을 지적하고 있다. 스스로 생각해서 사고에 임하는 자세가 충분치 않고 위기대처에 필요한 유연하고 적극적인 사고가 결여되었다는 것이다. 도쿄전력이 그와 같은 자질 능력의 향상에 주안점을 둔 교육 및 훈련을 해오지 않았다는 것에 문제가 있었다. 도쿄전력을 포함한 현장의 산업계는 물론이거니와 국가도 일본에서 노심용융과 같은 사고는 절대 발생하지 않는다는 안전신화(安全神話)의 허상에 사로잡혀 있었다.

특히 이와 관련하여『재해에 강한 사회를 만들기 위하여 과학자의 역할과 대학의 사명』[7]을 보면, '미래'를 위한 연구자와 대학의 역할에 관해 문제를 제기하고 있다. 특히, 재해에 강한 사회를 구축해 나가는 데 있어서, 과학과 대학의 역할은 무엇인가를 묻고 있는 것이다. 이때 과학자는 과연 믿을 수 있는가 그렇지 않은가, 그리고 대학은 무엇이 가능한가에 대해 질문하고, 그에 대한 충실한 답변을 내놓고 있기도 하다. 대형지진, 쓰나미와 원전사고에 직면하여 공학자(원자력공학자, 방재공학자)와 사회학자(재해사회학, 공공철학/사회적 선택이론) 네 명이 각자 재해에 강한 사회의 구성이라는 관점에서 3.11 동일본대지진을 융복합적으로 검토하고 있다. 재난대비와 위기회복력을 위한 대학의 역할은 무엇인가를 제시하고 있다는 점에서 유용하다. 울리히 벡이 말하는 <위험사회>[8] 혹은 <위기의 시대>

---

7) 가마타 가오루 외 지음, 전성곤 옮김(2013),『재해에 강한 사회를 만들기 위하여— 과학자의 역할과 대학의 사명』고려대학교출판부.

8) 과학과 기술의 발달이 가져온 현대사회의 위험(성)에 대해 분석하고, 사회 정치적인 가능성(대응)에 관한 비판적 견해는 포스트 4.16을 살고 있는 한국에 주는 시사점은 매우 크다고 할 수 있다. 울리히 벡(2014),『위험사회- 새로운 근대성을 향하여』 새물결.

에 학문과 대학의 사명을 재조명하고자 하는 노력이 한국에서도 조속하게 이뤄져야 한다.

1995년 한신·아와지대지진 발생 이후의 재해와 교육에 관해서는 일본의 재해전문서적에서 확인 할 수 있다.

저자들인 간사이(関西)대학의 사회안전연구과 소속 연구진들은 3.11 동일본대지진의 검증을 통해 원자력사고의 대응과 부흥사업의 난관은 물론이거니와 앞으로 일본을 덮칠 다양한 국가적 재난의 유형들을 분석함으로써 선행적·사전적 재해대책을 통한 재해감소 즉 감재(減災)의 중요성을 강조한다. 자연계(자연재해)의 극히 일부로 해석하는 물리적 이해와 재해와 사회안전에 관한 선행연구(사회재해)의 성과를 정리하고 관련 현상을 검증하는 사회적 이해가 필요함을 역설한다.[9)]

재해연구가 실제로 재해감소에 공헌할 수 있는 실천과학(実践科学)으로서 빛나게 하게 위해서는, 사회적·물리적 연구 성과의 중개역할을 수행하는 검증과 제언이 뒷받침되어야 한다는 것이다.

특히, 한국이 일본의 대재해와 위기관리 시스템에 관해 지대한 관심을 갖게 된 3·11동일본대지진 이후 일본은 후쿠시마의 교훈을 교육현장에서 어떻게 활용하고 있는가를 들여다볼 필요가 있다.

---

9) 간사이대학(関西大学)의 사회안전학부(社会安全学部) 편저『検証: 東日本大震災』ミネルヴァ書房/김영근 외 옮김(2012),『검증 3.11 동일본대지진』도서출판 문. 아울러 이 책의 번역·출판 작업과 동시에 학술심포지엄(2012년 5월 10-13일 고려대학교 일본연구센터 주관/동아시아문화교섭학회 주최)도 개최되었다. 이러한 다양한 노력들이 동아시아의 재해 문제를 재점검하며 한국의 진재학 구축의 계기가 되었음을 확신한다. 특히 한국의 재해 연구자들이 지대한 관심을 쏟고 있는 재해 문제를 일국에 국한되지 않은 동아시아적 시점에서 접근하며, 정치, 경제, 사회, 문화의 여러 분야를 다각적으로 검토함으로써 학문의 융합적, 학제적인 토대마련(나아가 발전)에도 기여했을 것으로 자부한다.

최근 일본에서는 효고현립대학의 방재대학원 개설(2017년 4월), 일본대학과 치바과학대학의 위기관리학부 설립(2016년 4월) 등 재해 및 안전 관련 교육과정이 인기를 얻고 있다. 물론 이는 일본이 재해연구 선진국으로서 지금까지 축적해 온 현장경험과 부흥이론이 낳은 결실이라 할 수 있다.

3. 한국의 재해문화와 안전교육에 관한 대학의 역할

1) 한국의 안전문화, 무엇이 문제인가?

한국에 안전문화란 존재하며, 과연 중요한 요소인가, 또한 재해 발생시 이와 관련해서는 무엇이 문제인가? 그 답은 아무도 모른다. 다만 의식적으로든 무의식적으로든 거의 방치되어 왔다.

일본이 재해문화와 안전교육에 지대한 관심을 갖지 시작한 한신·아와지대지진과 맞물리는 시기와 비교해 보자. 1993년 '서해페리호 침몰사고', 1994년 '성수대교 붕괴사고', 1995년 '삼풍백화점 붕괴사고'와 1995년 '대구지하철 가스폭발사고', 2003년 '대구지하철 화재사고', 2011년 (서울)우면산 산사태, 2012년 '구미 불산가스 누출사고', 2014년 '4.16세월호 재해', 2015년 '중동호흡기증후군 의료재해' 등 수많은 재해를 경험해 온 한국은 재해를 간과하거나 방치하는 프로세스를 반복해 왔다.

주로 정부 및 유사관련 기관(단체)의 긴급재난구조 활동에 대한 시스템과 구조 매뉴얼 문제에 대한 지적과 비판이 반복되었을 뿐이다. 이는 한국의 안전문화, 재해부흥문화가 미진한 현상(현재)과 무관하지 않다. 이는 또한 1993년 서해페리호 참사 이후, 지난 20여년간 취약성이 매우 높은 '재난 자본주의' 시스템을 그대로 답사했기 때문이라고 할 수 있다. 게다가 사회적으로 창출된 약자들이 재해와 맞닥뜨릴 경우, 그 피해는 가중화되었고 재해로부터의 심리적 부흥 과정에 있어서도 용이하지 않은 장애물 속에 던져져 있다.

안전확보를 위한 과정에서 괜한 자존심은 버려야 한다. 또한 한국의 안전사회 구현을 위해 토대라 할 수 있는 세월호 진상규명이 단순히 '범인찾기'에 집중하는 경향에서 벗어나야 한다. 그러나 문제는 일본이 1995년 한신・아와지대지진을 경험하고, 한국이 1993년부터 1995년까지 비슷한 시기에 재해의 원인은 근본적으로 다르지만 '4대 대재해'를 경험한 뒤 그냥 지나친 「한국의 잃어버린 재해 거버넌스 20년」[10]이 초래한 대가는 한일간의 위기관리에 관한 격차가 너무도 크다는 점이다.

물론 한국의 재난사를 모두 정부와 관련부처・기관의 관리 문제만으로 치부하기란 어렵다. 한국의 재해(재난)의 역사를 제대로 파악하고 학제적으로 방지(예방)하고 피해를 최소화하는 감재 시스템 구축의 주역이 될 수 있는 인재(人才)를 배출할 수 있는 학계의 역할이 중요하다.

'4.16 세월호 재해' 이후 여러 사회갈등 요인들을 살펴보면(<그림 2> 참조), 정부의 미숙한 대응은 물론이거니와 갈등상황을 부각시킨 정치권・언론의 역할도 개선되어야 할 것이다.

---

10) 김영근(2014), 「韓国の震災学/災害(災難)学: 失われた災害ガバナンス20年」『震災学』 제5호, 荒蝦夷, pp.163-187.

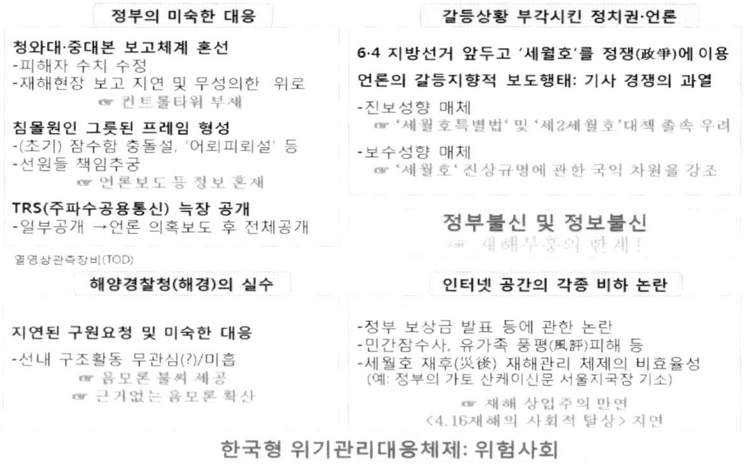

정부의 미숙한 대응
청와대·중대본 보고체계 혼선
-피해자 수치 수정
-재해현장 보고 지연 및 무성의한 위로
☞ 컨트롤타워 부재
침몰원인 그릇된 프레임 형성
-(초기) 잠수함 충돌설, '어뢰피뢰설' 등
-선원들 책임추궁
☞ 언론보도 등 정보 혼재
TRS(주파수공용통신) 늑장 공개
-일부공개 →언론 의혹보도 후 전체공개
열영상관측장비(TOD)
해양경찰청(해경)의 실수
지연된 구원요청 및 미숙한 대응
-선내 구조활동 무관심(?)/미흡
☞ 음모론 불씨 제공
☞ 근거없는 음모론 확산
갈등상황 부각시킨 정치권·언론
6·4 지방선거 앞두고 '세월호'를 정쟁(政爭)에 이용
언론의 갈등지향적 보도행태: 기사 경쟁의 과열
-진보성향 매체
☞ '세월호특별법' 및 '제2세월호'대책 졸속 우려
-보수성향 매체
☞ '세월호' 진상규명에 관한 국익 차원을 강조
정부불신 및 정보불신
☞ 재해부흥의 한계!
인터넷 공간의 각종 비하 논란
-정부 보상금 발표 등에 관한 논란
-민간잠수사, 유가족 풍평(風評)피해 등
-세월호 재후(災後) 재해관리 체제의 비효율성
(예: 정부의 가토 산케이신문 서울지국장 기소)
☞ 재해 상업주의 만연
<4.16재해의 사회적 탈상> 지연
한국형 위기관리대응체제: 위험사회

출처: 필자작성.

<그림 2> 재해와 사회갈등 요인

특히, 위험사회에 내던져질 사회에서 안전생태계를 설계하고 가꾸어나가야 할 인재육성의 역할이 지대한 대학이 한국의 안전을 위해 고민해야 할 것이다.[11] 대학은 안전 관련 시스템과 프로세스를 점검하고 개혁하는 일에 발 벗고 나서서 실천하는 학문의 장으로 거듭나야 한다. 나아가 만약 졸업 후 선택한 기업이 재해자본주의에 몰입되어, 이윤을 추구하고자 편법을 저지를 위험성을 내포하고 있다는 점을 감지할(될) 경우, 이를 저지(예를 들어, 화물적재 배치표 준수 등)하거나 혹은 제도적으로 제한되는 시스템이 구축되어 있어야 한다. 이때, 안전문화, 직업윤리 등이 확립되고 제대로 작동되는지가 위기관리의 성패와 맞물리는 중요한 요소이다.

11) 현재 한국은 초중고 교육기관 및 학생들이 재해현장에서 스스로의 안전을 확보하는 교육에 중점을 두고 있다. 이 또한 사회안전망 구축 및 재해 거버넌스의 효율적 운영에 밑거름이 된다는 점에서 매우 중요하며, 향후 초등, 중등, 고등, 대학의 교육이 유기적으로 안전과 연계되어야 할 것이다.

4. 안전사회 구축을 위한 대학의 역할

아직까지 안전사회 구축을 위한 대학의 역할은 매우 미흡한 실정이다. 오히려 초・중・고등교육기관에서의 대응은 그나마 선도적이다. 이재정 경기도교육감은 21년차를 맞고 있는 <5.31 교육체제(1995.5.31)>를 새로운 4.16 교육체제로 혁신하겠다고 밝힌 바 있다[12]. 「5.31 교육개혁」은 학습자 중심, 자율성과 책무성 확대 등 예측 가능한 교육 정책 수립의 출발점이 되었다. 한편으로는 이러한 긍정적 평가와는 달리, 경쟁교육의 심화, 교육 빈부격차 확대 등 부작용이 거론되어 새로운 교육체제의 필요성이 제기되고 있다.

4.16 세월호 재해 이후 한국의 교육 관련 현장(일선교사) 및 기관들은 다양한 안전사회 구축을 위한 교육의 역할에 주목하고 있다. 「4.16 교육체제」라는 정책방향이 발표되었으며, 학생들의 안전 교육문화 조성을 위한 다양한 논의가 진행되고 있다(<표 3> 참조).

<표 3> 안전교육의 분야 및 실천사항

분야	실천사항
	<엄마, 아빠와 함께하는 가정연계 안전교육>
<보건안전>	감염병예방의 작은 실천 - 손 씻기!
<약물안전>	아는 게 약이다 - 올바른 약 사용!
<교통안전>	신호등이 있어도 없어도 - 횡단보도 안전!
<생활안전>	충분한 준비운동으로 - 체육시간 안전!
<재난안전>	눈에 보이지 않는 위험 - 미세먼지, 황사!
<사이버안전>	스스로 이겨내요 - 인터넷 중독!
<신변안전>	학교폭력예방을 위한 첫 걸음 - 부모님의 역할!

출처: 경기도교육청, 2016년 3월 안전교육 자료집

12) 경기도 교육청 홈페이지 참조.

조희연 서울시교육감은 교육청의 '4.16 세월호 2주기 추모기간'(2016.4.11-16일)에 대하여, 「우리 모두는 세월호에 대하여 '잊혀지지 않을 권리'를 지켜줄 책임이 있는 것이 아닌가 생각한다」고 하면서, "단순히 기억으로만 남겨 놓는 것이 아니라 세월호가 우리 사회와 교육에 던진 화두를 고민하는 교육감으로서 교육정책을 펼쳐 나가겠다"[13]고 소감을 밝혔다. 특히, 세월호 사고를 계기로 교육적인 측면에서도 변화가 필요하다고 주장한다. 조 교육감은 '60, 70년대에는 서양을 따라잡고 후진국을 탈피하기 위한 국가주도의 교육 시스템이 있었고, 90년대에 들어와서는 경쟁이 심화된 시장주의적 교육이 이뤄졌다'며, '세월호 사고를 계기로 '416 교육체제'라는 새로운 교육을 통해 자기주도적인 사람으로 성장할 수 있도록 돕고, 학생 개개인을 존중하는 교육이 필요할 것'이라고 주장한다.

이러한 4.16 세월호 2주기의 국가・사회적 의미와 교훈에 대한 성찰을 바탕으로 하는 <4.16 세월호 이후 교육 안전의 새로운 지평 모색>은 대한민국 안전 교육 원년(元年)이라고도 할 수 있다. 우리 사회의 구성원들이 4.16세월호 참사를 제대로 규명하지 못할 경우, 이는 앞으로 우리 시대가 젊어지고 나아가기에는 너무 무거운 위험요소가 될 것이다.

다만 그 내용은 안전교육이 결과적으로 사회의 안전 시스템을 구축하는 데 도움이 되기보다는 신변의 안전을 확보하기 위한 대처방안(예방)에 그치고 있다. 재해 거버넌스 및 제도화를 위해서는 대학의 역할이 절실한 상황이다. 특히 미래인재 육성을 위한 제도혁신과 맞물리는 교육을 담당할 가장 중요한 행위자로 연구 및 교육을 담당

13) 서울특별시교육청 정책・안전기획관 안전관리팀 보도자료.

하는 대학이 나서야 할 것이다. 그렇지만 아쉽게도 안전사회를 향한 대학의 노력은 아직까지는 거의 눈에 띄지 않고 있다.

그렇다면 미래의 대학 교육은 어떻게 변해야 하는가? 안전 이슈야말로 대학의 사회적 책임(USR: University Social Responsibility/CSR)[14]이라 할 수 있다. 다행히도 최근 대학들의 관련된 움직임도 눈에 띈다. 한・중・일의 연구중심대학들의 국제협의체(ENUC: East Asia-Nordic/Benelux University Consortium) 창설기념 컨퍼런스(2016.5.4.)에서 고려대 김선혁 국제처장은 "아직까지도 아시아 부모들은 교육에 헌신적이다. 교육이 자녀들의 밝은 미래를 보장해준다고 믿어왔기 때문이다. 그러나 최근 대학의 역할에 대한 의문이 제기되고 있다. 과연 고등교육기관으로서 대학이 학생들의 밝은 미래를 보장할 수 있는지에 대한 의문이 증폭되기 시작한 것이다. 한국 사회는 다양화가 필요하다. 지금 한국의 교육방식은 산업혁명 당시의 것을 답습하고 있는데, 그것으로부터 벗어나야 한다"[15]며 안전에 한정된 비젼은 아니지만 미래교육 개혁에 관한 개척정신(견해)을 선보였다.

구체적인 새로운 교육 시스템에 관한 실행 계획은 제시되지 못했지만, 재해관리 선진국이라 할 수 있는 일본, 미국, 프랑스 등에서 얻은 교훈을 바탕으로 한 안전관련 학과별 방향성은 다음과 같다. 몇 개 교육과제 혹은 학과(학문분야)를 예시하고자 한다(<표 4> 참조).

---

14) 기업의 사회적책임(CSR: Corporate Social Responsibility)의 개념에서 원용하여 작성한 용어이다.

15) 「한중일+노르딕+베네룩스 대학 총장들이 말하는 미래교육」『대학저널』2016년 5월 4일자, http://www.dhnews.co.kr/news/articleView.html?idxno=59886

|<표 4> 위험사회에서 살아남기 위한 국가정책 및 교육 과제

	위험사회와 국가정책	교육 과제(영역)
자연공학	지식정보사회의 위험: 새로운 도전과 대응	정보통신학
	과학기술과 위험사회: 합성생물학의 발전과 잠재적 위험을 중심으로	화학/기초과학
	재난·위기(위험)·리스크 관리와 환경·에너지정책	환경학
	태풍·홍수재해와 도시부흥	토목건축학
	방재과학기술과 재해현장, 그리고 라이프라인	융합과학기술
	의료재해와 예방의학	재난의학
사회과학	글로벌 위험사회: 재난과 안전 거버넌스	재해정치학
	재해와 경제생활의 변화	재해경제학
	정치경제학·행정학·정책학 연구 영역으로서의 위험	재해정책학
	재난·위기(위험)·리스크에 대한 인식과 정부의 역할	비정부행위자론
	위험사회와 구조개혁 및 규제개혁(혁신)	행정학
	국가(중앙과 지방정부)의 위험관리: 탈지정학(脫地政學)	국제관계론
	안전사회를 위한 정책관리적 과제	안전사회론
	글로벌 사회에서의 재난·위기·리스크	국제협력이론
인문과학	재난·위기·리스크의 역사재해학	역사재해학
	자본주의 전개(발달)에 따른 인문사회적 위험에 대한 대응	재해인문사회론
	글로벌 시장의 이중화와 사회적 재난·위기·리스크	위기관리학
	가족부흥: 4.16 세월호 재해	인간부흥학
	정보제공을 통한 위험관리 및 정보신뢰	미디어학
	위험의 세계화와 공동체의 회복력	협력이론
	재해사상과 복구·부흥·회생	사상학
	재해와 사회적 심리치료	인문치료학
융복합학	위험사회 탈피를 위한 학제적 과제	사회안전학

출처: 필자작성. 하연섭 편(2015) 참조.

교육하고 학습하는 사람들 개개인의 소속 학과의 필요(성)에 부합하게 이론과 개념, 사례와 교훈 등을 적절하게 활용해야 한다. 예를 들어, 행정학에서는 재난(위험) 규제기관과 안전 추진기관이 유기적으로 작동하지 않을 경우, 공적규제기관의 설계 자체를 수정하여 이를 효과적으로 운영하는 제도 마련을 논할 필요가 있다.

한편, 법학 분야에서는 도시경관법 혹은 절차적 공정성이나 지역균형개발을 위한 법률들이 위기상황에서의 재해 복구・부흥・재생을 지연시키고 있는 저해요인(역기능)을 정비할 수 있는 거버넌스 능력의 배양에 주력해야 한다. 미디어학 분야는 사회가 안고 있는 각양각색의 현재적・미래 리스크를 가시화하고 제대로 전달해야 한다.

'재해/재난/위기/리스크'를 인지한 상태 하에서 효율적 대응을 위한 사회적 합의를 도출할 수 있는 시스템을 만들어야 한다. 특히 정보공개 및 정보신뢰도 확보가 중요하다. 토목건축 관련학과는 안전・방재 분야를 중점으로 한 공학적 이론을 바탕으로 졸업 후, 현장 사례에서 빛을 발할 수 있는 실무 위주의 교육도 강화되어야 한다. 결과적으로 지속가능하고 안전한 도시개발을 도모하여, 토목건축 분야의 라이프라인 구축에 공헌할 수 있어야 할 것이다.

앞에서 언급한 과학 및 과학자의 담론(견해)을 어떻게 받아들일 것인가라는 문제의식은 향후 <재난학>이나 <안전학>을 뿌리내리는 데 있어서 중요한 가늠자가 될 것이다. 일본 후쿠시마현의 현민 건강조사검토위원회가 현(縣)내의 모든 18세 이하 주민을 대상으로 시행(2014년 4월-2015년 12월)한 제2차 갑상선 검사에 의하면 '암확진자'는 15명, '의심환자'는 24명으로 나타났다. 검사를 진행한 위원회 측은 「갑상선암이 많이 발생하고 있는 것은 사실」이라면서도 방사선의 영향으로 보기는 어렵다는 견해를 여전히 고수하고 있다.[16]

최근 한국에서도 옥시 가습기 살균제 보고서 작성에 관여한 서울

16) <세계의 교육> 「日 후쿠시마, 어린이 갑상선암 발생률 높아」『EBS 저녁뉴스』 http://home.ebs.co.kr/ebsnews

대 교수의 연구 데이터의 사례를 보면 과학적 지식이 어떻게 활용되는가가 위험을 관리하는 데 얼마나 중요한 요소인지를 깨달을 수 있다. 아울러 과학기술이 초래하는 상정외의 영향(력)에 관해서도 상정(예상)하는 영역으로 끌어들여, 즉 상정외를 상정할 수 있는 사회를 구현해야 한다.

「미세먼지, 가습기 살균제, 후쿠시마 원전사고 등 시간의 검증을 받지 않은 인간의 기술이 때로는 커다란 위협으로 다가오고 있다. 익숙하지 않은 것에 대한 본연적 두려움(경계)이야말로 생존의 비법, 즉 안전을 확보하는 길이다.」[17]

물론 4.16세월호의 피해를 키운 '가만히 있으라'는 반대의 행동('가만히 있어서는 안 된다', 혹은 '각자 알아서 살아남아라')이 답이 될 수는 없듯이, 전문가의 과학적 지식을 믿어서는 안 된다는 해석이 우선(지속)되는 경우라면 안전사회 확보는 요원하게 될 것이다. 불신의 행동이 결과적으로 안전으로 이어지는 것이 아니라 신뢰할 수 있는 올바른 시스템을 만들고 작동하게 만드는 게 중요하다.

5. 글로벌 시대의 재난과 안전 거버넌스 구축을 위하여

「일본은 전후 제도의 단절 속에서 응집력(유대감)이 있었기 때문에 안전문화의 생활화, 재해 거버넌스의 추진과 성공적인 부흥이 가

17) 주일우 문학과 지성사 대표, 「생존의 비법」 『중앙SUNDAY』 2016년 5월 15일자.

능했던 것으로 평가할 수 있다. 반면에 한국은 재해 관련 민감성과 취약성이 높거나 강한 상황하에서 일관되고 신속한 제도화된 문화가 정립되지 못했다.」[18]

재해 및 안전과 관련된 연구 및 교육을 지속적으로 수행하고 있는 일본의 교훈 및 사례연구를 통해 한국의 재난안전학 구축을 위해 검증・교훈・제언하고자 하는 다양한 노력들이 사회적으로 확산되고 있다.[19]

특히, 사회안전 구축을 위한 대학의 역할에 주목함으로써 최근 융복합적이고 거대화하는 재해의 프로세스 및 메커니즘을 규명하는 것은 매우 중요한 과제이다.[20] 나아가 재해부흥의 방안을 모색하고 국제협력안을 마련해야 할 것이다.

미래교육이라는 관점하에 글로벌 시대의 재난과 안전 거버넌스

---

18) 김영근(2014), 「韓国の震災学/災害(災難)学: 失われた災害ガバナンス20年」『震災学』 제5호, 荒蝦夷, pp.163-187

19) 고려대학교 글로벌일본연구원의 <포스트 3.11과 인간: 재난과 안전, 그리고 동아시아 연구팀>은 '3.11동일본대지진' 발생(2011년) 이후 학제적 연구회 활동을 통해 일본사회의 움직임을 정치・경제・사회・역사・사상・문화의 영역에서 지속적으로 추적해 왔다. '4.16세월호 재해 '발생 이후 연구팀을 확대・개편하여 설립한 <사회재난안전연구센터>는 '동일본대지진과 일본사회의 변용 분석'이라는 문제의식의 연장선상에서 한국의 사회안전학 구축을 목표로 하며, 나아가 동아시아를 아우르는 재난과 안전에 관한 연구성과의 축적 및 교육시스템의 구축에 힘쓰고 있다. <사회재난안전연구센터>에서는 일본연구의 최전선에서 활약하는 다양한 연구자 및 교육자들이 제시하는 교훈을 소개하고 한국형으로 소화하여 새롭게 <한국재난학을 시작하자>는 제안을 한 바 있다.

20) 4.16 세월호재해 발생 이후 한국사회의 재해와 안전을 둘러싼 사회적 관심이 높아지고 있는 가운데, 『한겨레21』과 글로벌일본연구원 김영근 HK교수가 공동으로 <한국 재난학을 시작하자> <2014.06.09. 제1014호>를 기획, 한겨레신문사와 공동으로 일본 사회의 재해대책 및 3.11 동일본대지진 이후 일본사회의 변화를 심층 취재한 바 있다. 이는 재해연구의 성과를 사회적으로 확산시킨 대표적인 사례이며 대학의 역할에 관한 재고라는 점에서 평가할 만하다. 이후에도 매스미디어의 역할에 주목하여, <재해와 언론, 그리고 현장>이라는 주제에 관심을 가지고 연구하고 있다(http://h21.hani.co.kr/arti/cover/cover_general/37178.html 참조).

구축을 위한 세 가지 제언으로 결론을 대신하고자 한다.

첫째, 한국의 고등학교 및 대학(교)에 재난 및 안전을 다루는 학과의 개설이 시급하다. 앞에서 소개한 바와 같이, 최근 일본에서는 효고현립대학의 방재대학원 개설, 일본대학과 치바과학대학의 위기관리학부 설립 등 재해 관련 교육과정에 힘을 쏟고 있다. 물론 이는 일본이 재해연구 선진국으로서 지금까지 축적해 온 현장경험(사례)과 복구・부흥・재생 모델(이론)이 자연스레 배우고 익히는 학습과정 및 가르치고 배우는 교육과정으로 연계된 결과물임에 분명하다. 또한 관련학과들이 융복합학부 차원에서 출발하고 있다는 점도 흥미롭다.

다만 2011년 동일본대지진 이후 일본과 세계각국이 경험한 재해부흥의 과정에 관해 관심을 가지고, 재난과 안전 연구 및 교육에 힘써온 대한민국은 미래의 안전을 담보로 자본주의적 이념을 우선하는 사회에서 탈피해야 한다. 무엇보다도 미래학의 주된 교육목표가 안전생활과 관련한 자연과학(기술)을 기반으로 해야하며, 나아가 사회생활에 영향을 미치는 사회적 안전(재해) 이슈, 미래의 신념이나 생각(철학 이념 등)을 결정하는 인문학적 안전이슈도 융복합적으로 연동되어 있다는 점을 감안하여 준비해 나가야 할 것이다.

둘째, 미래형 기초 교양과정으로 <미래사회의 안전> 아젠더가 매우 중요하며, 이를 위한 대학의 교육 플랫폼을 마련해야 한다.[21] 이는 '데이터 융합(IoT, 빅데이터 등)', '사이버 보안', '금융 인프라', '엔터테인먼트 사이언스', '바이오 인포매틱스', '미래 에너지/환경'

21) 고려대학교는 2018년 '미래(융합)대학'의 설립 계획(추진)에 관해 공개한 바 있다.

등 전공 과정과 밀접하게 연관된 것으로, 인간생활을 영위하는 데 있어서 <안전혁명>이야말로 중요한 과제로 대두되고 있다. 먹거리 안전까지 포함한 다양한 재난/재해로부터 안전한 인간생활을 영위하기 위해 가져야 할 내용이야말로 미래형 인재 덕목에 필수불가 사항으로 보인다.

셋째, 포스트 '5.31 교육개혁'으로 관심이 높아지고 있는 새로운 '4.16 교육체제' 구축을 서둘러야 한다. '5.31 교육개혁' 시스템은 중학교 의무교육 확대 및 교육여건 개선 등을 통해 한국의 교육발전에 공헌했다고 평가할 수 있다. 나아가 '4.16 교육체제'를 통해 안전의무교육 확대 및 안전사회 구현을 위한 교육의 역할 제고가 실현됨으로써, 재해와 재해 사이를 살아가는 재간(災間) 시스템에서 살아남기가 보장되어야 한다.

결론적으로, 재해연구의 기로에 선 한국에서는 일본(인)을 포함한 세계 각국의 재해관, 재해문화와 안전문화, 부흥문화를 가늠해 봄으로써 교훈을 얻고자 하는 노력들이 지속되어야 할 것이다. 특히, 안전교육의 방향성을 관해 일본은 물론이거니와 글로벌 지역사회의 다양한 실패 및 성공사례의 교훈에서 찾아야 할 것이다. 이러한 노력이야말로 한국의 안전학, 재난학, 포스트 위험사회론 등의 논의를 심화시키고, 현장적·현실적 안전학을 사전 부흥해 갈 수 있는 지름길이 될 것이다.

제2부

재해와 상징적 부흥론
– 상징/사전부흥

제3장

'상징적 부흥'이란 무엇인가

1. 부흥과 상징 사이에서

일반적으로 부흥 과정을 생각할 때 재난 후에 우선적으로 필요한 것은 전기, 가스, 수도 등 파괴된 라이프 라인의 복구이다. 이 때 필요한 것은 자연과학 분야, 특히 토목공학적인 지식과 기술이다. 그리고 복구의 연장선상에서 부흥이 요구된다. 여기에서 부흥은 보통 파괴된 지역을 원래대로 복원하는 것이 아니라(그것은 불가능할 것이다), 토목공학적인 지식과 기술을 동원하여 이전보다 더 좋게 도시계획의 발본적인 재검토와 재개발을 하는 방향으로 진행하는 것이다. 부흥 개념이 토목공학적인 지식과 기술에 의거하고 있는 한, 부흥의 내용도 토목공학적으로 보다 좋은 것을 만들려는 것으로 귀착된다.

하지만 하드웨어뿐만 아니라 소프트웨어적인 면에 대한 배려, 궁리가 필요하다는 것을 경험적으로 인식하고 있다. 그래서 소프트라는 말로 애매하게 표현되고 있는 경험적인 지식을 명확하게 개념화하고, 이론적으로 근거를 만드는 작업이 필요하다.

이상과 같은 관심에서 본고에서 제기하고자 하는 것이 '상징적 부흥'이라는 개념이다. 본 논고의 목적은 상징적 부흥이라는 개념에 대해 주로 인류학에서의 의례론(儀禮論)과 상징연구의 성과를 살펴 보고 그 아웃트라인을 소묘하고자 한다.[1)]

2. 상징적 부흥이란 무엇인가?

1) 의례로서의 부흥

무언가 문제를 해결하는 것을 일본어로는 '결말을 짓다'라든가 '결말을 내다'라는 말로 표현한다. 비근한 일상생활의 트러블에서부터 법에 저촉되는 사건, 눈에는 보이지 않는 신이나 부처님과의 관계까지 어떤 트러블이 일어나면 '결말을 지을' 필요가 생기고, 그리고 그것이 해결되면 '결말이 났다'라는 말로 표현되는 느낌을 실감하게 된다. 우선 인간에게는 이러한 느낌이 있음을 확인해 두고 싶다.

법적으로는 타당한 판결이 내려진 경우에도 당사자 모두가 납득할 수는 없다. '응어리'가 남는 경우가 종종 있다. 고액을 배상받아도 피해자에게 불만이 남는 경우도 있고, 돈을 전혀 받지 못해도 당사자들이 해결됐다는 실감을 공유하는 경우도 있다. 부흥에 관해서도 사람들이 '이걸로 부흥됐구나'하고 깨닫는 상황은 도로와 시설의

1) 본고는 2005년 1월 14일에 고베국제회의장(神戸国際会議場)에서 개최된 제2회 전국 피재지 교류집회에서 필자가 보고한 요지를 가필, 수정한 것이다. 또 '상징적 부흥'이라는 개념은 2005년 6월 11일에 개최된 간사이가쿠인대학(関西学院大学) 재해부흥제도연구소의 제1회 부흥사상만들기부회(復興思想づくり部会)에서 제기된 것이다.

정비나 수입의 안정, 개개인의 인간관계 회복으로 환원하여 설명할 수 있는 것이 아니라 그것과는 다른 차원에서 판단이 내려진다고 봐야 한다.

즉 문제 상황의 해결에는 객관적이고 타당하다고 간주되는 통상의 기준과는 다른 별개 레벨의 판단기준이 존재한다고 생각해야 한다. 그런 레벨에서 납득할 수 있는 해결은 매우 의례적인 행위라고 할 수 있다. 그리고 부흥 또한 특별한 행위로 획득되는 상태라면 이는 소박한 실체적 개념이라기보다는 매우 상징적인 개념이라고 해야 할 것이다.

부흥이 상징적인 개념이라고 한다면 상징의 구조 및 형성의 메커니즘에 관한 인류학이나 사회학 등의 지식을 적극적으로 원용(援用)하는 것이 필요하다. 상징을 만들어 내고 기능하게 하는 방법을 원용함으로써 사람들 사이에 부흥됐다는 느낌을 만들어낼 수 있는 실마리를 얻을 수 있기 때문이다. 즉, 상징을 창출하는 의례에 대한 제작론(製作論)적 시점을 통해 부흥감(復興感)을 창조하고 조작하는 길이 열리는 것이다.

2) 상징으로서의 커뮤니티

피재 커뮤니티의 부흥을 위해 상징이나 그것을 만들어내는 의례에 착목할 필요가 있다고 생각하는 것은 커뮤니티 자체가 상징적으로 구축된 존재라는 인식이 배경에 있기 때문이다. 이는 인류학에서 빅터 터너(Victor Turner)의 의례론 이후에 큰 전개를 보인 인식이고[2], 현재의 인문사회과학에서는 보다 일반화되어 커뮤니티를 문화적 구축물로 보는 인식이 침투해 있다. 예를 들면 코헨(Cohen)의 '상징적 커뮤니티론' 이나 베네딕트 앤더슨(Benedict Anderson)의 '상상의 공동체'론[3] 등을 그 대표적 저작으로 들 수 있다.

커뮤니티 자체가 상징적 혹은 문화적으로 구축되어 있다고 하는 생각에 입각하면 커뮤니티 부흥도 사람들의 상징적인 의미체계 레벨에서 실현되어야만 하는 것이 된다.

그런데 여기에서 주목하고 싶은 것은 클리포드 기어츠(Clifford Geertz)의 논의이다. 그의 '극장국가'론은 이전에 존재했던 인도네시아 발리의 '네가라'라는 국가가 의례 안에서 실현된 것이고, 의례 그 자체가 국가였다고 하는 것으로 종래의 의례에 대한 견해를 쇄신한 의례론으로 주목을 받았다. 여기에서 그는 다음과 같이 말하고 있다.

> 현대인류학이 해석학적 분석을 대부분 문화의 '상징적'인 측면에 한정하는 것은 단순한 편견이며, 이는 '상징'과 '현실'을 대치시키고, 그 대비를 공상과 각성, 비유와 원의(原義), 난해와 명료, 미학과 실용, 신비와 세속, 장식과 실체의 대비로 파악하는, 역시 19세기가 남긴 사고방식에서 생겨난 것이다. (중략) 현실이라는 것은 비현실과 마찬가지로 마음 속에 그려진 것이다.[4]

통상 '현실적'이라는 말이 가리키고 있는 상태는 '상징적'인 것과

---

2) Turner, Victor Witter,1969, The Ritual Process: Structure and Anti-structure, London: Routledge&K.Paul. 冨倉光雄訳(1996), 『儀礼の過程』 新思索社.

3) Anderson, 1983. Imagined Communities : Reflections on the Origin & Spread of Nationalism. ベネディクト・アンダーソン, 白石さや他訳(1997), 『増補 想像の共同体ーナショナリズムの起源と流行』NTT出版.

4) Geertz, Clifford, 1980, Negara: the Theatre State in Nineteenth-century Bali, NewJersey : Princeton University Press. 小泉潤二訳(1990), 『19世紀バリの劇場国家』 みすず書房, p.162.

대립하는 것이라고 생각한다. 하지만 기어츠의 견해에 따르면 현실적인 것과 상징적인 것의 구별은 겉모습에 지나지 않는 것이 된다. 오히려 현실적인 것도 상징적인 것 이상으로 상상된 것이다. 현실적인 것과 상징적인 것의 경계는 예상 외로 애매하기도 하면서 실은 서로 침투하고 있다는 것이다.

예를 들면 도로나 주택을 현실에 속하는 물질적 자원이라고 한다면, 종교적 건조물이나 축제 등은 상징으로 귀속되는 문화적 자원이 되는데, 이와 같이 보통 대비적으로 생각하는 현실적인 것과 상징적인 것 양쪽을 포괄하는 상위개념으로서의 상징을 생각하지 않으면 안 된다. 이와 같은 의미의 상징이 실현되는 것은 사람들의 커뮤니티 그 자체에서이다.

커뮤니티의 부흥을 위해서는 도로나 주택 등의 물질적 자원과 종교적 건조물이나 축제 등 문화적 자원 양쪽 모두를 포함하는 복구·부흥이 진행될 필요가 있다. 이러한 복구·부흥의 과정과 병행하여 이들을 포괄하는 상징적인 레벨에서의 부흥이 실현될 필요가 있다. 그것이 상징적 부흥이다.

3. 부흥 의례론과 의례론으로서의 부흥

1) 의례 과정

부흥을 의례적으로 획득되는 상태라고 생각한다면 피재에서 부흥까지의 과정을 의례의 과정에 견주어 이해할 수 있다. 이 때 단서가 되는 것이 의례 과정의 기본구조를 명확하게 정리한 반 겐넵(Arnold van Gennep)의 통과의례론이다.[5] 반 겐넵의 통과의례론은 어떤 상태에서 별도의 상태로 이행될 때 행해지는 의례를 분류한 것으로 알려져 있는데, 특히 그는 의례를 '분리의례(分離儀禮)', '과도의례(過度儀禮)', '통합의례(統合儀禮)'의 세 가지로 분류하고 있다. 모든 의례가 시작, 중간, 끝의 세 단계로 나뉘기 때문에 이와 같은 '분리', '과도', '통합'의 세 단계가 있다고 생각되어지는데, 의례에 따라서는 각각의 특징이 개별적으로 발달해 있는 경우도 있다. 예를 들면 장례는 분리의례가 결혼식은 통합 의례가 중심적인 의례가 된다.[6]

그런데 이 모델을 참조로 하여 부흥 과정을 도식화해 보자. 우선 도식1은 통상적인 부흥과정이다.

도식1: 피재(-) → 복구(0) → 부흥 (+)

피재라는 사건은 일상생활의 물리적인 파괴를 의미한다. 다음으로 라이프라인 등의 복구 과정이 진행된다. 그리고 최종적으로 부흥이 달성된다. 이 3단계는 피재 이전의 상태를 제로라고 한다면 피재로 인해 마이너스가 되고, 복구에 의해 제로로 돌아와, 부흥으로 플러스로 바뀐다는 우상향 그래프적인 발상에 근거하고 있다. 그러나 마이너스나 플러스라고 하는 평가기준은 어디까지 토목공학적인 기준이라는 것에 주의해야 한다.

---

5) Gennep, Arnold van,1909, Les Rites de Passage, Paris:E.Nourry. 綾部恒雄, 綾部裕子訳(1995), 『通過儀礼』弘文堂.

6) 반 겐넵의 의례론 외에 인류학의 주요한 의례론 개설은 아오키(青木, 1984)를 참조.

특히 여기에서 부흥 개념은 피재 이전보다 좋은 상태로 재개발한다는 개발주의적인 발상과 결합하고 있고, 복구와 정도의 차이는 있어도 질적인 차이는 없다. 한편, 의례 과정을 참고로 해서 모델화하면 다음과 같이 된다.

도식2: 피재(분리) → 복구・부흥(과도) → 상징적 부흥(통합)

부흥의 과정을 의례 과정으로 이해하면 피재라는 사건은 일상생활에서 상징적인 이탈을 의미하게 된다. 다음으로 이제까지의 부흥 개념은 토목공학적인 사고에서는 최종단계에 위치해 있지만, 의례의 과정에서는 통합의례의 역할을 반드시 달성하고 있다고는 말할 수 없다는 점에서 복구와 같은 과도적 단계에 위치지어지게 된다.

마지막은 의례 과정의 최종단계인 통합의례가 된다. 이 의례에서 사람들은 '이걸로 부흥됐구나'고 하는 실감을 얻게 된다. 이 단계를 이제까지의 부흥 개념을 대신해서 상징적 부흥이라 부르기로 한다.

더 나아가 상징적 부흥은 이제까지의 부흥 개념과는 달리 반드시 피재 이전의 상태보다 더 좋은 상태에 도달했다는 것을 의미하지는 않는다는 것을 주의해야 한다. 원래 상태로 회복된 것은 아니지만, 문자의 의미대로 상징적인 의미 체계 레벨에서는 회복된 것으로 느껴지는 상태를 가리키고 있다.[7)]

7) 인류학에서는 치료 의례가 당시 사회의 신화=코스몰로지 속 병의 원인이나 치유의 과정에 의미를 부여함으로써 상징적인 레벨에서 회복을 도모하는 점에 주목해 왔다. 예를 들면 레비 스트로스(Levi Strauss)의 '상징적 효과'에 관한 논의는, Levi-Strauss, C.,1958, Anthropologie Structurale, Paris:Plon. 荒川幾男・生松敬三・川田順造・佐々木明・田島節夫訳(1972),『構造人類学』みすず書房, 참조.

2) 부흥의례의 유형

이상의 내용에서 부흥의 과정을 3단계로 나눈 의례의 과정으로 이해했을 경우, 상징적 부흥은 그 최종단계에 위치하게 된다.

부흥이 상징적인 개념이라고 할 경우 그 가장 기본적인 의미는 부흥이 토목 공학적인 지식이나 기술에 의해 달성된 상태로 환원할 수 있는 것이 아니라, 그 것과는 별도의 차원에서, 즉 상징적인 의미체계 레벨에서 획득된다는 것이다. 그러나 상징적인 의미체계 레벨에서 획득된 부흥은 눈에 보이는 형태로 인식할 수 있는 것은 아니다.

그래서 객관적인 기준으로 부흥이 달성되었는지 아닌지에 상관없이 사람들이 부흥감을 획득하기 위해서는 부흥을 눈에 보이도록 상징적으로 표현해야 할 필요성이 생긴다. 부흥을 표현하는 데 있어 유효한 수단은 각종 이벤트 실시 또는 기념물의 건립 등이다. 부흥을 표현하는 이와 같은 행위를 여기에서는 '부흥의례'라 부르기로 한다. 그런데 여기에서 말하는 '부흥의례'는 에밀 뒤르켐(Émile Durkheim)이 정리한 의례의 유형 중 '모의적 의례'에 해당하는 것이라 할 수 있다.[8] 뒤르켐은 토템동물의 풍요를 보증하는 모의적 의례(模擬的儀禮)를 예로 들어 다음과 같이 말하고 있다.

> 이들 의례는 모두 같은 유형에 속한다. 이들이 의존하고 있는 원리는 보통 부당하게도 공감적 주술이라 불리는 것의 기저에 가로놓여 있는 원리 중 하나이다. 이들 원리는 통상 두 가지로 요약된다. 제1원리는 다음과 같이 분명히 말할 수 있다.

---

8) Durkheim(1975=1912), pp.210-242.

즉, 어떤 대상물에 도달한 것은 이 대상물과 무언가의 접근 또는 연대의 관계를 유지하고 있는 모든 것에도 도달한다. 따라서 부분은 전체에 영향을 준다. 제2원리는 통상 비슷한 것은 비슷한 것을 낳는다는 정식(定式)으로 요약된다. 어떤 존재나 상태의 묘사는 이 존재나 상태를 낳게 한다. 바로 지금 기술한 모든 의례를 움직이게 하고 있는 것은 이 표어이다.9)

이상 뒤르켐은 제임스 조지 프레이저(James George Frazer)가 제창한 공감적 주술에 관한 유명한 두 가지 원리를 예로 든 후에 후자에 해당하는 모의적 의례를 평가하여 '전자에는 전염적 교통밖에 없고, 후자에는 생산과 창조가 있다'고 말하고 있다. 그리고 그 이유를 다음과 같이 말하고 있다.

프레이저는 말한다. '전염적 주술(contagious magic)이 접근 관념에 입각해 있는 것처럼 유감적 주술(類感的呪術, magie homéopathique)—그는 의체적(擬体的) 주술이라는 말 대신 이 표현을 골랐다—은 유사 관념에 입각해 있다.' 하지만 이것은 문제가 되고 있는 행사의 독자적인 특징을 무시하는 것이다. 일면적으로 보면 프레이저의 정식은 저주의 경우에도 조금은 적용 가능할 것이다. 사실 여기에서는 별개의 두 가지가 그 부분적 유사성 때문에 서로 동일시되고 있다. 즉 그 두 가지는 이미지, 그리고 이미지가 조금이라도 도형적으로 표상하는 모델이다. 그러나 우리들이 관찰해 온 의체적 의례에서는 이미지만이 주어져 있다. 모델은 존재하지 않는다. 왜냐하면 토템종(種)의 신세대는 기대, 게다가 확실하지 않은 기대에 지나지 않기 때문이다. 따라서 틀리지도 않고, 틀리지 않지도 않다. 동일시라는 것이 애초에 문제가 될 수 없다. 거기에는 고유의 창조가 있다.10)

뒤르켐의 해설을 참고로 하면, 부흥 또한 사람들이 확실히 부흥이

9) Durkheim(1942=1912), pp.218-219.

10) Durkheim(1975=1912), pp.220-221.

라 인식하는 정해진 모델이 미리 존재하고 있는 것은 아니다. 거기에 주어져 있는 것은 부흥의 이미지에 대한 상징적 표현뿐이라 할 수 있을 것이다. 그리고 부흥의례를 통해 상징적인 이미지로 창조된 부흥이 상징적 부흥이다.[11]

부흥이 의례를 통해 상징적인 이미지로 창조된다고 한다면, 그 상징적 이미지는 사람들에게 부흥으로 인식되는 것이어야만 한다. 부흥의례의 제작자는 이점에 유의해 피재 커뮤니티 사람들의 부흥 이미지를 사전에 조사함과 동시에 그들이 무엇을 가지고 문제 상황에 의미를 부여하고 그 해결을 이해해 왔는가, 예를 들면 돌연사나 병 등 불행에 대해 어떻게 의미를 부여하고 거기에서의 회복을 어떻게 이해해 온 것인가에 대해 커뮤니티의 전통적인 관념체계, 의례 체계에 표현된 상징에 관한 민족지적인 지식에 대해서도 살펴보는 것이 좋을 것이다.[12]

3) 부흥의례의 기능

그런데 부흥의례에는 객관적인 기준과의 관계에 따라 다음과 같은 현재적(顯在的) 기능과 잠재적 기능, 이렇게 두 가지 기능이 있다고 상정할 수 있다. 부흥의례에는 현재적으로는 부흥 상태에 있다는 것을 인정하는 기능이 있다. 부흥의례가 집행됨으로써 사람들은 부흥이 달성되었다고 판단할 수 있다. 이러한 부흥의례의 현재적 기능이

---

11) 여기에서 뒤르켐이 모의적 의례의 예를든 이유는 인과율을 검토하는 것에 주된 목표가 있고, 사고 범주의 사회적 기원을 주장하는 뒤르켐에게 이 점은 극히 중요하다.

12) 메리 더글라스(Mary Douglas)에 의하면 인간 커뮤니케이션에는 세세한 설명이 필요한 정밀 코드와 그것이 불필요한 한정 코드의 구별이 있고, 의례 등에 표현되는 상징은 정해진 집단내부에서 이해되는 것을 전제로 한 한정코드에 의한 커뮤니케이션으로 간주한다. Douglas 1983, Natural Symbols: Explanations in Cosmology, Barrie and Rockliff/Cresset Press, 1970. 江河徹外訳『象徴 として, 身体』紀 伊国屋書店, 1983年. 이점 때문에 외부자는 의례의 의미를 이해하는 것이 곤란하다. 그래서 부흥의례의 제작자는 피재 커뮤니티의 상징적 표현을 판단의 근거로 삼을 필요가 있다.

작동하는 것은 통상 토목공학적인 의미만이 아니라 경제적인 의미나 인구학적인 의미에서도 즉 객관적인 기준에서 부흥 했다고 판단되는 경우이다. 이것을 부흥인정 기능이라 부르기로 한다.

한편 부흥인정 기능과는 별도로 잠재적으로는 또 하나의 기능이 있다. 그것은 부흥의례가 부흥 그 자체를 만들어 내는 기능이다. 토목공학을 비롯한 객관적인 기준에서는 부흥이라고 간주되지 않는 상태에 있었다고 해도 상징적인 레벨에서 부흥은 창조될 수 있다. 이것을 부흥창조 기능이라 부르기로 한다.

객관적인 기준에서 충분히 부흥이라 간주되는 상황이어도 사람들이 부흥이라 간주하지 않는 경우에는 부흥의례를 실시함으로써 그 부흥인정기능을 통해 사람들이 부흥으로 인식할 수 있게 할 필요가 있다. 역으로 객관적인 기준에서는 부흥이라고는 할수 없는 상태여도 잠재적 기능인 부흥창조기능을 활용함으로써 사람들사이에 부흥감을 만들어내는 것이 가능하게 된다.

보통은 객관적으로는 부흥하고 있다는 이유에서 그것을 분명히 하기 위해 부흥의례를 실시한다고 생각하기 때문에 부흥인정 기능만이 현재적으로는 기능하고 있는 것처럼 보이지만 보다 중요한 것은 부흥 그 자체를 창출하는 부흥창조 기능 쪽이다. 왜냐하면 후자의 부흥창조 기능을 전제로 하여 전자의 부흥인정 기능도 그 효과를 발휘하기 때문이다.

이와 같은 의례의 창조적인 기능을 적극적으로 활용하는 시점의 존재에 대해서 필자가 재인식하게 된 것은 구마모토 현 미나마타 시(水俣市)의 전 시장, 요시이 마사즈미(吉井正澄) 씨와 인터뷰할 때 들었던 에피소드를 통해서였다.[13] 출판된 서적에 요시이 씨가 말한 내용이 있으므로 거기에서 해당부분을 소개하고자 한다.

> 첫 공식사죄로 찬부(贊否)
>
> 1956년 5월 1일 미나마타병 공식발견에 맞춰 미나마타 시에서는 이 날 미나마타병 희생자의 위령식이 거행됩니다. 94년 제가 시장으로서 처음 맞이한 위령식은 이것으로 세번째를 맞이했습니다. 위령식은 제가 시의원이었을 때 자민당 의원단에서 시 집행부에 촉구하여 24년 만에 재개한 것입니다. 그러나 1년째도 2년째도 환자단체는 출석하지 않았습니다. 너무나 갑작스러웠고, 교묘하게 구슬리려는 의도가 아닌가 하고 경계했을지도 모릅니다. 어쩔 수 없는 일이었습니다. 이른바 '주인없는 위령식'이었습니다. 그리고 시장이 된 후 첫 위령식에서 이 기회에 미나마타병에 대한 기본적 자세를 선명하게 해야겠다고 생각했습니다. 앞으로 나아가기 위해서는 과거의 과오를 솔직히 사과하는 수밖에 없다고 생각했습니다. (중략) 위령식 당일, 거친 성격인 사사키 기요토(佐々木清登, 미나마타병 환자 연합회장) 씨가 있었습니다. 하시구치 사부로(橋口三郎, 제3차 소송원고단장) 씨도 있었습니다. 대부분의 환자단체 대표가 나란히 앉아 있는 모습을 보았을 때는 정말로 눈시울이 뜨거워졌습니다. '부디 편히 잠드시길' 하는 심정이었습니다.[14)]

요시이 씨는 인터뷰에서 대답하기를 그 당시 각 환자단체의 위령식 참가여부에 모든 것이 걸려 있다고 생각했다고 한다. 그리고 대부분의 환자단체 대표가 참가한 것을 보고 이것으로 해결될 수 있을 것이라 강하게 생각했다고 말했다. 물론 그것만으로 구체적인 문제가 조금도 해결된 것은 아니다.

하지만 위령식에 환자단체가 참가할지 안할지가 매우 큰 의미를

---

13) 2003년 12월 27일에 오기노 마사히로(荻野昌弘)와 공동 조사할 때에 요시이 씨 자택에서 이루어진 인터뷰이다.

14) 進藤卓也(2003)(2002), 『奈落の舞台回し—前水俣市長 吉井正澄聞書』西日本新聞社, pp.23-24.

가진다고 인식하고 있었던 것이다. 실제 그후 이른바 '정치해결' 이야기가 진행되었다.

여기에는 시장이라는 위정자의 입장에서 복잡하게 얽힌 인간관계를 의례의 힘으로 상황을 회복하려고 하는 시점이 내포되어 있다. 이것을 의례의 제작론적 시점이라 부르기로 한다.

의례의 제작론적 시점은 의례가 그것에 관여하는 사람들 사이에 어떤 종류의 공동성을 확립하는 기능이 있다는 인식에 근거하고 있다. 같은 의례에 참가하고 있다는 경험적인 사실을 참가자들이 공유함으로써 여기에 질서 감각이 양성된다. 그리고 이 점이 집단을 통제하는 것을 목적으로 하는 위정자에게는 특히 중요한 과제가 된다.

이 케이스의 경우 의례를 통해 상징적인 레벨에서의 '해결'이 실현되었고, 이것이 결과적으로 '정치해결'이라는 현실적인 레벨에서의 해결을 촉구하게 되었다. 즉 부흥의례의 잠재적 기능에 해당하는 부흥창조 기능이 발동한 좋은 예라 볼 수 있다.

상징적 부흥이란 현재적 또는 잠재적인 의례의 기능을 통해, 그리고 상징적인 의미체계 레벨에서 부흥이 실현되는 것을 통해 사람들이 부흥감을 획득하는 상태를 의미한다. 객관적으로는 부흥에 이르지 못한 상태여도 상징적 부흥을 이른바 '마중물'로 삼아 객관적으로도 부흥이 촉진되는 경우도 있다는 것이다. 그리고 상징적 부흥이라는 관념의 가장 매력적인 점도 바로 여기에 있다고 할 수 있다. 다음으로 상징적 부흥이라는 관념에 대해 구체적인 사례를 들면서 보다 상세하게 검토하기로 한다.

4. 상징 속의 '상징적 부흥'

1) 문화적 자원의 정비

여기에서는 2005년 2월 12일에 간세이가쿠인대학(関西学院大学)에서 개최된 제1회 피재지 교류 집회(第1回被災地交流集会) 에서 니가타 현(新潟県) 주에쓰지진(中越地震)의 피재지 야마코시무라(山古志村, 현재는 나가오카 시(長岡市)에 합병됨)의 촌장(村長), 나가시마 다다요시(長島忠美)의 발언을 예로 들어 생각해 보고자 한다.

지원금, 의연금 일부를 주택재건에 충당하고 있다는 것, 마을에서 지원받은 것을 생활재건에 사용하고 있다는 것을 말한 후에 다음과 같이 말했다.

> 그것과 조금 다른 이야기지만 저희들은 역시 현(県)의 경비로, 개인과는 달리 마을에서 독자적으로 그렇게 큰 금액을 투입할 수는 없습니다만, 이른바 역사라든가 문화라든가 공유할 수 있는 것을 후원하지 않으면, 돌아왔을 때 좀처럼 원활하게 재생할 수 없을 것 같다는 예측하고 있어서, 문화적인 것이라든가 산업적인 것은 역시 지원을 해 나갈 생각입니다. 조금은 그런 의도를 가지고 사용할 수 있도록 하는 것으로 지금 촌에서 그렇게 큰 금액을 목표하고 있는 것은 아니지만, 우선 대부분의 문화적인 것들이 소실되었다는 것을 생각하면, 역시 마음을 의지할 수 있는 역사, 문화를 제대로 남길 필요가 있다고 생각합니다. 그런 것과 주택 재건의 문제가 잘 맞물려 가면, 그렇게 하면 지역이 재생되고 촌으로서 재생되는 곳에 역시 쓰고 싶다고 생각하고 있습니다.[15)]

---

15) 関西学院大学災害復興研究所(2005), 『被災地協働 第一回全国交流集会から』関西学院大学出版会, pp.42-43.

여기에서 주목하고 싶은 것은 '마음을 의지할 수 있는 역사, 문화를 제대로 남길 필요'가 있다고 말하는 것에서도 알 수 있듯이 역사나 문화 등 지역 아이덴티티를 표현하는 문화적 자원의 정비, 보존을 나가시마 씨가 중시하고 있다는 것이다. 또 나가시마 씨는 지역에 따라 피해의 정도나 조건이 다르다는 것을 언급한 후 다음과 같이 말하고 있다.

> 지금까지 오랜 역사 속에서 계속 생활을 공유해 왔고, 그리고 공유의 책임감을 가지고 문화를 키워 온 것을 생각하면, 단지 촌민의 기분은 함께 촌으로 돌아와 아이들에서부터 노인들까지 다시 모두가 서로 의지하는 생활을 재개하고 싶다는 것입니다. (중략) 분명히 도시라던가 지진이 일어나지 않는 곳에 비하면 우리들은 중산간지역(中山間地域:도시나 평지 이외의 중간농업지역과 산간농업지역의 총칭)이자 험준한 곳으로 매우 험난한 상황입니다. 그리고 어제도 눈이 내려 지금도 3미터 70센티의 눈 속에 매몰되어 있는 것에서 보듯이 폭설지대입니다. 그러나 우리들은 이 땅을 생활 터전으로 골랐습니다. 험난함 중에 역시 우리들은 선조 때부터 고생을 하면서 쌓아온 여러 생각이나 재산을 물려받아 자라왔다고 생각합니다. 고통을 공유하면서 때로는 즐거움을 공유하면서 만들어 온 것은 우리들 중산간지역, 그리고 농촌의 문화이고, 역사라고 생각합니다.16)

여기에서 말하고 있는 것은 단지 문화적 자원의 보존, 정비에 머무르지 않고 그들의 커뮤니티 자체가 선조로부터 물려받은 역사와 문화로 성립하고 있다는 인식이다. 이와 같은 인식을 전제로 하여 커뮤니티 아이덴티티로서의 역사와 문화의 정비, 보존이 부흥과 연

---

16) 関西学院大学災害復興研究所(2005), 『被災地協働 第一回全国交流集会から』関西学院大学出版会, pp.42-43.

결된다는 인식이 드러나 있다.

2) 상징의 부흥과 상징적 부흥

2005년 3월에 야마코시무라가 제출한 『야마코시 부흥플랜 돌아가자 야마코시로에(山古志復興プラン 帰ろう山古志へ)』를 보았다. 귀촌의 조건으로 12가지 조건을 제시하고 있다. 열거하자면 도로, 토지안전대책, 라이프라인, 주택, 농지・잉어 양식장, 공공기능, 투우, 주민 창업, 경관 창조, 피재지 장소 보전 활용, 기타 부흥시책이다. 물질적 자원과 문화적 자원 양쪽 모두 부흥 플랜에 담겨져 있는 것을 볼 수가 있다.

우선 주목하고 싶은 것은 '경관 창조'라는 항목이다. 이 항목에서는 '새로운 꿈이 있는 지역의 부흥을 위한 대처' 속의 세 가지 기본조건 중 첫 번째 조건으로 다음과 같이 선언하고 있다.

> <1> 야마코시다운 아름다운 경관을 보전, 창출합니다.
> ① 복구할 주택의 경관은 주변의 자연환경과 조화된 디자인으로 합니다.
> ② 지역경관을 악화시키는 건물이나 공작물 설치를 제한합니다.
> ③ 지역을 특징짓는 산의 경관이나 계단식 논・계단식 연못 등의 경관을 유지합니다.

경관의 부흥에 대해 앞에서 말한 피재지 교류회에서 나가시마 씨는 '우리들은 잃어버린 생활 기반을 우리들 생활 기능의 향기가 나는 경관으로 지금은 되돌릴 수 있도록 최선의 노력을 하겠다'고 말하고 있다.[17] 이것은 매우 중요한 시점이다.

야마코시의 아름다운 계단식 논 풍경은 지역 아이덴티티를 표현하는 중요한 문화적 자원일 뿐만 아니라 '생활 기능의 향기'가 나는 것이다. 따라서 경관의 부흥은 지역 아이덴티티의 부흥을 의미할 뿐만 아니라 사람들의 생활 기능 회복을 비유적으로 표현하는 것이 된다. 그리고 이것이 현실적인 레벨에서도 사람들의 생활 기능 회복을 촉진하는 힘이 될 것을 기대하고 있는 것이다.

또 비단잉어나 투우 등의 문화적 자원의 부흥도 중심적인 과제로 포함되어 있음을 알 수 있다. 세 가지 기본조건 중 두 번째는 다음과 같이 서술되어 있다.

> <2> 야마코시의 자산을 물려받아 살립니다.
> ① 피재지 주택의 특색 있는 재료 등을 보전하여 유효하게 활용합니다.
> ② 비단잉어, 투우, 자연, 사람들의 유대 등 야마코시 고유의 문화적 자산을 소중하게 계승하고 더 나아가 지역의 활력을 위해 활용합니다.

'야마코시 고유의 문화적 자산'이라는 표현이 사용되고 있는데, 이것은 여기에서 말하는 문화적 자원을 의미하고 있다. 특히 계단식 논의 풍경이나 투우 등의 문화적 자원은 야마코시 지역 커뮤니티의 상징이라 할 수 있다. 이들 상징의 부흥이 도로나 주택의 부흥과는 별개의 의미를 가진 지역 커뮤니티의 상징적 부흥을 촉진하는 중요한 자원으로 인식되고 있는 것이다.

분명히 이들 상징의 부흥은 상징적 부흥을 실현하기 위한 계기가

---

17) 関西学院大学災害復興研究所(2005), 『被災地協働 第一回全国交流集会から』関西学院大学出版会, p.44.

되는 것은 분명하다. 하지만 이들 상징을 부흥시키는 것이 그대로 상징적 부흥을 의미하는 것은 아니다. 이 점에 대해서는 더 구체적인 설명이 필요하다고 여겨진다.

앞서 살펴본 것처럼 계단식 논의 풍경이나 투우 등은 지역 커뮤니티의 상징이라 생각되어지지만, 그것은 동시에 지역 커뮤니티를 구성하는 요소 중 일부이기도 하다. 커뮤니티 구성요소 중 일부의 부흥을 전체의 부흥이라 간주하려는 생각은 뒤르켐이 모의적 의례의 설명에서 구별한 공감적 주술의 두 가지 원리 중 하나의 원리인 전염적 주술과 마찬가지로 접근에 의한 관념에 입각한 것이다. 여기에는 뒤르켐이 말한 것처럼 기본적으로 고유의 창조적 기능은 없고, 전염적 교통밖에 없다.

물론 계단식 논의 풍경 등 문화적 자원이 커뮤니티의 상징인 이상 이들을 부흥시키는 것이 상징적 부흥을 촉진하는 매우 유효한 수단임은 분명하다.[18]

중요한 것은 이들 문화적 자원의 부흥을 적극적으로 진행하는 한편, 사람들 사이에 부흥감을 만들어 내는 부흥의례를 적절히 실시하는 것이다.

3) 상징 부흥의 문제점

이와 같이 야마코시무라의 사례는 일찍부터 도시에 대한 문화적 상품, 관광 자원으로 계단식 논, 잉어 양식장, 투우 등을 개발하고 있

18) 커뮤니티 상징의 문화적 자원 정비에 대해 졸고 참조, 고분의 보존을 사례로 검토하고 있다. 山泰幸(2002), 「古墳と陵墓」荻野昌弘編 『文化遺産の社会学―ルーヴル美術館から原爆ドームまで』新曜者, pp.241-259.

었고, 야마코시무라 부흥 플랜도 이들 대외적 자기 이미지를 적극적으로 활용하려고 하는 자세가 농후하다. 외부의 시선으로 구성된 지역의 자기 이미지를 잘 조작할 수 있는 시점을 가지고 있는 것이다.

그러나 대외적인 자기 이미지를 표현하는 문화적 자원의 부흥은 촌의 상품가치 회복, 향상과 일체가 되어 있다는 점에 주의할 필요가 있다. 왜냐하면 마을 사람들 모두가 그 상품들의 생산에 관계하고 있는 것은 아니기 때문에 상품가치와 직결된 문화적 자원의 부흥은 결과적으로 마을 내의 사람들 사이에 경제적인 불균형을 가져올 가능성이 있기 때문이다. 특히 잉어양식 등의 부흥에 대해서는 이 점을 충분히 주의할 필요가 있다. 한편 투우의 경우에는 그 운영 배경에 이해관계가 있다고 해도 마을 사람들이 비교적 균등하게 향유할 수 있는 오락이라는 인식이 있다는 점에서 상징적 부흥을 위해 활용할 자원으로서는 훌륭하다고 생각된다. 이 점은 12가지 조건의 분류방식에도 반영되어 있다.

마을 투우장에 사람들이 모여 거기에서 박수와 환성이 터질 때, 사람들은 부흥감을 충분히 맛볼 수 있지 않을까. 이 경우에 투우의 부활은, 상징적 부흥을 연출하는 부흥의례로서의 역할을 달성하는 것이 될 것이다.

문화적 자원의 부흥에는 이외에도 생각해야 할 문제점이 있다. 그것은 대외적 자기 이미지가 부흥함으로써 그 배후에 있는 부흥 과정의 생활환경적 측면이 보이지 않게 되어 버리는 것이다. 원래 대외적 자기 이미지는 매스컴 등을 통해 보도되기 쉬운 성격을 가지고 있다. 그래서 문화적 자원의 부흥이 외부 시선으로는 생활환경적 측면도 포함된 부흥이라고 오해받을 가능성이 있다. 그 결과 생활환경적 측면의 부흥에 대한 관심이 낮아져 버릴 위험성이 있다. 이 점을 배려할 필요가 있다.

그렇다고는 해도 야마코시 부흥 플랜은 상징적 부흥이라는 관점에서 보면 부흥 플랜의 모델케이스라고 할 수 있을 것이다.

5. 상징의 삼중성과 레던던시(redundancy)

1) 문화적 자원의 양의성

2005년 6월 28일부터 7월 1일까지 재해부흥제도연구소의 현지조사로 후쿠오카 현(福岡県)의 겐카이지마(玄界島) 섬 피재 현장과 피난주민의 가설주택 등을 방문했다.

겐카이지마 섬은 어항(漁港)을 중심으로 섬 경사면에 부채 모양으로 가옥이 모여 있고, 각 가옥에서 섬의 중심인 항구까지는 '간기단(がんぎ段)'이라 불리는 좁은 석조 계단 골목을 오르내려야 한다. 사람의 이동, 물자의 이동, 모두 기본적으로는 도보로 이동한다. 경량의 짐을 섬 위까지 옮기는 레일이 갖춰져 있지만 기본적으로는 도보이다. 집 공사를 위한 건축자재도 모두 인력으로 옮긴다. 인력이 전부였기 때문에 섬 주민의 상호부조가 반드시 필요하다. 그래서 개인이나 각 세대가 개별로 제멋대로 행동을 하는 것은 어렵다. 결과적으로 커뮤니티의 결속력은 불가피하게 견고하게 된다.

민속학자 미야모토 쓰네이치(宮本常一)도 간기단에 주목하여 저서 『일본의 이도(日本の離島)』에서 겐카이지마 섬의 커뮤니티 결속

력이 강하다는 것을 소개하고 있다. 여기에 더해 1955년(쇼와30년) 대 불황을 섬 주민 모두 하나가 되어 절약하는 생활로 극복한 것이 섬의 커뮤니티 결속력을 견고하게 했다고 한다.

간기단은 섬 커뮤니티의 견고한 결속력을 만들었고, 이러한 섬 커뮤니티의 견고한 결속력이 부흥을 촉진하는 힘이 된다고 매스컴도 높은 평가를 내리며 보도하고 있다. 간기단은 섬 부흥력의 상징인 것이다.

그러나 간기단은 섬 주민에게 불편한 섬의 생활환경을 나타내는 대명사이기도 하다. 섬 생활, 섬 문화 전체를 긍정적으로 나타내는 상징적 존재는 아닌 것이다. 따라서 외부인들이 간기단의 민속학적 혹은 문화재적 가치를 안일하게 찬양하는 것은 잃어버린 과거의 이상적인 커뮤니티 상을 겐카이지마 섬에 억지로 떠안기게 될 위험성도 있다.

그 결과 자신들의 노스탤지어를 충족시키기 위해 섬 주민을 불편한 생활환경 속에 가둬버리게 될 수 있다는 점에 주의해야 한다. 이와 같은 상황에서 겐카이지마 섬의 부흥은 보다 좋은 생활환경의 정비라는 토목공학적인 발상에서 진행될 것이라고 쉽게 상상할 수 있다. 커뮤니티의 결속력을 높이는 물질적인 기반이며 또한 생활환경의 최대 속박이기도 했던 간기단은 해체되고, 자동차 주행이 가능한 도로의 정비가 우선 요구되어진다.

생활환경을 편리하고 쾌적한 상태로 개량하는 것이 무엇보다도 급히 요구되어진다. 겐카이지마 섬에서는 개발주의적인 부흥 사업의 결과로 나타나리라 예상되는 커뮤니티 결속력의 이완을 어떻게 보완할 것인가가 과제이다. 현재 겐카이지마 섬의 부흥 계획 기획자는 간기단이 가지고 있던 커뮤니티 유지기능을 잃어버리지 않게 하기

위해 간기단을 대신하는 시설을 설치하려고 모색하고 있다.[19]

2) 종교적 상징의 문제

전통적인 커뮤니티에는 많은 경우 커뮤니티를 상징적으로 통합하는 종교적 장치가 존재한다. 겐카이지마섬에서도 고다카신사(小鷹神社), 와카미야신사(若宮神社), 지장당(地蔵堂), 관음당(観音堂) 등 재해를 입은 신사를 비롯한 몇 가지 제사시설이 존재한다.

지장당과 관음당은 개인 소유이고 섬의 유지들이 모여 그룹으로 신앙 활동을 하고 있다. 한편 와카미야신사는 주로 어업관계자들이 믿고 있고, 고다카신사는 폭넓게 섬 주민들이 믿고 있으며 각각 섬에서의 위상이 다르다.

고다카신사는 집락촌의 남서쪽, 항구에 면한 고지대에 있다. 고다카신사의 유래는 각지에 광범위하게 분포하는 유리와카(百合若) 전설에 기초하고 있다. 신사의 명칭인 고다카는 유리와카대신(百合若大臣)이 기르고 있던 미도리마루(緑丸)라는 이름의 매를 제신(祭神)으로 하고 있던 것에 유래한다. 이전에는 고다카신사가 구단의 명칭인 매를 제신으로 하고 있어서 당시 그 지방의 프로야구단 다이에 호크스의 오너가 우승기원을 위해 여기를 방문했다고 한다. 우리들이 조사를 위해 방문했을 때에는 도리이(鳥居)도 파괴되었고 경내는 꽤 혼란스러운 상태였다.

의례에 대한 제작론적 시점에서 상징적 부흥을 생각할 때 본래는

---

19) 겐카이지마 섬의 부흥계획에 관계하고 있는 야마구치 겐지(山口憲二) 씨로부터 얻은 정보에 의하면 섬주민이 공동으로 사용할 수 있는 자동차 등을 배치하는 것도 고려하고 있다고 한다.

가장 유효하게 활용해야 할 상징은 이들 전통적인 제사시설이다. 하지만 섬의 전통적인 제신시설을 수복, 재건하는 것에는 문제가 있다. 후쿠오카시내의 가모메광장(かもめ広場)이라 불리는 피난주민 가설주택에서 섬주민이 마음을 의지하는 고다카신사의 재건을 바라고 있다는 이야기를 들었는데, 정교분리 원칙 때문에 특정 종교 제사시설의 재건을 위해 공적인 자금을 사용하는 것은 어렵다는 소리를 들었다.

물론 행정이나 지역커뮤니티가 특정종교의 제사시설의 편을 드는 것은 어렵다. 이 문제를 명확하게 하기 위해서도 상징적 부흥이라는 개념이 필요하다.

커뮤니티의 존립이 상징적인 의미체계로 지탱되고 있다는 인식이 있다면 특정종교의 제사시설도 커뮤니티의 상징적 부흥을 위한 귀중한 상징적 자원으로 자리매김하게 된다. 커뮤니티의 상징적 자원의 보존, 정비를 위해 공적자금을 도입하는 것은 결코 엉뚱한 발상이 아니다. 문화재 제도 안에서 각지의 전통적인 신사의 제례 등이 무형민속문화재로 보존되기 때문에 그때 사용되는 다시(山車, 축제 때 사용되는 장식을 한 수레) 등의 도구들도 유형문화재로 등록되어 보호를 받고 있는 것이다.

피재 커뮤니티의 상징적 부흥을 위해서는 현상의 문화제 제도를 참고하면서 커뮤니티의 종교적 상징이 어떠한 의미를 지니고 있는지 다시 생각해 보는 것이 해결의 실마리가 될 것이다.

3) 상징의 곤란

이상과 같이 커뮤니티 결속력의 상징으로 외부에도 알려져 있는 간기단이 동시에 섬의 불편한 생활의 대명사이기도 한 상황은 섬의 귀중한 상징적 자원을 상징적 부흥에 그대로는 이용할 수 없다는 것을 의미하고 있다. 또 고다카신사 등의 전통적인 종교적 상징도 정교분리 원칙 때문에 곧바로는 상징적 부흥을 위해 이용할 수 없는 상태에 있다. 겐카이지마섬은 상징의 부흥이라는 수단을 이용하는 상징적 부흥은 매우 하기 어려운 환경에 있다고 할 수 있다.

간기단에 대해서 보자면 모든 것을 종래와 같이 그대로 보존, 이용하는 것이 어려운 이상, 기본적으로는 해체 혹은 개량 방향으로 진행될 것이다. 역사적인 가치를 가진 문화적 자원이므로 어떤 형태로든 그 일부를 보존하려 할 것이라 생각되지만 그것이 섬 주민에게 부흥감을 느끼게 할 수 있는 강력한 힘이 될지 어떨지는 의문이다.

단 장래에는 섬의 불편한 생활환경의 대명사라는 마이너스 이미지를 불식하고, 커뮤니티의 결속력을 나타내는 긍정적인 상징으로 그 일부가 기념물과 같은 형태로 보존될 가능성도 있다. 그 경우에는 간기단 기념물의 제막식 등 섬주민이 부흥감을 실감할 수 있는 부흥의례를 실시함으로써 간기단을 부흥의 상징으로 재생시키는 것도 생각할 수 있을 것이다.

6. 작위적 부흥과 획일적 부흥을 넘어서

지금까지 인류학의 의례론, 상징연구의 성과를 원용하면서 피재 커뮤니티의 재생을 위해 토목공학적인 생각에 기초한 복구, 부흥만이 아니라 커뮤니티 아이덴티티인 상징적 자원의 정비를 적극적으로 진행하는 것, 그리고 사람들이 부흥감을 느낄 수 있도록 부흥의례를 적절하게 실시할 필요성에 대해 상징적 부흥이라는 개념으로 설명했다.

부흥이 상징적인 개념이라는 인식을 부흥에 관해 다양한 입장을 가진 사람들과 공유하는 것, 특히 부흥계획의 담당자가 인식하는 것이 중요하다. 왜냐하면 반복되는 이야기이지만 부흥이 상징적인 개념인 이상 부흥은 의례적으로 만들어지는 것이기 때문이다.

그런데 상징적 부흥이라는 생각은 피재 커뮤니티의 재생에만 관계하는 것은 아니다. 프랑스의 철학자 베르나르 스티글레르(Bernard Stiegler)는 하이퍼 인더스트리얼(hyper industrial) 시대를 맞이한 현대사회는 사람들이 자신들의 생에 의미를 부여하는 상징을 만들어내는 힘을 잃어버리고 있음을 경고하고 이것을 '상징의 빈곤(Misère symbolique)'이라 부르고 있다.

상징의 빈곤이라는 말에서 내가 의미하는 것은 심벌(상징)의 생산에 참가할 수 없게 된 것에 유래하는 개체화의 쇠퇴라는 것이다. 여기에서의 심벌이란 지적인 생의 성과(개념, 사상, 정리(定理), 지식)와 감각적인 생의 성과(예술, 숙련, 풍속) 양쪽을 가리킨다. 그리고 개체화의 쇠퇴가 퍼져 있는 현상은 상징적인 것의 와해, 즉 욕망의 와해를 일으킬 것이 틀림없고, 바꿔 말하면 엄밀한 의미에서 사회적인 것의 붕괴, 즉 전면적인 전쟁상태에 이르는 것이다.[20]

정보미디어 기술의 발달은 사람들에게 획일화된 상징을 끊임없이 공급하는 것으로 사람들의 상징하는 힘 그 자체를 감퇴시키고 있다.

---

20) スティグレール(2006, 2004), p.40.

스티글레르에 의하면 이것은 사회적인 것 그 자체의 붕괴임이 분명하다. 따라서 현대사회에서 요구되는 상징적 부흥이란 사람들의 상징하는 힘의 부흥이어야만 한다.

상징적 부흥이라는 개념은 피재 커뮤니티의 재생에 머무르지 않고 상징의 빈곤이라는 문제를 안고 있는 현대사회에서도 본질적인 의미를 가진다.

제4장

재해를 대비하는 중산간지역의 사전부흥
- 도쿠시마 현(徳島県) 서부 산간마을을 사례로

1. 이중재해 리스크 준비론의 대두

동일본대지진 이후 아직도 많은 사람들은 피난생활을 이어가고 있다. 가설주택은 이미 가설이 아니게 되어 버렸다. 고향에 돌아갈 날만을 기다리며 그대로 피난처에서 생활을 지속할 것인지, 아니면 제3의 지역을 선택할 것인지 힘든 결단을 하지 않으면 안 되는 상황이 되었다. 눈에 보이지 않는 공포가 많은 사람들로부터 고향을 빼앗아 갔을 뿐만 아니라 건강까지도 위협하고 있는 실정이다.

이러한 상황에서 연구자는 무엇을 할 수 있을까. 예를 들면 피해 체험을 기록하고 전달하기 위한 조사에서부터, 피난소나 가설주택에서 볼런티어 혹은 가족과 사별한 유족들의 마음을 치유하는 등 전문적인 지식이나 기술을 살려 실천적으로 연구하는 경우도 있다. 이들은 모두 동일본대지진과 직접적으로 관계를 갖는 형태로 이루어지는 연구들이다.

이러한 상황 아래에서 '재해에 대처하는 가옥들과 마을'이라는 테마를 생각해 보았다. 이 테마 설정이 과연 적절한 것일까도 생각해 본다. 이를 위해 잠깐 멈춰 생각해 볼 문제이기도 한 것이다. 즉, 대재해(大災害)에 의해 특히 방사능 재해에 의해 가옥이나 마을을 상실하고 그곳으로부터 쫓겨나 이산한 많은 주민들이 있기 때문이다.

이전처럼 가옥이나 마을을 단위로 한 재해 대응으로는 해결할 수 없는 사태가 생겨난 것이다. 이처럼 재해 상황이 복잡하고 동시에 다양한 양상을 띠게 되는데 이러한 테마 설정이 충분하게 그에 대응하고 있는가에 관한 문제이기도 한 것이다. 동일본대지진이라는 중대한 사회적 컨텍스트를 '탈문맥화' 하는 연구는 불가능한 것일까.

물론 동일본대지진과 직접적으로 연결되는 연구가 아니더라도 각자의 연구분야에 전념하는 것 역시 연구자로서 갖추어야 할 자세라고 생각하는 것은 당연할지도 모른다. 이것 또한 정말 맞는 생각이기도 하다. 그러나 동일본대지진과 같은 비참한 현실을 보고 이것으로 만족할 수 있을까. 한사람의 연구자가 각자의 지식과 경험을 동원하여 이 재해에 대해 뭔가 지식적인 것을 제시할 필요가 있는 것은 아닐까.

물론 모두가 가능하다는 것은 아니다. 그렇지만 적어도 이러한 자세를 갖는 것이 중요하다고 생각된다. 예를 들면 최근 종합방재학, 재해리스크 매니지먼트 연구자인 오카다 노리오(岡田憲夫)가 동일본대지진 피해지 지역 부흥에 기여하기위해 돗토리 현(鳥取県) 치즈초(智頭町)에서 30년간 관여한 지역부흥 방법(오카다는 이를 '새로 일시작하기'라고 부른다)를 소개한 연구서를 간행했다. 이를 보면 다음과 같이 기술하고 있다.

> 미증유의 대재해로 인해 괴멸한 동북지방 마을이 아마 금후 10년 아니 20년 오랜 세월 동안에 어떻게 복구, 부흥을 행복한 방향으

> 로 만들어 갈 수 있을까. 이것이 얼마나 어려운 일인가라고 생각하면서 전율을 느꼈다. 물론 필자가 체험한 돗토리 현 치즈초의 '새로운 일 시작하기'를 직접적으로 동북지방 피해지역에 대입시킬 수 있다고 생각하지는 않는다. 그러나 공통항목이 전혀 없는 것도 아닐 것이다. 무엇보다도 피해지 대부분이 재해 이전부터 이미 과소지역으로 간주되어 '과소화 문제'가 오랫동안 문제시 되어 왔다는 점이다. 이러한 지역을 엄습한 대재해였던 것이다. 재해로부터 부흥을 이루기위해서는 원래 재해 이전부터 잠재적으로 문제가 되었던 '지역 부흥이란 무엇인가' '그것을 어떻게 달성해야 하는가'라는 문제를 고려해야 한다. 그렇다고 한다면 치즈초에서 쌓아온 30여 년간의 '새로운 일 시작하기'에서 배울 것은 배우고 노하우를 살린다면 어떠한 형태로든 동북 피해지역의 지역부흥에도 도움이 되지 않을까라고 생각한다.[1)]

오카다씨의 발언에 필자가 매우 공감하는 부분은, 동북지방 피해지역의 지역 부흥에 직접적으로 대응이 안 된다는 것을 인식하면서도 그렇다고 한다 하더라도 어떠한 형태로든 자신의 연구를 동북지방의 피해지역 부흥에 기여하려는 자세이다. 이것은 재해연구에 종사하는 연구자라면 그 대부분이 정도의 차이는 물론 있겠지만 의식하고 있는 부분이라고 생각된다.

그렇다고 해서 반드시 누구나가 스스로의 연구를 피해지 부흥에 연계시켜 연구 활동을 발견해 내는 것도 아니다. 그러한 점에 있어서 오카다 씨의 발언에서 주목되는 점은, 피해지 대부분이 피해를 입기 이전부터 '과소화 문제'를 고민하고 있었다는 지적이다. 다시 말해서 공통항목으로서 지역의 과소화와 그것으로부터의 지역부흥

---

1) 岡田憲夫(2015), 『ひとりから始める事起こしのすすめ一地域(マチ)復興のためのゼロからの挑戦と実践システム理論 鳥取県智重町三〇年の地域経営モデル』関西学院大学出版会, p.2.

이라는 시점을 제시하고 있는 것이다.

동북지방의 피해 지역 대부분은 이중의 재해 리스를 갖고 있다고 볼 수 있다. 하나는 지진과 쓰나미라는 자연재해이다. 그리고 원전이 존재하는 원전 주변 지역에는 원자력 재해 리스크가 있었다. 그리고 또 하나의 재해리스크가 있었다. 그것은 인구 감소와 소자화(少子化) 및 고령화에 의한 사회적, 경제적 활동 저하라는 지역의 과소화 문제였다. 지역의 과소화가 진행되던 곳에 이번 재해가 덮쳤던 것이다. 피해를 확대시키고 부흥을 저해하는 현재 상태의 근본에는 부흥 기반이 되어야 할 지역 과소화라는 문제가 영향을 주고 있었던 것은 아닐까.

물론 과소지역이 피해대응에 있어서 특별하게 능력이 부족하다든가 그곳에서 사는 주민들의 생활의 질이나 인생의 충실감이 도시에 비해 뒤떨어졌다는 의미는 결코 아니다. 어느 시점을 기준에 둘 것인가에 따라 다른데, 그 지역이 '원래 상태로 되돌아간다'거나 '다시 부흥한다'라는 의미에서 '부흥'과 과소화가 진행되는 방향성과는 다른 것이 아닐까라는 의미이다. 또한 실은 일본 대부분 지역이 이와 같은 이중의 재해 리스크를 잠재적으로 갖고 있는 것은 아닐까. 특히 이러한 이중, 삼중의 재해 리스크를 내포하고 있는 것은 산간지역 마을이라는 지역일 것이다.

2. 중산간 지역의 사전부흥론

일본 국토의 7할 이상을 차지하는 산간 지역에서는 매우 적은 호

수(戶數)만으로 구성된 고령자들이 사는 촌락이 증가하고 있다. 마을 유지 운영이 종래처럼 이루어지지 않고 있다. 이러한 상황 속에서 재해를 만나게 되면 종래와 동일한 방식의 재해 대응으로는 대응 자체가 곤란하다는 것을 쉽게 상상할 수 있다.

그뿐만이 아니라 재해에 의한 피해를 계기로 마을 자체가 소멸할 수 있는 위험도 도사리고 있다. 특히 멀지않은 장래에 발생이 예상되고 있는 남해 트러프 거대지진에 의한 피해가 광범위하게 생겨났을 경우 산간 지역 주민의 구원 활동이나 복구, 부흥에의 지원도 지금까지 이상으로 어려움에 처할 수 있다는 것을 알 수 있다. 산간 지역 마을은 예상되는 재해 피해뿐만 아니라 인구 감소와 고령화로 나타나는 지역 과소화라는 이중의 재해 리스크를 갖고 있다.

이러한 이중재해는 물론 산간지역뿐만 아니라 도시 지역도 함께 해당되는 일이다. 가령 고령자만으로 구성된 도심 아파트나 인구 감소가 이어져 빈집이 증가하고 있는 뉴타운라고 불리던 교외 주택가도 마찬가지 이중의 리스크를 내포하고 있다. 산간 지역만이 이중의 재해 리스크를 내포하고 있는 것은 아니다.

이중의 재해 리스크에 대응하기 위해 주목하고 싶은 것은 사전부흥이라는 것이다. 사전부흥에는 연구자 입장에 따라 몇 가지 서로 다른 타입이 있다. 하나는 재해가 발생했을 때를 상정하여 피해를 될 수 있는 한 줄이기 위해 미리부터 도시 계획이나 마을 만들기를 진척시키는 것이다. 이것은 토목학계 말하자면 하드계통의 방재, 감재 발상의 연장에서 나온 생각일 것이다. 근래 도시지역 목재 주택 밀집지역에서 실시하고 있는 사전부흥 마을만들기는 이것에 해당한다.[2)]

한편으로는 재해발생 이후 가능한 한 가장 신속하게 부흥을 위한 조직을 만들거나 합의 형성을 진척시킬 필요가 있어 그를 위한 수순 및 준비를 사전에 명확하게 진행시키는 것이다. 이것은 소프트계의 방재에서 나온 생각이라고 말할 수 있고, 주로 사회학자계통의 연구자들에 의해 지지를 받고 있다.[3)]

여기에 재해를 상정하고 지역 주민들이 지역 전체 약점을 스스로 찾아내어 그것을 인식하고 이를 극복하기 위한 자구책을 스스로 생각하여 재해가 발생하기 이전에 실행하는 것을 '사전부흥'이라 하기로 한다.

방재나 감재를 직접적으로 관여하는 현장에서는 '재해에 강한 커뮤니티'라는 말을 사용한다. 특히 방재 교육이나 방재연수회에서는 직접적으로는 재해에 신속하게 대응할 수 있는 커뮤니티를 목표로 하는 지도가 이루어지게 된다. 그런데 생각해보면 '재해에만 강한 커뮤니티'라는 것은 또한 생각하기 어려운 부분이 있다. 물론 '재해 유토피아'처럼, 재해가 발생했을 때 특별하게 발족하는 커뮤니티는 있을 수 있다.[4)]

그러나 상시(常時)적으로는 커뮤니티로서 형태를 갖추고 있지 않았음에도 불구하고 재해 시에만 급히 강화되는 커뮤니티를 의도적으로 만들어내는 것은 매우 곤란한 것이라고 말하지 않을 수 없다. 만일 그런 것이 있다고 한다면 한다면 그것은 '재해 시에만 강한 커

---

2) 中林一樹(2012),「首都直下地震に備えた木造密集市街地の事前復興まちづくりを急げ」『建築ジャーナル』1200号, 参照. 市古太郎(2010),「まちづくりの視点からみたゼロ年代の事前復興まちづくり--練馬区でのケースレビュ」『都市科学研究』3号 参照.

3) 中山茂樹(2009),「事前復興計画のススメーこの国の明日を紡ぐ」『災害復興研究』1号, 関西学院大学災害復興制度研究所 参照.

4) レベッカ・ソルニット著, 高月園子訳(2010), 『災害ユートピアーなぜそのとき特別な共同体が立ちあがるのか』亜紀書房.

뮤니티'가 아니라 '재해에도 강한 커뮤니티'일 것이다. 평상 시에는 각자의 활동이 잘 돌아가는 커뮤니티라면 그것을 의도적으로 만들어 낼 수도 있다고 여겨진다. 필자는 사전 부흥을 이러한 입장에서 보고 싶다. 그런 의미에서 이것이 '지역재생'이나 '지역만들기'의 시도와 넓은 의미에서 중첩되는 것이라는 것을 알 수 있다. 앞서 언급한 오카다의 저서에서 다음과 같이 논하고 있다.

> 지역 부흥 자체도 재해가 발생한 이후 지역부흥을 시도하려는 것만으로는 대처할 수 없다. 재해가 발생하기 이전 즉 사전에 긴 텀으로 '지역을 다시 세우는 작업'을 전략적으로 실천해 가야 할 것이다. 불행하게도 그러한 노력 도중에 자연 재해가 일어났다고 해도 사전에 이미 지역 다시 세우기 작업을 실시하고 있었다면 그만큼 재생은 빨라질 것이다. 또한 재해를 입으면 잠재적으로 진행하고 있던 '지역 과소화'는 더 심각한 형태로 진행되게 될 것이다. 자연재해로부터의 피해와 원래부터 진행되던 과소화 피해가 마이너스 쪽으로 상승해 버리는 효과가 생겨나게 된다. 그렇다면 사전에 '지역 과소화'를 일상적으로 감추는 '또 하나의 재해'로 간주하여 지속적인 '재해 대책'을 강구해 가야 한다. 그럼으로써 보다 근본적이고 실효성 있는 지역 부흥이 가능하게 된다고 생각한다.[5]

오카다는 '지역 과소화' 문제를 명확하게 '또 하나의 재해'라고 제시했다. 지역 과소화는 종합 방재학 혹은 재해 리스크 매니지먼트의 실천적인 연구 대상으로서 시야에 들어오는 것이다. 여기서 말하는 사전부흥이 상정하는 것도 이것과 중첩된다.

그러나 본 논고에서 다루는 것은 과소화 부분 만을 도출하여 이에

---

5) 岡田憲夫(2015), 『ひとりから始める事起こしのすすめ一地域(マチ)復興のためのゼロからの挑戦と実践システム理論 鳥取県智重町三〇年の地域経営モデル』関西学院大学出版会, p.149.

대한 대응 정책만을 전문으로 다루는 논고와는 차이성을 갖는다. 어디까지나 방재나 감재, 지역 재해 대책 쪽이 주안이며 그 연장선상에서 재해에 대응하지 않으면 안 되는 지역이 과소화 경향에 있는 상황에서 나타나는 문제에 대해서도 사전 부흥이라는 개념을 도입하는 것으로 재해 연구에 접속하고자 한다.

따라서 본 논고는 과소화 문제를 주된 테마로 다루는 연구가 아니기 때문에 이 점에 관한 연구를 재차 검토하고 전개하는 방식이 아님을 미리 양해를 구한다.[6] 본 논고에서는 재해연구 방법으로서 과소화가 진행하는 산간지역 커뮤니티 재해 대책을 다루어보기로 한다.

3. 취약성과 복원-회복력의 양면성

1) 취약성의 복원=회복력(Resilience)

재해사회학 연구자 우라노 마사키(浦野正樹)에 의하면, 1990년대부터 재해연구 부문에서 취약성(vulnerability)에 착목한 연구가 급속하게 관심을 모았다고 밝혔다.[7]

기본적 사고방식은 빈곤이나 권력으로부터의 소외, 자원이나 교육, 교훈의 결여, 위험한 생활환경과 같은 커다란 환경의 원인이 역사적으로 장기간에 걸쳐 형성되었는데, 그 과정에서 재해 원인들이

---

6) 大野晃(2005),『山村環境社会学序説ー現代山村の限界集落化と流域共同管理』農文協. 山下祐介(2012).『限界集落の真実ー過疎の村は消えるか?』筑摩新書. 과소지역연구나 한계(限界)촌락론의 성과를 어떻게 재해연구에 접속해 갈 것인가는 금후의 과제이다.

7) 浦野正樹(2007),「災害社会学の岐路ー災害対応の合理的統御と地域の脆弱性の軽減」『災害社会学入門』弘文堂, p.38.

중첩되어지고, 현실 피해가 현재화한다는 것이다. 바꾸어 말하면, 재해에 의한 피해는 단순하게 자연환경으로서의 재해 원인으로 환원되는 것이 아니라, 피해자나 피해지역이 처한 사회적, 정치적, 경제적 조건에 의해 크게 좌우된다. 역으로 보면 재해에 의해 피해자나 피해지역의 사회적인 취약성이 노출된다는 것이다.

그러나 이러한 취약성 개념에도 문제점이 존재한다고 말한다. 왜냐하면 취약성 개념에서는 피해를 일방적으로 입는다는 수동적인 존재로서의 피해자나 피해지역을 그려내어 그 이미지를 대입해 버리기 때문이다. 그러나 실제 피해 상황에서는 이것을 극복하려는 적극적이고 창조적인 행동이 나타나고, 그 내적 상황에서 인간적인 연대나 협력관계가 생겨난다. 이러한 피해 상황에서 사람들의 주체성을 파악하지 못하기 때문이다. 따라서 근래 주목되고 있는 것이 복원=회복력 개념이다. 우라노(浦野)는 다음과 같이 설명한다.

> '복원=회복력' 개념은 상황 속에서 개관적인 환경과 조건을 보는 과정에서는 볼 수 없는 지역이나 집단의 내부에 축적된 결속력이나 커뮤니케이션의 힘, 문제해결 능력 등에 눈을 돌리기위한 개념 장치이고, 그렇기 때문에 지역을 '복원=회복'해가는 원동력을 그 지역에 뿌리를 내리면서 육성시킨 문화 속에서 찾아보려는 것이다.[8)]

복원=회복력 개념의 흥미로운 점은 실제 피해가 지역이나 사회에 의해 다른 상황을 노정하는 것은 피해원인과 그 지역의 일상적 취약성 관계뿐만 아니라 회복=복원력과의 상관관계에 의해 변해간다는

---

8) 浦野正樹(2007), 상게서, p.40.

것을 보여준다는 것이다. 그러한 의미에서 취약성개념과 복원=회복력 개념은 셋트로서 다루는 것이 재해대응에 있어서 중요한 논리다.

이러한 개념을 근거로 '또 하나의 피해'인 지역의 과소화를 다루어본다면 또 어떻게 될까. 지역 과소화는 취약성이 가져오는 사태를 견디기 위한 복원=회복력과의 싸움 결과로 받아들일 수 있다. 그리고 그 결과로서 받아들인 상황은 그러한 대항 프로세스의 한 시점에서의 균형상태에 지나지않는 점에 주의를 기울이고 싶다. 또한 위기에 대응하여 복원력=회복력이 작동한다고 생각한다면 복원=회복력이 작동하고 있는 것을 여실히 볼 수 있는 것은 과소화가 진행된 지역이라는 것도 알 수 있다.

상황에 의해 장기간에 걸쳐 역사적으로 만들어진 취약성과 지역에서 키워 온 복원=회복력 사이의 대립으로서 과소화 프로세스를 다루는 것에 의해 지역 과소화라는 또 하나의 재해에 대응하기 위한 방향성을 도출할 수가 있다. 하나는 상황이 가져오는 취약성을 어떻게 극복할 것인가의 문제이다. 이것은 국가나 지방지자체에 의한 탑-다운(Top-down) 방식의 제도나 정책에 의해 대응되어온 영역이라고 할 수 있다. 이것은 결여되어서는 안 되는 것이며, 금후에도 대응을 하지 않으면 안 되는 것들이기에 해 나갈 것이라고 여긴다.

이것에 복원=회복력을 기동시켜서 효과적으로 그 힘을 발휘시켜 더 그 능력을 높여간다는 대응 방식을 생각할 수 있다. 이것은 보텀업(bottom-up) 형의 대책이라고 할 수 있을 것이다. 본 논고의 관심은 복원=회복력을 둘러싼 보텀 업 형의 대책에 있다. 그럼 복원=회복력을 효과적으로 작동시키기 위해서는 어떻게 하면 좋을까. 복원=회복력 개념과 그것을 구체적인 형태로 표현하고 있는 사회적, 문화적 장치에 대해 검토하기로 한다.

2) 상징적 부흥과 복원=회복력

복원=회복력 검토를 하기 이전에 먼저 상징적 부흥이라는 것에 대해 생각해 보기로 한다. 필자가 2006년에 제창한 것인데, 재해 이후 커뮤니티 부흥에는 토목 공학계에서 말하는 하드 계통 부흥과는 별개로 사람들의 상징적인 의미 체계 레벨에서의 부흥이 필요하다는 의미이다.[9)]

부흥이 실현되기 위해서는 '이것으로 부흥이 이루어졌다'고 사람들이 실감할 수 있는 부흥 감각을 만들어 낼 필요가 있다. 그를 위해서는 부흥을 상징적인 이미지로서 사람들에게 제시하는 사회적 문화적 장치로서의 의례가 필요하게 된다. 이를 부흥 의례라고 명명하고 논의를 전개했었다.

부흥의례는 객관적 기준으로 본다면 현재적인 것과 잠재적인 것 두 가지 기능이 있다고 상정할 수 있다. 현재적인 것이란 부흥 상태에 있는 것을 인정하는 기능이 있다. 부흥 의례가 집행됨으로써 사람들은 부흥이 이루어졌다고 판단할 수가 있다.

이와 같은 부흥 의례의 현재적 기능이 작용하는 것은 통상적으로 토목공학적 의미뿐만 아니라 경제적인 의미나 인구학적 의미 등등 객관적인 기준에 대입하여 부흥되었다고 판단되는 것이 통상적이다. 이것을 부흥인정 기능이라고 부른다. 한편 부흥인정 기능과는 별개로 잠재적인 것에는 또 하나의 기능이 있다. 그것은 부흥의례가 부흥

---

9) 山泰幸(2006), 「『象徵的復興』とは何か」 『先端社会研究』5号 参照.

그 자체를 만들어내는 기능이다. 바꾸어 말하자면 부흥상태에 있다는 것을 사람들에게 서로 승인하게 하는 협의를 형성하는 기능이다.

이 기능이 작동하는 것은, 반드시 객관적인 기준에서 보아 부흥이라고 간주하는 상태에 도달하는 경우는 아니다. 오히려 객관적인 기준 부흥보다 앞서서 사람들의 정신적인 레벨에서 부흥감을 만들어내는 기능을 하고 있다고 말해도 좋을 것이다. 알기 쉬운 예를 든다면 사람들의 마음속에서 의지하는 것 중 하나인 건조물을 복원하거나 축제를 부활시키는 등 상징적 부흥이 그 지역 사람들의 부흥감을 만들어내는 경우가 있다. 이것을 부흥창조기능이라고 부른다. 흥미로운 점은 상징적 부흥을 '펌프의 마중물'로 하여 객관적인 부흥이 촉진되는 것도 있을 수 있다는 것이다.

부흥 창조 기능이 회복=복원력이 의미하는 곳의 작용과 상당히 중첩된다는 것을 알 수 있다. 그러나 이것은 다시 차이성을 갖는다. 상징적 부흥의 논의에서는 부흥을 만들어내는 장치로서 지역 커뮤니티의 문화적 자원이나 종교적 자원인 문화재 및 축제같은 구체적 상징적 자원을 활용할 것을 지적하는 것과, 부흥 의례를 의도적으로 만들어내는 제작론적 시점을 제시하기도 한다.

이 상징적 부흥 관점에서 회복=복원력을 간주한다면 회복=복원력을 기동시키고 더 나아가 그 능력을 도출해 가는 것에서 의례를 의도적으로 제작한다는 시점, 또한 커뮤니티 문화 속에 묻혀 눈에 보이지 않는 회복=복원력에 힘을 불어넣기 위한 표시, 혹은 하나의 계기로서 문화재나 축제 등의 상징적 자원을 보여주는 점에서 보다 구체적인 복원=회복력 활용의 길이 열릴 것이라고 생각한다.

다시 말해서 복원=회복력 틀에서는 지역 커뮤니티의 내부에 존재하는 잠재적인 회복=복원력이 위기적 상황에서 거의 자동적으로 기동하고 있는 것처럼 보이지만, 상징적 부흥 논의에서는 상징적 자원에 의도적으로 관여하여 의례를 제작하는 담당자의 존재를 중시한다는 점에서 차이가 있다. 물론 이러한 담당자를 잉태하고 활동시키는 모체는 지역 커뮤니티의 회복=복원력일 것이다.

그렇지만, 지역 커뮤니티가 완전하게 원래대로 돌아가는 것이 있을 수 없는 이상, 담당자의 창의나 생각에 의해 어떤 새로운 것이 가미되고, 그리고 어떠한 결과가 일어나는가 또한 그 결과에 대해 어떤 다음 가공이 일어났는가 그것을 주시하는 것이 필요하다고 생각한다. 말하자면 담당자와 커뮤니티를 타원 두 개의 중심에 두려는 사고방식이라고 말할 수 있다.

담당자를 중시하는 사고방식은 커뮤니티를 익명의 얼굴 없는 균질한 통일체로 간주하고 과소화라는 특정한 문제에 대응하려하는 하나의 주체로 보는 종래적인 사고방식과는 차이성을 갖는다. 이 방법 저 방법을 고안해 내면서 커뮤니티에 압력을 가해 통상적인 토목공학적 레벨의 부흥 수단을 실행해 가는 것을 중심에 두면서 상징적 자원도 적절하게 활용해 가는 것이 담당자의 역할에서 주목해야 하는 사고방식인 것이다.

그러한 의미에서 상징적 자원 활용은 담당자가 사용하는 도구중 하나에 지나지 않는다. 그러나 이러한 담당자를 중시한다고 해서 개인 자원이나 능력에 환원시켜 설명하는 것도 아니라는 점에 주목하고 싶다. 왜냐하면 커뮤니티가 하나의 종합으로서 행동을 취하기 위해서는 합의(含意)를 형성할 필요가 있기 때문이다. 그 전제로서 어느 특정한 담당자를 잉태해 내고 그 행동을 이해하여 그것을 받아들이는 토양이 커뮤니티 측에도 없어서는 안 되는 것이다. 여기서 문제는 담당자와 커뮤니티 간의 이러한 낙차를 담보하면서 재해에 대응하는 태도를 어떻게 이해하는가에 있다.

4. 사전부흥에 대한 대응력

1) 조사지에 대해서

히가시미요시마치(東みよし町)는 요시노(吉野) 강 상류, 도쿠시마현 서부의 미요시군(三好郡)에 위치해 있다. 급경사를 이루는 산들로 둘러싸여 있고, 마을 중앙을 요시노 강이 동서로 흐르고 있어 산림과 수자원이 풍부한 곳이다. 요시노 강을 사이에 두고 두 세 개의 대교로 연결된 이 두 마을 즉 북쪽 기슭의 구(舊) 미요초(三好町)와 남쪽 기슭에 있던 구(舊) 미카모초(三加茂町)가 2006년에 합병되면서 탄생한 마을이다.

요시노 강의 양쪽 기슭에 약간의 평지를 개간했는데, 그 뒤는 광대한 산간으로 이루어져 있다. 인구 총 1만 5천 626명으로 세대수는 527(이는 2005년 국세조사)세대로 이루어져 있고, 면적은 122.55평방 킬로미터이다. (<지도 1> 참조)

<지도 1>

2014년 12월 5일, 도쿠시마 현 서부를 엄습한 폭설에 의해 미요시(三好市), 미마 시(美馬市), 히가시미요시초(東みよし町)의 산간부 대부분의 촌락이 고립되는 상황이 있었다. 히가시미요시초에서는 5일 오토(大藤)・오쿠무라(奥村) 지역의 50세대, 757명이 고립되었다고 판단, 결국은 해제된 것이 5일후인 12일이었다. 여기서 말하는 고립이란 도로를 통해 외부에서 주거지로 자동차가 들어갈 수 없는 상태를 가리킨다.

이 폭설재해 피해로 만 그루를 넘는 수목들이 뿌리째 뽑히거나 부러지면서 도로를 막았고, 전선을 절단해 버렸기 때문에 전기 공급도 정지되었다. 그 때문에 난방 기구를 비롯해 가전제품은 사용할 수 없게 되었다. 수년전에 마을 전 세대에 IP전화를 도입하고 있었기 때문에 가정용 전화도 사용할 수 없었다. 또한 산간부에 설치했던 송수신

안테나도 전원이 단절되어 휴대전화가 불통이 되어 외부와의 연락이 차단되고 말았다. 태풍이나 호우에 의해 하루 이틀 정도 고립되는 일은 몇 년에 한 번씩 일어났었다. 그러나 12월 초순에 폭설로 인해 1주일 가까이 고립상태가 이어진 것은 아주 드문 일이었다.

본 논고에서는 어쩌면 매년 고립될 위험성을 가진 히가시미요시마치(東みよし町)의 산간부 촌락 중 하나인 호이치(法市) 마을의 사전부흥의 조직적 태세에 대해서 고찰한다. 호이치 마을은 요시노 강의 북쪽 기슭 즉 구(旧) 미요시초 산간부 경사면에 위치해 있다. 이 호이치 마을에서 사전부흥을 준비하는 것에 대한 조사는 2009년에 시작해서 주로 2010년부터 2012년에 걸친 기간에 실시된 것이다. 자세한 개요 내용에 대해서는 이미 간단하게 소개한 적이 있다.[10] 본 논고에서는 이것을 포함해 그 이후 새롭게 알게 된 내용을 더 심화시켜 고찰해 보고자 한다.

2) 농촌 무대의 발견

호이시는 요시노 강을 내려다보는 북측 산간부의 경사면에 개척하여 생긴 작은 촌락 마을이다. (<지도 2>) 필자가 최초로 조사를 위해 들어간 2009년 7월에는 열다섯 가구의 호수로 29명의

<지도 2>

10) 山泰幸(2013), 「中山間地における孤立集落の事前復興の取り組み－徳島県西部の事例から」『災害復興研究』5号 参照.

<사진 1>

인구였다. 옛날에는 잎담배 재배로 활기가 넘쳤었는데 현재는 젊은이가 없고 고령자들로만 이루어져 축제 때에 가마를 짊어질 사람도 없는 상태였다. 좁은 비탈길 하나로 시내와 연결된 이 마을은 재해 시에는 고립될 우려가 충분한 조건을 갖추고 있었다. (<사진 1>) 마을에서는 주민이 하나가 되어 고립을 방지하고 커뮤니티에 힘을 쏟기 위해 여러 가지를 고안해 내고 있었다. 그 중 하나가 농촌무대의 부활이었다.

호이치의 농촌 무대는 1899년에 촌락을 중심으로 후나와타리 신사 경내에 가설, 배 밑바닥 무대 형식의 배전(拜殿)으로서 제조되었다고 한다. 통상적으로는 신사 배전으로서 이용했는데 제사를 지낼 때에는 인형 조루리 무대로서 사용하는 형태였다.

농촌 무대가 만들어질 당시에는 담배 산업이 꽃을 피우던 시기로 매우 활기가 있었다고 한다. 이러한 경제적 조건도 배경에 있었는데,

농촌 무대가 건조되어 당시는 빈번하게 이용되었다고 한다. 그러나 그 이후 점차로 활동이 쇠퇴하고 80년 이상을 거의 사용하지 않은 채 마을 속에 매몰되게 되었다. 마을에서 태어나고 자란 연장자 중에서도 농촌 무대가 이용되었다고 기억하는 사람은 거의 없었고, 잊혀진 존재였다.

그런 가운데 전환점이 찾아온 것이다. 2001년 도쿄이과대학 다카미 고요(田上光洋) 씨가 실시한 도쿠시마 현내의 농촌 무대 조사에 의해 후나바 신사 배전 내에 약 백년 전의 가설 선체 바닥식 농촌 무대가 현존하고 있다는 것이 판명되었다. 도쿠시마 현은 인형조루리가 매우 성행하던 지역이었다. 특히 도쿠시마 현 남부에 농촌무대가 널리 분포해 있었다.

호이치(法市) 농촌 무대는 현 서부에 존재하는 귀한 농촌 무대로서 재발견되었다. 특히 현재 사용해도 견딜 수 있는 현존하는 농촌 무대로서는 아주 진귀한 것으로 여겨지고 있다.

농촌 무대 조사를 계기로 2003년에는 호이치 농촌 무대 보존회가 발족했다. 농촌 무대는 후나바 신사 경내에 있었고, 그 관리나 운영 권한은 그 신사의 씨족에게 있었다. 씨족 전원의 동의를 얻는 형태로 보존회가 설립된 것이다. 씨족이었던 마을 전체 주민들을 멤버로 하여 설립되었고, 건조물 본존과 활동을 목적으로 활동을 개시했다.

작년 호이치 농촌 무대 부활공연을 개최했고, 약 80년 만에 인형조루리가 상연되었다. 농촌 무대의 부활이었다.<사진 2>

농촌무대의 발견은 고고학 발굴 조사에 의해 유적이 발견된 것 같은 것으로 생각지도 못한 사건이었다. 이 사건을 통해 그동안 익숙하게 느꼈던 신사 건물은 문화유산으로 변모했던 것이다. 이와 관련하여 전문적인 지식이나 기술에 의해 '유적이 창조된다'라는 사태를

<사진 2>

필자는 '유적화'라고 개념화 하기로 한다. 좀더 쉽게 말하자면 발굴에 의해 '유적이 존재했다'고 생각하는 전문가나 일반 시민들이 받아들이는 것과는 조금 다르게 익숙하던 장소가 '유적이 되었다'고 생각하는 지역 주민의 시점이다.[11]

이러한 점에서 유적화와 유사한 사례라고 말할 수 있을 것이다. 그러나 이 사례가 흥미로운 것은 부활 공연 실시에서 보인 것처럼 유적과는 달리 농촌 무대 본래의 기능을 회복하고 있었다는 점이다. 이것은 한번 죽은 시체가 숨을 쉬면서 다시 살아난 것 같은 사건이라고 할 수 있을 것이다.

듀르케임의 심벌론을 근거로 법륭사 금당벽화 화재사건을 분석한 사회학자 오가와 노부히코(小川伸彦)의 논고나[12] 이것을 계기로 국가지정 특별천연기념물 '가모(加茂)의 대(大)구스'가 '말라비틀어졌

11) 山泰幸(2009),「遺跡化の論理」『文化遺産と現代』同成社.

12) 小川伸彦(2012),「文化の遺産化ー『文化財』どこから来てどこへゆくのか」『現代文化のフィールドワークス入門』ミネルヴァ書房.

다'라는 사건을 분석한 필자의 논고[13]에서 검토한 것처럼 위기적 상황에 처했을 때 그 반작용으로서 심벌이 생성되는 경우를 알 수 있었다. 농촌무대 부활 사례는 이것과 유사하게 보이기도 한다. 농촌무대는 이전에 촌락이 아주 분위기가 좋았던 시대의 산물인데 이것이 노후화 한 상태에서 발견된 것은 쇠퇴하던 마을의 위기적 상황을 상징적으로 보여주는 것이라고 받아들일 수도 있다. 그렇기 때문에 농촌 무대 부활 공연 개최는 마을의 부흥을 상징적으로 표현하는 사건이라고 받아들일 수 있을 것이다.

그러나 주의해야 하는 것은 심벌 생성이 이루어질 때 그 가치부여가 어떻게 이루어지는가라는 점에 있다. 사실 이 건물의 가치는 외부로부터 발견되고 부여된 것이라는 점에서도 알 수 있듯이 외부인에게 가치가 있는 것이라 하더라도 마을 내부에서는 동일한 의미의 가치가 있다고는 볼 수 없다. 이것을 보존하겠다고 판단한 배경에는 어떤 이용가치가 있기 때문이라고 생각된다. 그것은 관광 자원으로서의 이용가치인 것이다. 이는 이 건물의 가치가 외부로부터 발견되고 부여된 것과 관계가 있다. 처음부터 외부를 위해 존재했던 문화유산이었던 것이다.

이와 관련하여 또 하나 중요한 점은 농촌무대의 본래적 기능이 신사(神事)와 관련된 의례 장치였다는 점이다. 그리고 오락 도구였다는 점이 중요하다. 마을 내부 사람들뿐만 아니라 연기자나 관객을 외부로부터 불러들이는 것이 상정된 도구였고, 그러한 의미에서 마을 내부와 외부를 연결하는 작용을 본래 갖고 있었던 것이라고 생각한다. 이 농촌 무대의 본래적인 기능을 살리는 시도로서 농촌무대의

13) 山泰幸(2012),「祭り一大楠まつりは, なぜおこなわれるようになったのか?」『現代文化のフィールドワークス入門』ミネルヴァ書房.

부활 시도는 시작되는 것이다.

5. 부활 공연의 성공과 실패 사이에서

부활공연은 2003년 11월 22일에 거행되었다. 이 날은 후나와타리 신사의 가을 축제일이기도 했는데 신사와 씨족의 사정을 감안하여 이 날에 실시했던 것이다. 가을 축제와 함께 개최하게 됨으로써 사람들도 모이기 쉬웠고 이벤트 자체는 성공적이었다.

그러나 공연 종료 후 마을 주민들 특히 여성들 사이에서 불만의 목소리가 터져 나왔다. 축제일은 각각의 가정에 그동안 도회지에 나갔던 아들자식이나 손자가 방문하는 시기이기도 한데, 농촌 무대 이벤트에 이들을 동원하게 된 결과가 되었고, 이 때문에 패닉 상태가 되었다고 하는 것이다. 대외적으로는 성공적이었지만, 내부적으로는 과제를 남긴 것이었다.

여기서 주목하고 싶은 것은 불만이 분출한 결과 한번뿐으로 끝날 이벤트가 현재까지도 이어지고 매년 개최되고 있다는 점이다. 그것은 운영상의 문제가 있기는 했지만, 외부로부터 사람들을 불러들인다는 목적에 관한한 예상을 넘는 성과가 있었다는 것을 주민들이 받아들였기 때문이다. 이벤트 그 자체에 문제가 있었던 것이 아니라 운영 방식에 문제가 있었던 것이다.

이를 해결하기 위해 그 다음해부터 농촌 무대 공연은 가을 축제와 분리하게 되었다. 마을 주민들을 위한 제례로서의 가을 축제와는 별개로 농촌 무대 공연은 동일한 배전(拜殿)에서 실시한다고는 하지만,

다른 의미의 활동으로서 10월 둘째주 일요일에 개최하는 것으로 하여 주민들의 부담을 경감시킬 수 있었다. 이것은 주민들의 부담을 경감시켰을 뿐만 아니라 농촌무대 공연의 자리매김을 명확하게 해 주었다. 당초는 마을 축제의 하나로 실시하는 형태로 농촌 무대를 자리매김 시켰는데, 이것을 계기로 농촌 무대는 마을 외부에서 방문하는 관광객들을 위한 이벤트로서의 성격을 강하게 갖게 되었다.

이것은 열 다섯 가구의 고령자들로 이루어진 마을이 농촌 무대를 활용하면서 고안해 낸 해결책이었던 것이다.[14] 더 나아가 이러한 농촌 무대 위 자리매김은 그 담당자를 마을 주민에만 한정하는 것이 아니라 구청과의 연대를 통해 이웃 마을 지역사회와 함께하는 공적 이벤트로서의 성격을 갖추어 가게 되었다. 오히려 이러한 성격 규정을 부여하지 못했다면 열 다섯 가구의 마을 주민만으로는 이벤트를 지속해 갈 수 없다는 것을 쉽게 생각할 수 있다.

이벤트 운영 문제뿐만 아니라 농촌 무대 그 자체에도 커다란 문제가 있었다. 발견된 단계에서는 이미 노후화 되어 있어 토대가 무너지고 건물이 기울어져 있는 상태였다. 공연 중에 위쪽에서 기왓장이 떨어져 사고가 일어날 위험성이 존재했다. 주민들은 물론이거니와 관광 이벤트로서 관광객을 불러들이는 이상 관광객의 안전을 고려할 필요가 있었다. 그래서 복구 수리를 실시하지 않으면 안 되게 되었다. 관광 자원으로서 성격 규정이 명확해 지면서 안전관리 의식도 높아지게 된 것이다.

---

14) 마쓰리 축제를 관광객을 위한 것과 주민들을 위한 것이라는 두 가지 시점으로 나눈 경우인데, 그 이유가 대조적인 경우를 다루는 것으로서 오도리(踊り)를 다룬 것이 있다. 足立重和(2007), 「盆踊り一その“にぎわい”をどのように考えることができるのか」『現代文化の社会学入門』ミネルヴァ書房.

그러나 여기서 문제가 된 것은 자금 문제였다. 다시 말해서 개수공사를 위한 자금을 어떻게 조달해야 하는가라는 문제였다. 열 다섯 가구밖에 살지 않는 마을이 개수공사 비용을 갹출해 내기란 쉬운 일이 아니었다. 개수를 위한 자금조달의 곤란함을 극복하기위해 씨족뿐만 아니라 널리 모금운동을 실시하기로 했던 것이다. 그것은 신사 씨족 조직을 지탱해 온 이전의 마을 운영 방식을 외부에 개방하는 계기가 되었다. 그 결과 농촌 무대는 널리 지역 문화 유산으로서 자리매김 되고 씨족 범위를 넘어 지역 '전체의 소유물'이라는 성격을 띠게 되었다.

그리고 2007년 108년 만에 농촌 무대의 원형복구 개수공사가 이루어졌다. 농촌무대는 도쿠시마 발 기술인 발광다이오드 전기 장식이 기와지붕에 첨가되어 현대적인 장식도 보태어져 훌륭하게 되살아나게 되었다. (<사진 3>) 농촌 무대가 있는 신사 경내는 마을의 얼

<사진 3>

굴이라고도 할 수 있는 경관을 갖추게 되었다.

다이쇼 말기에 마지막 공연이 있었던 이후 약 80년만에 부활공연을 이루게 되었고, 더 나아가 개수공사를 마친 뒤 본격적인 공연활동이 시작된 것이었다. 이러한 시도는 상징적 자원의 작업으로서 의례를 제작했다는 점에서 상징적 부흥 관점의 복원=회복력이 작동한 좋은 사례가 될 수 있다.

6. 재해 발생 시 기본 생활의 부흥

1) 재해 시 식수 공급과 헬기장

이상과 같이 농촌무대 활용을 통한 촌락의 부흥을 이끌어 온 것은 지자체장이었다. 지자체장이 농촌무대에 관여하면서 열성적으로 신경을 쓴 것은 재해 시의 마을 고립화를 막기 위한 대책이었다. 특히 주목해야 할 것이 식용수 보급의 확보와 긴급 구급대가 사용할 헬리콥터가 마을 내에 착륙할 수 있는 헬기장 확보였다.

농촌무대 활용이 상징적 자원을 활용한 '공격적인' 대책이었다고 한다면 재해 시의 고립 대책을 위한 식용수 공급확보와 헬기장 건설 두 가지는 지역의 지리적 약점을 극복하기 위한 '방어적인' 대책이었다고 할 수 있을 것이다.

중앙 구조선·활단층이 발밑으로 지나가는 마을 입장에서는 이전부터 재해대책이 커다란 과제이기도 했었다. 2009년에 필자가 실시한 현장 조사에서 집중 호우에 대해 자세하게 전달되어지고 있다는 것을 알았다. 메이지(明治), 다이쇼(大正)기에 집중호우에 의한 피해가 있었다는 이야기도 들을 수 있었는데, 직접 체험한 것으로서는 전후에 집중호우가 있었다는 기억이 선명하게 남아있다는 이야기를 들을 수 있었다.

절과 관련된 지명이 남아있기는 했지만 급경사로 절벽이 된 장소에서는 이전에 마을 내부에 있었던 절이 급물살에 쓸려내려 갔다는 이야기가 전해지고 있었다. 또한 산에서 물이 분출되는 소리를 듣고도 산사태가 일어날 것임을 예측할 수 있다고 어머니로부터 전해 들은 이야기를 하는 마을 주민도 있었다.

2014년 12월에 폭설에 의해 고립된 것에서 볼 수 있듯이 산간지역의 마을 입장에서는 재해가 매우 현실적인 것이었다. 그리고 긴급 루트를 어떻게 확보하면 좋은가가 마을 입장에서는 절실한 과제이기도 했다. 이러한 상황 아래에서 시작된 것이 긴급 시에 지원용 헬리콥터가 착륙할 수 있는 헬기장을 만드는 것이었다. 물론 헬기장 설치에는 넓은 평지의 토지로서 주위에 이착륙 시 주위에 장해가 되는 것들이 없는 장소가 필요했다. 법적인 설치기준도 엄격했다. 그러나 산간지역 마을에는 현실적으로 그러한 장소가 없었다.

그렇지만 헬기장 설치가 이루어지는 역사적인 사건이 일어난다. 2002년경 내선도로 사업이 이루어졌는데 공사 중에 남은 흙을 가지고 지반 고르기 정비에 이용할 수 있게 되었다. 이때 이것에 적극적으로 관여한 것이 지자체 회장이었다. 이전에는 구청에 전부 맡겨버리는 형식이었지만 이에 적극적으로 관여하는 방식을 취해 마을 산 정상을 정비했다. 그럼으로써 작기는 하지만 전망이 좋은 산 정상부에 평탄한 토지를 확보할 수 있게 되었다. 그 후 자력으로 그 토지 주변의 잡목이나 잡초를 벌채하고 평지를 더 넓혀감과 동시에 경작

권 포기가 되어있었던 경사면 토지도 손에 넣어 조성하는 등 평지 토지를 정비할 수 있게 되었다.

이 평탄 토지를 이용하는 데 있어서 자치 회장이 처음 생각했던 것은 생활용 저수조 증설이었다. 긴급 상황에 대비하여 식용수 공급의 저장 능력을 향상시키기 위한 것이었다. 이 시점에서 헬기장 설치는 아직 생각지 못한 일이기도 했었다. 여기서 흥미로운 것은 자치 회장이 관여한 것이 긴급시의 식용수 확보에서 시작되었다는 점이다.

환경 사회학, 환경민속학 연구자인 도리고에 히로유키(鳥越皓之) 씨는 『물과 일본인』이라는 저서의 '저자 후기'에 다음과 같이 적었다.

> 재해와같은 비상시에 식용수 공급이 갖는 의미는 아주 중요하다. 필자 자신은 17년전 한신・아와지(阪神・淡路)대지진 시에 피해자로서 경험했던 일인데 재해가 일어나면 편의점 식용수는 전부 매진되고 붕괴된 가옥으로 인해 도로 또한 통행이 쉽지 않게 되고, 뿐만 아니라 도로 자체도 끊어져 버린다. 그렇기 때문에 시민들은 수일동안 음료수를 구할 수 없는 상태가 된다. 거기에 마실 수 있는 샘이나 우물이 있다면 도움이 된다. 다행히 한신 지구는 모든 지역에 산을 낀 지형이어서 수원(水源)에 가까운 강이 있었는데, 그것을 이용할 수 있었다.[15]

사람들의 생활 속에서 경험을 중시하는 생활환경주의적 입장에서 도리고에 히로유키 씨는 평상시 사람들의 생활 속에서 식수의 전통적인 이용 방식의 중용성에 대해 많은 사례를 들면서 아주 자세하게 기술하고 있다. 그리고 재해 등의 비상 사태에 있어서 식수 보급의 의미에 대해서도 커다란 시사를 주고 있다.

필자는 도리고에 히로유키 씨가 주는 시사점이 매우 중요하다고

---

15) 鳥越皓之(2012), 『水と日本人』岩波書店, p.244.

생각한다. 특히 전통적인 식용수 이용에 관해 평상시는 물론, 비상시에 사람들은 보다 더 많은 지혜를 짜내어 왔었던 것은 아닌가하고 생각하고 있다. 오히려 비상시 식용수 공급을 전제로 해서 평상시에 이용하고 있는 것 같은 경우도 많다고 생각되어 진다. 그만큼 식용수 확보는 인간의 생활을 이어가게 하는 근본적인 문제였던 것이다.

실은 호이치(法市)도 또한 옛날부터 식용수 확보에 어려움을 겪었던 마을이었다. 옛날에는 먼 수원지에서 물을 끌어오는 기술이 없었기 때문에 산 경사면에서 흐르는 물을 가장 위쪽 집에서 통에 받아두어 아랫집 사람들이 퍼 가는 형식으로 이용했다. 그렇지만 이 물이 나오는 수원지로부터 떨어진 곳에 집을 지은 주민은 물 공급에 무척 애를 먹었다. 매우 불편한 생활이었던 것이다. 그러나 1960년대에 들어서 자치단체 보조금에 의해 저수탱크가 정비되게 되었다. 본래는 농업용수로 정비된 것이었는데, 현재 15세대 중 13세대가 이를 생활용수로 사용하고 있다. 2세대는 현재도 자연적으로 솟아나는 우물물을 이용하고 있다.

저수탱크를 이용하고 있는 13세대는 연간 5000엔을 수도 요금으로 징수하고 있으며, 수돗물 관리 그룹을 만들어 수도관이나 저수탱크 관리를 실시하고 있다. 왜냐하면 수원지에서 저수탱크까지의 높이 차이가 8미터에 이르고 직선거리는 2킬로에 달하기 때문이다. 처음에는 수도관이 자주 파열되어 사용이 안 되는 경우가 잦았다. 그래서 당번을 정해 정기적으로 점검을 실시하고 저수율이 적은 경우에는 절수를 요청하는 등의 관리를 해 왔다.[16]

평상시에도 식용수를 확보하기 위해 노력해야 하는 불안정한 상

16) 岡本真生(2011),「1社会の民俗 1村を運営する組織」『徳島県東みよし町 法市の民俗』, pp.9-10.

태가 있었던 것이다. 비상시에는 더더욱 그러했다. 자치 회장은 지역의 약점인 식용수 공급 문제를 해결하기 위해 노력했던 것이다. (<사진 4>, <사진 5>)

<사진 4>

<사진 5>

이러한 상황이었는데, 이후 다시 새로운 상황이 발생했다. 2008년 마을도로 정비가 종료된 것을 계기로 저수조 주변 토지를 헬기장용으로 정비하는 작업에 착수하게 된다. 평지로 연결되는 도로가 정비됨으로써 자동차로 이동하는 안전성이 확보되었기 때문에 다음 과제로서 상공으로부터의 루트를 확보하는 것을 생각하게 된 것이다.

그러나 헬기장 건설에는 해결하지 않으면 안되는 법적인 문제가 있어 난항을 겪게 된다. 도쿠시마 현 위기관리국 네트워크에 의해 2011년 육상자위대 시설 중대 교육훈련 연습을 위한 장외 이착륙 장소로서 정비되고 더 나아가 헬리콥터 실제 훈련을 실시하여 운용 협정을 맺게 된다. <사진 6> 현재 방재용 헬리콥터뿐만 아니라 의료용 헬리콥터도 운용 확대를 목표로 하고 있으며 관련 기관과 협의 중에 있다. 더 나아가 헬기장까지의 육로 정비도 계획하고 있다.<사진 7>

<사진 6>

<사진 7>

7. 재해 발생 시의 고립화 대책과 지역 특색

농촌무대 부활 공연이나 재해 지원용 헬기장 설치 등은 전혀 별개의 활동처럼 보인다. 한쪽은 문화유산이나 관광의 문제이고 다른 한쪽은 재해 대책 문제라고 본다면 시청의 담당부서도 다를 뿐만 아니라 연구 분야도 전혀 다르다. 이 둘을 보는 일반인의 시선도 다르며, 둘의 관련성을 외부에서 보아 판단하기란 쉽지 않다.

원래 1년에 한번 열리는 농촌무대 이벤트가 눈의 띄게 경제적인 효과를 가져 온 것은 아니다. 공연을 기획하고 운영하고 있는 지자체 회장도 그 점은 이미 숙지하고 있었다. 목표는 다른 곳에 있었다. 그것은 지명도가 높아지면 외부와 교류가 빈번해짐에 따라 재해 시에 구제를 돕는 지원자나 피해 이후에 필요한 부흥을 서포트 할 지원자를 늘릴 수가 있다는 것이었다.

외부에 마을을 사랑해 주는 팬이나 응원 부대를 만들기 위한 수단이고, 인적 네트워크를 넓히기 위한 수단으로서 농촌무대를 활용하고 있었던 것이다. 농촌무대 활용과 헬기장 설치는 모두 재해대책을 위한 공통적인 목적을 가졌던 것이다. 이런 의미에서 농촌무대를 활용한 노력은 주로 지역 재생인 마을 재생과는 달리 재해 시의 대응을 위한 사전 부흥 시도였던 것이다.

제1회부터 2010년 제8회까지의 참가자는 지자체 회장에 의하면 평균적으로 250명 정도에 달한다. 산간지역 마을이기 때문에 주로 자동차를 이용하기도 하는데 신사 경내에도 자동차를 주차할 수 있는 공간이 거의 없고 좁은 도로 가장자리에 주차를 하는데 이도 수용 능력적으로 인원이 증가한다 해도 매우 어려운 것은 마찬가지다. 참가자는 당초 90%이상이 마을과 관련된 사람들이었다. 마을과 관련된 사람들이라는 의미는 도쿠시마 현 서부를 가리킨다.

여덟 번째에서는 41%가 오사카(大阪), 효고(兵庫), 가가(香川)와 사람들, 그리고 오카야마, 도쿠시마현 주변에서 온 사람들이었다. 서서히 지명도가 높아지고 있다는 것을 알 수 있다. 재해 시에 고립할 가능성이 높은 마을의 입지조건이었지만, 인적 네트워크를 넓히는 것을 통해 고립화 대응 대책은 어느 정도 궤도에 오르고 있다고 생각된다.

외부와의 교류를 확대하여 인적네트워크를 구축해 가기 위해 지자체 회장은 여러 가지 방안을 고안해 내고 있다. 몇 가지 예를 열거해두기로 하자.

공연 프로그램 내용은 인형 조루리를 중심에 두고 있다. (<사진 8>) 도쿠시마현은 인형조루리가 매우 유행하던 지방적 특징을 갖

<사진 8>

고 있다. 이 지역에서는 매우 널리 알려진 예능이기도 하다. 인형조루리를 농촌무대로 예능을 펼치는 것은 본질적인 형태이기도 했고, 이전의 농촌무대가 성행하던 당시의 상황을 복원한다는 의미에서도 인형조루리가 프로그램의 메인으로서 처음부터 고정되어 있었다.

그러나 이것만으로는 외부로부터 인형조루리 연기자를 초대하여 공연하는 것으로 끝나게 되기 때문에 이벤트에 참가하는 사람은 단순하게 '손님'이 되어 버리게 된다. 그래서 인형조루리뿐만 아니라 지역 주민들의 예능활동이나 문화 활동 발표의 장소를 마련하여 지역 주민들이 참가하는 형태로 프로그램을 만들고 있다.(<사진 9>)

또한 농촌무대 공연을 방문하는 손님을 맞이하기 위해 마을 주민들이 접대용 음식이나 먹을거리를 준비하기도 한다. 축제 전날에는 접대를 위해 경단(団子)이라는 음식을 마을 여성들이 밤늦게까지 손

<사진 9>

수 만든다. 이것은 시코쿠(四国) 편력을 맞이하기 위해 길러온 도쿠시마의 전통문화인 '손님 접대'에서 유래된 것이기도 하다. 외부에서 찾아오는 손님들을 대응하는 방식을 역사적으로 지역 내부에서 육성시킨 것이라는 암묵의 이해인지도 모른다. 적어도 이러한 대응에 의해 단순하게 한번으로 끝내는 관광객과 손님을 맞이하는 입장의 관계를 넘는 인간관계를 구축하고 있는 것이다.

더 나아가 농촌무대 공연에 의한 외부 사람들과의 교류 이외에도 여러 가지 교류를 갖추고 있다. 2009년에서 2010년에는 농촌무대 보존 활동 일환으로 간세이가쿠인대학 학생들의 조사 실습을 수차례 받아들여 민속조사를 실시하게 했다. 방문 조사를 통해 주민들과 학생들의 교류가 생겨나 조사 보고서를 간행하여 주민들의 지역 역사나 문화에 대한 관심을 높이고 주민의식의 향상으로 연결시키고 있다.

특히 보고서는 최초의 정식적인 마을 기록이기도 했으며 소멸이

걱정되던 와중에 마을이 살아있다는 증거를 만들어 주기도 했다. 도회지로 나간 아들 세대들에게 고향의 역사를 전달하는 귀중한 기록으로서 간직하고 아들에게 보내는 주민도 있다. 이것은 마을의 역사라는 형태로 마을 주민들과 외부로부터 방문하는 방문자들이 협동으로 만든 '전설'이기도 하다. 이것은 재해부흥 문맥에서 본다면 일종의 '전설 부흥'이라고 간주 할 수도 있는 것이다.[17)]

또한 관광객에 대해서도 보고서 내용을 근거로 마을의 역사에 대해 가이드 하기도 한다. 소멸을 걱정하던 마을의 민족 조사, 보고서 작성은 마을 주민에게 있어 정신적으로 커다란 의미를 갖게 되었다.

2012년 호이치 농촌 무대 공연 10주년을 기념하여 지역 출신자나 그 아들 세대인 젊은이들이 귀성했다. 후나와타리 신사의 가마들기를 20여년만에 부활시켰다. 그리고 교류적 측면에서 본다면 2012년부터 아동 민박 체험 사업에 참가하여 지자체 회장이 회장 자택을 민박 민가로 개방하고 외부와의 교류를 적극적으로 진척시켰다. 농촌 무대 부활을 계기로 외부와의 교류가 생겨났고 주민의식이 향상되었으며 그로인해 마을이 유지되는 한편 마을 유지 강화를 위해 적극적으로 노력하고 있다.

8. 마을 만들기와 지역부흥의 새로운 퍼스펙티브

농촌 무대에 관련된 사항들이 보여주는 것은 상징적 자원은 그것

---

17) 宮本匠・渥美公秀(2009),「災害復興における物語と外部支援者の役割について一新潟県中越地震の事例から」『実験社会心理学研究』4 9 号(1), pp.17-31.

자체로는 자동적으로 기능하는 것이 아니라는 점이었다. 그것을 위해서는 상징적 자원에 대한 작업을 시작하기 위한 의례를 의도적으로 만들어낼 필요가 있다. 거기서 누가 의례를 만드는 역할을 담당할 것인가가 문제가 되는 것이다.

특히 커뮤니티를 유지하거나 재생시키는데 있어서 기존에 갖고 있던 지역 생활환경이나 자원을 잘 활용하여 무관계적인 것으로 보이는 주변의 관련 조직을 유기적으로 접목시켜가는 것이 요구된다. 그를 위해서는 커뮤니티 운영 시점에서 마을이 놓여있는 조건을 종합적으로 파악하여 실행하는 실행 담당자의 역할이 매우 크다고 말할 수 있을 것이다.

실행 담당자 문제는 재해부흥 대책의 지속성 문제와도 관련이 있다. 축제는 주기적으로 반복되는 것인데 그것을 담당하는 사람들의 행동을 구속하고 거의 영구적으로 지속해 갈 힘을 갖추고 있다. 그런 의미에서 농촌 무대를 활용한 재해부흥 대책은 그 유지 측면에서 효과를 발휘하고 있는 것처럼 보인다. 그러나 인구감소나 이것과 동반된 신앙상의 이유, 경제적 부담에 의해 축제가 거행되지 못하는 상황이 자주 일어난다. 이러한 경우 의례를 유지시키는 데는 의례의 기능을 인식하고 적극적으로 그 가치를 활용하려는 담당자들의 존재가 큰 역할을 한다.

2002년에 부활한 농촌 무대 공연이 현재까지 지속되는 것을 생각해보면 지자체 회장의 담당 역할은 간과할 수 없는 것이다. 그렇다면 이 지자체 회장은 어떤 사람이었을까. 간단하게나마 그의 경력을 보면, 1948년생으로 12형제 중 막내였다고 한다. 1967년에 고등학교를 졸업하고 대기업 제철소에 취직했다가 오랫동안 간토지방에서 지냈다고 한다. 1989년 원래 고향으로 가족들이 모두 떠나게 된 것이 계기가 되어 고향으로 돌아오려고 생각했다. 1992년에 주소를 고향으로 옮기고 형식적으로는 타지에서 돈벌이를 하는 형식을 취했다.

당시 다케시타(竹下)내각의 고향 창생 사업이나 고향에 대해 공헌을 요구하는 시대적 배경이 존재했는데, 납세라는 형식으로 우선 고향과 접점을 되찾기 시작했다. 그리고 2002년에 이전부터 희망하고 있었던 전근이 이루어지게 되어 옆 현인 가나가와 현에 부임한다. 그래서 원 고향집에서 출퇴근을 하게 된다. 실로 25년만에 고향 생활을 재개한 것이다.

이후 지자체 활동에 적극적으로 참가하게 된다. 고령자들로만 구성된 마을에 젊은 사람이 지자체 회장으로 취임하게 되고 농촌무대 부활공연을 계기로 헬기장을 설치를 시도하는 등 고향 마을 재생에 관여하기 시작했다.

이 지자체 회장의 경우를 본다면, 속성으로서는 고향 출신자였지만, 도회지로 나가 대기업에 오랫동안 근무했던 경험을 갖고 있다는 것이 주목된다. 고향 출신자이기 때문에 비교적 그 지역에서도 쉽게 그를 받아들였음을 알 수 있다. 또한 대기업 근무 경험을 바탕으로 시청이나 구청과 절충하여 고향 지역에 유익한 사업이 무엇인가를 탐색했고, 서류를 작성해서 신청하는 등 테크니컬한 면에서 작업이 비교적 쉽게 이루어졌다는 점이 아주 크다.

또한 대기업 관리직 경험은 지역 주민을 조직적으로 운영하는 것에 활용되었다고 여겨진다. 이 지자체 회장은 고향 지역 내부와 외부를 매개로 하고 동시에 유익한 정보나 지식, 자금, 인재 등을 외부에서 조달할 수 있도록 어느 정도의 지식이나 기술을 가진 인재였던 것이다. 이러한 지자체 회장의 속성은 필자가 '매개적 지식인'이라고 명명했던 바로 그러한 인물이었던 것이다.[18]

이러한 매개적 지식인이라는 개념을 사용한다면, 이 마을 지자체 회장뿐만 아니라 마을만들기나 지역 부흥 현장에서 중심적인 역할을 담당하며 열심히 활동하고 있는 사람들을 이런 종류의 타입으로 잘 자리매김 시킬 수 있을 것이라고 생각된다.

그러나 이러한 논리방식으로 이 마을 지자체 회장처럼 헌신적이라고 생각하는 활동을 이해하는 것은 곤란하다. 매일 매일의 생활 속에서 모든 것을 마을의 부흥을 위해 활동하고 있다고 해도 과언이 아닐 정도로 열심히 일하고 있는 것이 보이지 않게 되기 때문이다. 필자가 이 지자체 회장의 존재를 구청 직원으로부터 처음 들은 것은 남다르게 열심히 일하는 사람이 있다는 것에서부터 시작된 것이었다.

보는 관점에 따라 지자체 회장의 헌신적인 행동은 구청 직원이라서가 아니라 같은 마을 사람들에게 있어서도 특별하게 비춰졌던 것은 아닐까하고 생각한다.

그러나 오랫동안 지자체 회장이 지자체 회장으로서 활동을 해 온 많은 것들은 모두 마을 주민들의 회합에서 합의를 얻고 나서 실천한 것들이었다. 물론 구체적인 활동에 대해서 의견차이는 당연이 있었을 것이라고 생각되지만, 지자체 회장의 의도나 그 정열을 충분히 이해했을 것이라고 생각된다. 오히려 의도나 생각을 이해할 수 있다고 해서 연령적인 혹은 신체적인 문제 등등, 여러 가지 사정에 의해 아무나가 스스로 리더가 되어 활동을 견인할 수 있는 것이 아니기

18) 山泰幸(2013),「中山間地における孤立集落の事前復興の取り組みー徳島県西部の事例から」『災害復興研究』5号, p.38

때문에 열심히 활동하는 지자체 회장을 얻은 이 마을 주민은 회장의 의견에 따르거나 혹은 회장을 서포트하면서 하나가 되어 오랫동안 활동을 함께 해 왔다고 생각된다.

한편 지자체 회장은 탁월한 아이디어와 신속한 실행력을 통해 이 방법 저 방법을 동원하면서 마을 부흥에 최선을 다했는데 그렇다고 반드시 자신을 갖고 이 일을 추진하는 것만은 아니었다. 회장은 다음과 같이 말했다.

> 나는 실은 희망을 크게 갖는 사람이라기보다는 매우 불안감을 갖고 불안해하는 쪽입니다. 마을도 이미 15가구밖에 남지 않았고, 이러한 이야기를 하면 너무 부정적이어서 좋지 않을 테지만 인구가 감소하는 추세라는 것은 변하지 않는 사실입니다. 그렇기 때문에 그것을 받아들인 다음에 이를 어떻게 하면 좋을까, 무엇을 해야 하는가라고 항상 고민하고 있습니다. 좋은 생각이 그렇게 썩 많지 않습니다.

지자체 회장의 발언에서도 알 수 있듯이 이 마을에서 계속 생활한다는 것에는 불안함도 존재한다. 즉 마을 소멸이라는 '커뮤니티의 죽음'에 대한 불안을 안고 매일 활동하고 있는 것이다. 지자체 회장의 말을 빌려 표현하자면 '마을 사람들은 매일 매일 줄어들고 있는 것'이다. 이러한 상황 속에서 무엇이 가능한가를 고민하면서 농촌무대를 비롯해 현재 상황에서 할 수 있는 일들을 하고 있는 것임을 알 수 있다.

이러한 불안함 속에서도 지자체 회장의 행동이 적극적이고 생동감 있게 빛나 보이는 것은 회장이 이 마을에서 태어나 이 마을을 위해 생을 마감하는 것을 당연하게 여기고 있기 때문이라 생각한다.

말하자면 '죽음의 장소'를 어디로 정할 것인가라는 흔들림이나 '죽음의 장소'는 여기로 괜찮은가라는 불안이 없기 때문인 것은 아닐까. 이 점에 관해서는 완전하게 '안심'하고 있는 게 아닐까 싶다.

삶에 익숙해진 마을에는 스스로가 오랫동안 생활해 온 생활경험이 각인되어 있다. 그뿐만 아니라 이전에 마을에서 살다가 죽은 많은 주민들의 족적도 각인되어 있는 것이다. 이전에 마을에서 살았던 부모나 조상, 선인(先人)들의 족적 속에 자신이 살았던 증거도 중첩시키면서 안심감을 갖는 것도 당연한 것이라고 본다.

말하자면 '사는 곳'은 동시에 '죽음의 장소'이기도 하며, '사는 곳'과 '죽음의 장소'는 따로 분리할 수 없다는 기본적인 생각이 전통적인 마을의 생활 속에 숨쉬고 있는 것은 아닐까. 특히 35년 만에 고향으로 돌아온 지자체 회장입장에서는 이러한 생각들을 더욱 강하게 느꼈을 것으로 여겨진다. 이곳에서 생을 마감하겠다고 각오하고 되돌아 온 것이다.

주민들 마음의 틈으로 함께 들어가는 형태로 그 심정에 충실하며 그 기본적인 생활관이나 인생관을 이해하려고 노력하는 것은 사회과학 분야에서는 일반적인 것일지도 모른다. 특히 개성을 가진 한 사람 주민의 심정을 통해 그 행동을 이해하려고 하는 것은 역사적 혹은 사회적인 사건 담당자가 된 인물의 경우를 제외하고는 거의 없는 일은 아닐까하고 생각한다.

그러나 마을만들기나 지역 부흥 담당자 문제를 생각할 때 심정 이해 문제는 피할 수 없는 문제라고 생각된다. 오히려 이상하게 여겨질 정도의 열렬한 활동을 눈앞에서 보았을 때 그 인물에 대한 심정의 이해는 그 행동을 이해하는 데 있어 불가결한 것이라고 생각된다.

그 이유 중 하나는 그 사람의 행동이 인생관이나 사생관과 반드시 연결되어 있기 때문이다. 이것은 민속학 입장에서 말한다면 '심의(心意)' 연구에 해당하는 것이며, 가장 중요한 것이라고 생각한다.[19]

열심히 활동하는 지자체 회장을 마을 주민들이 이해하고 회장의 기획에 합의하면서 하나가 되어 실행해 왔다는 것을 생각하면 지자체 회장의 발언이나 행동은 마을 사람들의 '심의'를 탐색하는 유효한 계기가 된다고 생각된다. 또 하나의 이유로는, 전국 각자에서 펼쳐지는 마을만들기나 지역부흥을 생각하면 그것은 생활자가 공통으로 갖고 있는 사상이 가져오는 넓은 의미의 사회적 운동, 파도와 같은 것처럼 보인다는 점이다.

이처럼 표현하는 것은 민중이 자신의 몸에 맞는 학문을 근거로 지역사회 변혁을 위해 노력했던 막부 말기 메이지기의 '초야의 국학'을 염두에 두고 있기 때문이다. 물론 이들 마을만들기나 지역부흥 움직임과 국학이 직접적인 계보관계에 있다는 의미는 아니다.

그것을 취하기 위해서는 역사적인 퍼스펙티브를 통해 사상사적인 사건이 눈앞에서 전개되고 있다는 인식을 갖는 것이 필요한 것은 아닌가라는 의미인 것이다. 그러한 의미에서 마을만들기나 지역부흥의 담당자 레벨사상 분석은 금후 중요한 과제로 남았다. 한마디 더 덧붙이자면 담당자의 심정과 사상은 매우 깊게 연관되어 있다고 생각한다. 이것을 이해하는 것은 마을만들기나 지역부흥 담당자로서 행동을 일으키는 인물이 과연 어떤 인물인가를 알기 위해 중요하다고 생각된다.[20] 방관자나 젊은이라는 외형적 유형적 이해와는 별개의

19) 柳田国男(1998), 「民間伝承論」『柳田国男全集』第8巻, 筑摩書房. 柳田国男(1998), 「郷土生活研究法」『柳田国男全集』第8巻, 筑摩書房, 参照.

차원에서 그 인물의 특징을 깊은 레벨에서 이해하기 위해 중요한 것이라고 생각한다. 그러나 여기서 주의해야 할 것은 마을만들기나 지역부흥의 양상이나 그 찬반을 결정하는 사람이 담당자라고 단언할 수는 없다는 점이다.

앞서 언급한 것처럼 담당자는 지역 커뮤니티와 따로 분리해서 생기는 것이 아니라 지역 커뮤니티 회복=복원력 현현의 하나로서 취할 수 있을 것이다. 그러나 그리하여 등장한 담당자의 행동이 지역 커뮤니티를 원래대로 회복시킬 수는 없으며 항상 새로운 스테이지로 지역 커뮤니티를 이끌고 가는 것인 이상 마을만들기나 지역부흥 프로세스를 이해하기 위해서는 담당자 분석도 시야에 넣어두어야 할 것이다.

이상과 같은 과제는 이미 '마을의 재해대응'이라는 본 논고의 문제 설정 범위를 벗어나고 있는지도 모르겠다. 그러나 심정이나 사상 분석을 빼 놓고서는 재해에 대비하는 마을의 대응은 이해할 수 있을지라도 재해를 대비하는 '마을의 심정'에까지는 생각이 미치지 못할 것이라고 생각된다.

---

20) 마을만들기나 지역부흥 출발점은, 처음 그것을 행동으로 옮기는 인물이 필요하다. 그러나 그것이 어떤 인물이어야 하는가에 대해서는 지금까지 깊고 충분한 분석이 이루어지지 않았다고 생각된다. 예를 들면 주석 1에서 예로든 오카다의 저서를 보면 '새로 일 시작하기'의 중요성을 지적하면서 그 '새로 일 시작하기'방법론을 일반화, 모델화하여 제시하는 점에 있어서는 아주 뛰어나지만, 그럼에도 불구하고 처음 '새로 일을 시작하는' 인물이 어떤 인물인가에 대해서는 충분하게 밝히고 있지 않다. 이것은 학문적인 배경의 차이에 의한 것에 기인한 것이라고 생각되는데, 필자는 이 점이 새로 일 시작하기'를 진행하는데 있어서 매우 중요한 지견을 가져오는 것이라고 생각한다. 寺谷篤志・平塚伸治編(2015), 『「地方創生」から「地域経営」へ』仕事暮らしの研究所. 돗토리 현(鳥取県) 치즈초(智頭町)에서의 '새로 일 시작하기' 운동의 담당자인 데라타니(寺谷)의 자전적 특징을 갖고 있는 것으로 담당자의 심정과 사상을 알 수 있는 중요한 자료라고 여겨진다.

그리고 여기서 표현한 '마을의 심정'이란 전통적인 집합적 심성과 같은 본질주의적인 불변적인 것이 아니다. 지자체 회장이 외부에서 되돌아오는 형식이었던 것처럼 도회지적인 발상이나 도회지에서 귀향한 자이기 때문에 갖는 생각을 받아들이면서 혹은 그것과 갈등을 겪으면서 조성되는 동태적인 것이고, 시대 상황이나 미디어의 영향을 받으면서 현재 계속 만들어져 가는 것이라는 점을 강조하고 싶다.

제3부

재해와 지방자치
– 국가와 지방 그리고 정보

제5장

대재해와 지방자치제의 대응 – 일본 시・정・촌 제일주의 관점에서

1. 재해와 '국가-도도부현-시・정・촌'이 갖는 경계 재고

동일본대지진이라는 미증유의 재해는, 재해법규를 재검토해야 하는 중요한 계기를 마련해 주었다. 2012년과 2013년에 실시된 재해대책기본법(이하, 대책법이라고 약칭) 개정은, 1961년에 그 법이 제정된 이래 가장 대대적인 개정이었다.[1)]

단, 대대적인 개정이 이루어졌다고 해서, 재해법제상의 과제가 해소된 것은 아니다. 필자가 보기에는 재해 이후 연이어서 발생하는 기상 재해에 의해 재해에 대한 초기대응을 고심하지 않을 수 없어 시・정・촌(市・町・村)(이하 시정촌) 정부에 더욱 주목을 하게 되었고, 시정촌의 실무적 재해대응 과제가 오히려 이전보다 더 큰 관심의 대상이 되고 있다는 인상을 받는다. 사실 필자가 실시한 인터뷰조사에서는 재해법 개정 이후 그 대책법 운용을 둘러싸고 여러 가지 어려움이 생겼다고 말하는 지자체도 있었다.

---

1) 武田文男・竹内潔・水山高久・池谷浩(2016b) 『自治体における改正災害対策基本法の実務的課題に関する研究』GRIPS Discussion Paper 16-05. 개정 항목(관련법을 포함)을 정리해 보면 27개 항목에 이른다.

대책법이 개정 된 후에도 대규모 자연재해 발생 시 지방자치제가 취한 대응에 비판이 집중된 것에는 여러 가지 사례가 있다. 2014년 8월에 발생한 히로시마(広島) 호우 피해는 그 실례가 될 수 있다. 이 사례에서는, 호우가 발생하자 주민들이 시(市)에 통보했지만, 히로시마 시(広島市)의 피난권고 발령이 늦어져 결과적으로 피해가 확대되었다. 일부에서는 1999년에 발생한 6.29 호우 피해의 교훈을 살리지 못했다고 비판했다.2)

2015년 9월 간토(關東)・도호쿠(東北) 호우 때에 대규모 수해를 입었던 조소 시(常総市)에서도, 시(市) 대응에 대한 졸속함이 지적되었다.3) 또한 2016년 태풍 10호 영향으로 이와테 현(岩手県) 이와이즈미초(岩泉町)에서 고령자 시설이 있는 곳 근처 강이 범람하여 입주자가 사망한 사례에서 이와이즈미초 담당자가 '피난 권고 발령기준에 해당하는 수위(水位)에 도달했다고 파악했으면서도 주민들 전화 대응에 시간을 빼앗겨, 권고발령을 하지 않은' 것으로, 장(長)에게도 보고하지 않았던 것이 문제시 되었었다.4)

동일본대지진 이후, 지역 방재력 향상에 초점을 두어, 자조(自助)・

2) 広島市. 2015. 「平成26年8月20日の豪雨災害避難対策等に係る検証結果」http://www.city.hiroshima.lg.jp/www/contents/1476873330360/files/01honpen.pdf http://www.city.hiroshima.lg.jp/www/contents/1476873330360/files/02siryouhen.pdf(2017년 1 월 5일 접속. 岩岡泰孝(2017) 「避難行動に関する住民の意識についての研究―広島豪雨土砂災害経験をどう活かすか」政策研究大学院大学2016年度修士論文.

3) 常総市水害対策検証委員会(2016) 「平成27年常総市鬼怒川水害対応に関する検証報告書―わがこととして災害に備えるために」http://www.city.joso.lg.jp/ikkrwebBrowse/material/files/group/6/kensyou_houkokusyo.pdf(2017년 8월 26일 접속. Nakajo, Miwa, Jee-Kwang Park, and Yoshiharu Kobayashi(2017) 「Do Voters Punish Local Governments for Natural Disasters?: Evidence from the 2015 Kinu River Flood in Japan,」 2017年度日本選挙学会報告論文.

4) 『河北新報』 2016년 9월 7일.

공조(共助)・공조(公助) 관점에서 감재(減災) 필요성을 논하는 연구가 많아졌다. 또한 감재 관점에서 재해를 상정하여 사전에 준비해 두는 사전부흥을 주장하는 연구도 증가했다. 재해로부터의 복구/부흥 프로세스에 대해 깊게 검토하는 자도 생겨났다.[5] 물론, 정치학적 입장에서 자연재해에 발생 시 자치제의 재해 대응/위기관리에 대해 논한 경우도 있다.[6]

본 장에서는 자연재해에 대해 시정촌이 첫 번째로 대응하는 시정촌 우선주의에 유의하면서, 동일본대지진 이후 일본 시정촌의 재해 대응・위기관리에 관해 논의하기로 한다. 우선 「시정촌－도도부현(都道府県)－국가(国)」라는 세 층위 구조가 갖고 있는 과제에 대해서 논의하고, 이를 바탕으로 재해대응의 최전선에 위치한 시정촌의 위기관리가 내포하고 있는 과제에 대해서 논의하기로 한다. 그리고 일본에서 발생하는 자연재해는 지진이나 분화(噴火), 수해(水害) 등등 종류가 여러 가지다. 신종인플루엔자 등과 같은 감염증 대응도 자연재해라고 말할 수 있을지도 모르겠다.

본 논고에서는 논의를 보다 간명하게 전개하기 위해서 재해예측성이 높고 공간적인 확장이 상정되는 지진 재해, 기상재해에 초점을

---

5) 동일본대지진 학술조사 성과는 室崎益輝・幸田雅治編(2013)『市町村合併による防災力空洞化－東日本大震災で露呈した弊害』ミネルヴァ書房. 御厨貴編(2016)『大震災復興過程の政策比較分析:関東, 阪神・淡路, 東日本の三大震災の検証』ミネルヴァ書房 등의 조사를 수 있다. 동일본대지진 학술조사는 http://www.jsps.go.jp/j-gakujutsuchosa/ (2017년 8월 26일 접속)

6) 건축・토목 계통 연구자들에 의한 사례분석은 많다. 나가오카 시(長岡市) 재해 대책본부(2005)처럼 지방자치 자체의 비망록적인 문헌도 존재하는데, 정치학적 지견을 의식하면서 논술한 것으로는 小原隆治・稲継裕昭編, 村松岐夫・恒川惠市監修(2015) 『大震災に学ぶ社会科学第2巻　震災後の自治体ガバナンス』東洋経済新報社. 大西裕編(2017b) 『災害に立ち向かう自治体間連携－東日本大震災にみる協力的ガバナンスの実態』(ミネルヴァ書房)등 한정적인 것이 인상적이다.

맞춰 논의해 가기로 한다. 따라서 본 논고에서의 자연재해는 지진재해와 기상재해로 한정하기로 한다.

2. 시정촌 제일주의의 합리성

일반론적으로 일본이나 한국 등 관료제가 발달한 나라에서는 평소 의사결정은 보텀 업(bottom-up)이다. 즉 상향식에 의한 의사결정은 졸속적 판단을 피할 수 있다는 장점이 있다. 그렇지만 그것을 역으로 보면, 시간이 걸린다는 단점을 내포한다고도 볼 수 있다.

재해가 발생하면, 시시각각으로 현장에서 변화하는 상황에 대응할 필요가 있기 때문에 재해 대응 시의 의사결정은 탑 다운(top-down) 방식을 원칙으로 한다. 시간을 들여 음미하기보다는 즉시적 판단이 요구되어지기 때문이다. 또한 위기관리에서는 지시의 철저함이 요구되어지기 때문에, 지휘명령 계통의 일원화는 필요불가결하다.

단, 그렇다고 해서 탑 다운 방식을 고수하려고 한다면, 「지시를 대기」해야 하는 관료제의 역기능이 발생하게 된다. 상급자의 지시를 기다리는 상황에서 피해가 더 커진 경우는 많은 사례가 있다.[7] 특히 대규모 자연재해의 경우 그 범위가 넓고 많은 조직이 관여하게 되어 지시를 기다리지 않을 수 없거나, 서로 조정하는데 시간이 걸린다는 폐해가 발생할 수 있는데, 이 폐해가 발생하지 않도록 노력할 필요가 있다.

---

7) 한국에서 발생한 세월호 사건의 경우는 관료제의 역기능이라고 볼 수 있을 것이다.

이들 폐해가 가장 눈에 띠게 나타난 것이 동일본대지진 때였다. 2011년 3월 동일본대지진이 발생했을 때 일본의 집권정당은 민주당이었다. 민주당은 정권을 잡은 후「정치 주도」방침 아래, 보고 체계의 일원화를 꾀했다. 민주당의 정치주도 방침에 의해 가스미가세키(霞ヶ関)의 관료들은 지시 대기를 강요당했다.[8] 또한 보고체계를 일원화 한 결과 피해를 입은 지자체의 대표나 의원 혹은 직원들은 부흥을 위해 도쿄 상부에 보고하기위해 수도없이 관청가를 드나들어야 했다.

한편, 일본의 자연재해에 대한 위기관리는, 시정촌-도도부현-국가라는 세 층의 구조로 이루어져 있다. 해당 시정촌이 제일먼저 재해 대응을 실시하는데, 재해의 규모가 심각하면 할수록 도도부현이나 국가의 관여가 증가하는 체제를 취하고 있다.[9] 그것은 대책법 제5조에서도 확인이 가능하다. 제5조는「시정촌은 기본 이념에 따라 기초적인 지방공공단체로서, 해당 시정촌의 지역 및 해당 시정촌 주민의 생명, 신체 및 재산을 재해로부터 보호하기위해 관계기관 및 기타 지방공공단체의 협력을 얻어, 해당 시정촌 지역에 관계되는 방재에 관한 계획을 작성한다. 또한 법령에 근거하여 그것을 실시하는 책무를 갖는다」라고 규정하고 있다. 그리고「시정촌이 갖고 있는 모든 기능을 충분하게 발휘하도록 노력하지 않으면 안 된다」고 규정하고 있다.[10]

---

8) 이는 재해 발생 후 관료들이 자주적으로 대응한 한신・아와지(阪神・淡路) 대지진 때와는 큰 차이를 보였다.

9) 小原隆治・稲継裕昭編, 村松岐夫・恒川惠市監修(2015)『大震災に学ぶ社会科学第2巻 震災後の自治体ガバナンス』東洋経済新報社. 武田文男・竹内潔・水山高久・池谷浩(2016a)『政令指定都市における防災・危機管理対策に関する比較研究』GRIPS Discussion Paper, pp.16-04.

일본은 남북으로 길고, 또한 다양한 자연재해가 발생하는 나라이다. 재해대국이라고 불릴 정도이다. 일본에서 발생하는 자연재해는 실로 다양하기 때문에 대응하지 않으면 안 되는 재해는 지방마다 또 다르다. 이러한 상황을 전제로 한다면, 재해 대응은 분권적으로 마련하는 것이 합리적이다. 중앙에 모든 지휘권을 집중시키는 것은, 그에 대응하는 자원적인 낭비를 낳는 것이 필연적이며, 판단 속도를 늦추어버리는 요인이 될 수도 있다.

정보통신 기술이 발달했다고는 하지만, 동일본대지진과 같은 재해 현장에서 광역적으로 정전이 되고, 정보 연락이 기능하지 않는 상황에 처할 가능성을 고려한다면, 「현장에서 판단한다」라는 쪽이 효과적일 수 있음은 말할 것도 없는 일일 것이다.

또한, '소규모의 자연재해는 시정촌이 대응하고, 규모가 커지면 커질수록 도도부현이나 국가가 주도적 역할을 담당한다'는 발상을, 국민들이 잘 이해하고 있는 것일까. 이는 일본학술진흥회 동일본대지진 학술조사의 일환으로 실시한 「피재지(被災地)(이와테<岩手>・미야기<宮城>・후쿠시마<福島>・이바라기<茨城>)주민에 대한 의식조사[11)]」에서도 확인이 가능하다.

---

10) 자연재해 발생 시 시정촌이 제일 먼저 움직이는 것은 대책법 제정 당초부터 정해진 것이었다. 또한 이 제5조에서 대책법의 시정촌의 업무는 사무구분에서 말하는 「자치 사무」라는 것이 된다.

11) 이와테(岩手)・미야기(宮城)・후쿠시마(福島)・이바라기(茨城) 각각의 현에서 1000개 샘플(총4000샘플)을 추출하여, 2014년 5월부터 8월에 걸쳐 우편 발송법으로 실시한 조사결과이다. 이 조사는 일본학술진흥회 「동일본대지진 학술조사」의 위탁을 받아, 동북대학 대학원 정보과학연구의 보고자 연구실에서 실시한 것으로, 회수율은 43%였다. 이 조사에서는 피재지라고 불리던 네 개현 현민의 피재자 의식이나 복구・부흥에 대한 행정 대응에 대한 평가, 탈원전 의식 등을 질문했었다, 이 조사에 관한 분석 결과는 이하의 논고이다. 河村和徳・伊藤裕顕(2016)「原子力災害と福島の地方選挙」『大震災に学ぶ社会科学第1巻　政治過程と政策』東洋経済

이 조사에서는「피해에 대해 지방이 주도적인 역할을 담당해야 하는가, 그렇지 않으면 중앙이 주도적 역할을 담당해야 하는가」라고 질문했다. 그 대답 결과를 그림으로 보여주는 것이 아래의 <그림 1> 이다.

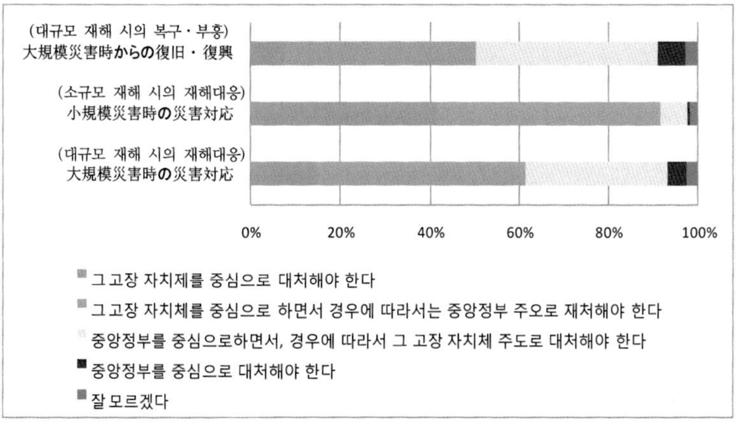

<그림 1>

소규모 재해에는 지방자치를 중심으로 대응해야 한다고 하는 대답이 많았고, 대규모 재해의 경우에는 중앙 주도로 대응해야 한다는 자의 비율이 높은 것은, <그림 1>에서도 확인이 가능하다. 또한 대규모 재해로부터의 복구나 부흥도 중앙주도로 이루어져야 한다고 보는 의견이 40%정도에 이른다.[12)]

新報社, pp.319-342.

12) 이 회답에서 어떤 자가 중앙 주도적이라고 생각하기 쉬운가를 확인하기위해, 성별이나 연령, 거주지역 등등 사회적 속성변수나 지지정당과의 연관계수를 산출해 보았다. 그렇지만, 그것들과 통계적으로 유의미한 관계성을 확인하는 것은 불가능했다. 필자가 시도한 변수에서 유의미한 결과로서 얻을 수 있었던 것은「국가의 행

피재지에 한정된 것이기는 하지만, 이 결과로부터는 '소규모 재해는 시정촌이 대응하고, 대규일수록 도도부현이나 국가가 주도적인 역할을 담당한다'고 하는 재해법제 발상을, 국민들이 받아들이고 있다고 볼 수 있다. 단, 주의하지 않으면 안 되는 것이 있다. 그것은 이 질문이 '대규모재해'와 '소규모재해'로 이분화 한 형태로 이루어지고 있는데, 현실에서의 재해 규모는 '어디서부터 어디까지가 소규모이고, 어디서부터 어디까지가 대규모인가'라는 정의가 존재하는 것이 아니었다.[13]

눈에 띄게 현격한 재해에 대한 재해지정 기준이 존재하기는 하지만[14], 그것은 재해의 전체 모습이 드러난 다음의 이야기인 것이다. 특히 호우의 경우, 비가 집중적으로 내리고 있는 상황에서 그것이 소규모인가 대규모인가라고 판단할 수 없으며, 상류에서 일어난 호우로 인해 강우량이 적은 하류 자치제에서 하천범람이 일어난 사례는 많기 때문이다. 재해 피해에 대한 규모를 지정하는 기준이 존재하기는 하지만, 재해 발생 시점에서 그 규모를 판단하고 생동하는 것은 쉬운 일이 아니라는 것이 현실인 것이다.

정・중앙성청(中央省庁)의 행정・공무원에 대한 신뢰」정도였다. 대규모 재해에 대한 대응을 종속 변수로 한 d계수를 산출해 본 결, 그 값은 -0.127이었고, 0.5% 수준이었다.(N=1443) 또한 대규모 재해로부터 부구・부흥을 종속 변수로 한 d계수를 산출해 본 결과 그 값은 -0.075로 0.5% 수준이었다.(N=1439) 즉, 국가의 행정을 신뢰할 수 없는 자는, 상대적으로 지방자치 주도의 재해 대응, 그리고 부구・부흥을 지향하는 경향이 있다는 것을 데이터가 말해주는 것이었다.

13) 재해의 격심함의 지정(예를들면 본격<本激>인가 국격<局激>인가) 시에도 영향을 주는 것이라고 생각된다.

14) 재해의 피해 크기의 재해지정 시에도 영향을 준다고 생각된다. 재해 지정에 관해서는 내각부 홈페이지를 참조하기 바란다. http://www.bousai.go.jp/taisaku/gekijinhukko/pdf/qa_all.pdf (2017년 9월 24일 검색)

3. 삼층구조가 내포하는 문제

1) 오쿠야마 헤미코(奥山恵美子) 전 센다이(仙台) 시장의 지적

단, 현장에서 즉시적으로 판단하는 방식은 소규모 재해라고 한다면 기동적이긴 하지만, 대규모 재해가 된다면 오히려 그 방식이 족쇄가 될 수도 있다. 또한 현재의 방식은 시정촌이 대등하다는 가정하에서 구축된 방식이며, 시정촌과 도도부현, 국가 사이에 해당 재해에 대한 갭이 생길 가능성을 구조적으로 내포하고 있는 방식인 것이다. 동일본대지진 때는 그것이 극명하게 나타났다.

동일본대지진 발생 때, 센다이 시(仙台市) 재해 대응 시장으로서 진두지휘한 오쿠야마 헤미코(奥山恵美子)는, 법령상으로 가능한 것과 실제 상황에서 발휘할 수 있는 것의 차이를 제15회「포럼: 분권이란 무엇인가 강연회, 진재로부터 부흥을 향해(2012년 2월 1일 개최)」에 등단하여 당시를 회고했다.[15] 오쿠야마 헤미코는 그 자리에서「법령상은 국가와 지방자치제가 협력하여 복구・부흥에 관여하도록 되어 있지만, 실제적으로는 지방자치제의 힘에 크게 의존하고 있으며, 또한 지방자치제의 직원 피해상황이 복구・부흥 대응에 영향을 주고 있다<표 1>」는 취지를 언급했다. 법령에서 시정촌에 권한이 있다고 한다하더라도 현실에서는 갖가지 요인으로(특히 인재의 능력적인 측면에서) 모두 대응할 수 없다고 지적했다.

동일본대지진을 총괄하는 과정에서 자치제간의 지원에 집중된 것은 그러한 현장의 실제적 상황이 있었기 때문이다.[16] 그리고 그것은

15) 河村和徳(2014) 『東日本大震災と地方自治－復旧・復興における人々の意識と行政の課題』ぎょうせい.

대규모 재해 부흥법 제정 등을 통해 국가가 지방자치제 대행을, 도도부현이 시정촌의 대행을 실시할 수 있는 제도 개정으로 연결되어 갔다.17)

<표 1> 오쿠야마(奥山)가 지적한 법률상의 실시 주체와 현실적 인재의 괴리

	법률상 실시 주체				현실 인재			
	국가(国)	현(県)	센다이시	시정촌	국가(国)	현(県)	센다이시	시정촌
피해자 모색 등	○	○	○	○	○	○	○	△
피난소 운영 등	(재정지원)	○	○(통지)	○(통지)		○	○	△
라이프 라인 복구	○	○	○	○	○	○	○	△
危険度判定	△(제도관리)	△(요항정비)	○	○	△	△	△	△
피해 증명 발행			○	○			△	△(×)
폐기물 처리	(재정지원)		○	○		△(위탁)	○	×
집단 이전	(재정지원)		○	○			△	△(×)

○:법령상 담당
△:조건적으로 관여

○:가능
△:어려운 상황이지만 어쩔수없
×:거의 불가능

2) 정령(政令)지정 도시문제

법령상 시정촌이 대등하기는 하지만, 실질적으로 보면 대응력에 차이가 있는 것 이외에도 오쿠야마(奥山)가 중요한 점을 지적했다.

16) 小原隆治・稲継裕昭編, 村松岐夫・恒川惠市監修(2015) 『大震災に学ぶ社会科学第2巻 震災後の自治体ガバナンス』東洋経済新報社. 大西裕編(2017a) 『災害に立ち向かう自治体間連携－東日本大震災にみる協力的ガバナンスの実態』ミネルヴァ書房.

17) 「속마음과 겉마음」이 양립하는 국가와 지방의 역할분담에 관한 문제는 한신・아와지(阪神・淡路)대지진 때에 이미 언급되었었고(貝原俊民(1995), 『震災100日の記録－兵庫県知事の手記』ぎょうせい), 주에쓰(中越) 지진 때에도 지적된 것이다. (長岡市災害対策本部(2005), 『中越大震災－自治体の危機管理は機能したか』ぎょうせい). 그러나 동일본대지진이라는 미증유의 재해가 일어날 때까지 제도적 재구성까지는 다다르지 못했던 것이다.

정령 지정 도시의 자리매김이었다.

대책법 상에서 정령 지정 도시는 일반 시정촌과 동일한 위치로 정해져있고, 타 행정 분야와 비교하여 도도부현의 권한을 분권화 하면서, 정령 지정 도시의 자리매김을 명확하게 정하지 않고 있다.[18]

더 나아가 정령 지정 도시의 재해 대응에 대한 자리매김 문제를 복잡하게 하고 있는 것이 대책법과 재해 구조법(이하 구조법)과의 얽힘이다. 대책법은 시정촌이 자연재해에 첫 번째로 대응한다고 기술하고 있는데, 구조법에서의 주체는 도도부현이다.[19] 다케다(武田)의 조사에 의하면 정령 지정 도시 측에 권한 위양에 맞는 재해 대응을 가능하게 하기 위한 요망이 있다고 한다.[20] 단, 한편으로 정령 지정도시를 내포하는 도도부현 측에서는 재해 구조에서의 일원적 대응을 어렵게 한다는 시점에서, 정령 지정도시를 특별하게 다루는 것에 관해 신중한 목소리도 많다.[21]

중앙과 지방 관계를 규정하는 원리 중 하나로 「보완성 원리」가 있다. 보완성 원리는, 하위정부가 목적을 달성할 수 있을 경우 상위정부는 개입해서는 안 된다는 '개입한정의 원리'를 보여줌과 동시에 달성

---

18) 武田文男・竹内潔・水山高久・池谷浩(2016a) 『政令指定都市における防災・危機管理対策に関する比較研究』GRIPS Discussion Paper 16-04.

19) 재해구조법 제2조에는 「도도부현 지사(知事)가 정령(政令)에서 정한 정도의 피해가 발생한 시정촌(특별구를 포함) 구역(지방자치법<1947년 법률 제67호, 제252조 19 제1항)의 지정도시에서는 해당 시 구역 또는 해당 시 구(区) 혹은 종합구(総合区) 구역으로 한다) 안에 해당 재해에 피해를 입어, 현재 구조를 필요로 하는 자에 대해서 이를 실시한다」고 적고 있다.

20) 센다이 간부의 인터뷰에 의하면, 동일본대지진 때에 미야기 현과의 사이에서 지진 대응 조정이 쉽지 않았다고 말했다. 「권한 위양이 진척되고 있으며, 재원적(財源的)으로도 여유가 있는 센다이 시가 독자적으로 대응하는 쪽이 좋지 않은가」라는 목소리도 청사 내에서 있었다고 한다.

21) 武田文男・竹内潔・水山高久・池谷浩(2016c) 『巨大災害に対する法制の見直しに関する課題についての研究』 GRIPS Discussion Paper, pp.16-06.

할 수 없을 경우에는 개입하지 않으면 안 된다는 「개입긍정의 원리」를 포함하고 있다고 생각된다.[22] 이 보완성 원리에 따른다면, 정령 지정도시가 역할을 담당한다면 정령 지정도시가 대응해야 되는 것이 되지만, 그것에 맞는 법정비가 필요하다고 하는 목소리는 나오지 않고 있다.

이 정령 지정도시 문제는, 2015년 내각회의에서 "도도부현과 시정촌 사이에 충분한 조정이 이루어진 후에 위임하는 구조의 내용이나 경우를 규정해 두는 것이 유효하다"[23]고 결정된 바 있는데, 그럼으로써 법 개정이 아니라 운용으로 대처해 가는 것으로 일단 결론지은 것이라 여겨진다. 실제 구마모토 지진 때에는 구마모토 현에서 구마모토 시에 권한이 위임된 재해 대응이 이루어졌는데[24], 그런 도도부현과 정령 지정 도시 사이에 커뮤니케이션이 잘 이루어지지 않기도 하고, 재해대응에 인식의 갭이 발생하기도 하는 등, 정령 지정도시 문제는 논쟁의 여지 가능성을 남겨두고 있다.

3) 시정촌의 대응 능력 격차 문제

2016년 태풍 제10호(명칭은 라이언록)로 인해 수해를 입은 사람들과 이즈미(岩泉町)의 이다테 가쓰미(伊達勝身) 단체장은 재해를 입은 뒤 1년이 지난 2017년 8월 30일 기자회견을 열었다. 기자회견에서 초동대응에 대한 검증을 진행하고 있다고 밝혔다. 그리고 「사전에

---

22) 青木栄一編, 村松岐夫・恒川惠市監修(2015) 『大震災に学ぶ社会科学第6巻 復旧・復興へ向かう地域と学校』東洋経済新報社.

23) http://www.bousai.go.jp/kaigirep/saigaikyujo/dai1kai/pdf/shiryo04.pdf(2017년 8월 30일 접속)

24) http://www.bousai.go.jp/updates/h280414jishin/h28kumamoto/pdf/h281025shiryo03_2.pdf(2017년 8월 30일 접속)

주변 시정(市町)과 연대를 시야에 넣은 방재 체제를 구축할 필요성」[25] 이 있음을 지적했다.

다시 말하자면 법령으로서는 물론 시정촌은 서로 평등/대등 관계에 놓여 있다. 그렇지만, 오쿠야마가 지적했듯이, 시정촌 규모에 의해 위기관리 대응에 차이가 생기는 것은 당연하다. 시정촌마다의 재정력 차이뿐만 아니라 영세한 마을에서 행정직원의 점유율이 낮은 것은, 위기관리국 직원들의 위기관리 대응에 마이너스로 작용한다. 또한 재정 상황이 어려운 상황에서 「언제 발생할지도 모르는 위기관리에 인원을 나누어 줄 수는 없다」고 하는 지자체가 적지 않다.

지자체 업무의 광역처리가 진행된 것도, 영세 마을의 위기관리 능력에 그림자를 드리운다. 영세 정촌(町村)에서는 위기관리에 관여하는 기관(예를 들면 소방서나 병원)이 지자체 외부(일부 사무처리 조합이나 광역연합)에 있는 것이 일반적이다.[26] 구마모토 지진의 피해지인 마스시로초(益城町)와 니시하라촌(西原村)처럼[27] 인접한 대규모시에 소방업무를 사무 위탁하는 경우도 있다. 영세 마을에서는 행정 조직상 위기관리를 자기완결적으로 실시하지 못하는 상황에 있다.[28] 이것에는 지휘명령계통 일원화 시점에서 보더라도 문제성이

---

25) 『河北新報』 2017년 8월 31일.

26) 「헤이세이(平成)의 대합병(大合併)」 등에 의해 지자체 규모를 확대한 곳은, 지역의 상호부조라는 공조(共助) 레벨에서의 방재력 저하가 발생하는 한편(室崎益輝・幸田雅治(2013) 『市町村合併による防災力空洞化－東日本大震災で露呈した弊害』ミネルヴァ書房), 조합 소방・조합병원이 시립소방・시립병원이 되는 것 등과 동반한 위기관리체제 강화와 인재에 여유가 있다는 것과 동반해 위기관리대응 직원의 전문 종속화를 이루는 것에 의해 위기관리능력이 향상되었다. 河村和徳(2014), 『東日本大震災と地方自治－復旧・復興における人々の意識と行政の課題』ぎょうせい.

27) 2014년부터 사무 위탁이 되었다.

28) 일부 사무 처리조합에서 소방업무를 실시하는 곳에서는 소방본부 내진화나 소방

존재하고 있다.

만약 '위기관리 능력이 열악하다면 지자체 간 연대를 진행시키면 된다'고 하는 것이 상식적인 생각일 것이다. 거리가 먼 시정촌과 재해 협정을 맺는 것뿐만 아니라 광역 연합이나 연대 중추 도시권 등을 이용한 근린 시정촌과 재해대응 연대 틀을 마련해야 할 것이다. 그런데 2016년 태풍 제10호가 접근했을 때 주변 지자체는 피난자 권고나 지시를 냈음에도 불구하고 근린 이와이즈미초에서는 그것을 발하지 않았다.[29]

조소시에서 발생한 수해 피해 때는 조소 시(常総市)의 시외(市外) 피난소에 피난자가 모여들어 혼란한 상태가 되기까지 했다고 한다.[30] 이와이즈미 초와 조소 시 사례는 일본에서 이웃 지자체 간의 재해 대응에 대한 연계가 원활하지 않음을 보여주는 것이었다. 대규모 재해 시에 지자체의 '경계'가 일종의 종속적 의식을 낳게 되고, 위기관리에 족쇄가 되고 있는 것이다.

4. 새로운 조직편재와 <발생하는 새로운 과제>의 해결

1) 진행되는 새로운 조직

재해 법제상의 문제를 되돌아보는 것 뿐만 아니라, 현재 재해 대

기재 등등의 갱신이 진행되지 않는 사태도 발생하고 있는 실정이다. 河村和徳(2014), 『東日本大震災と地方自治－復旧・復興における人々の意識と行政の課題』ぎょうせい.

29) 『河北新報』 2016년 9월 28일.

30) 『朝日新聞』 2015년 11월 18일.

응 최전선에 선 지방자치제 중에서는 과제 극복을 위해 여러 가지 제언을 수용하여 새로운 조직만들기를 시작하고 있는 곳도 있다. 예를 들면, 동일본대지진 이후 이웃 지자체 뿐만 아니라, 원거리 지방 지자체와 적극적으로 재해 협정을 맺으려는 움직임이 보인다.[31]

또한 기업이나 단체 등도 재해 협정을 재고하기도 하고, 동일본대지진 이후 새롭게 협정을 체결하는 경우도 있다. 나카무라(中邨)・이치가와(市川))에 의하면, 위기관리국이나 포스트를 창설하는 지자체가 증가하는 경향이라고 한다.[32] 또한, 사업계속관리(BCM)・사업계속계획(BCP)의 책정이 제언되었고, 실제로 책정에 착수하는 지자체도 증가하고 있다.[33]

히로시마나 조소, 이와이즈미에서의 수해 당시 기상정보가 적절하게 운용되지 못했다는 반성에서, 지방 자치단체의 방재대책에 필요한 방재 기상정보를 발표하고 있는 기상청(2017)은, 기상예보사를 홍수기간에 현장 지자체에 파견하는「지방공공단체 방재대책 지원을 위한 기상예보사 활용 모델 사업」을 2016년도부터 실시하고 있다. 이러한 기상청의 대응도 시정촌의 위기관리 능력향상과 연동되는 것이라고 말할 수 있다.

---

31) 河村和徳(2014),『東日本大震災と地方自治－復旧・復興における人々の意識と行政の課題』ぎょうせい. 小原隆治・稲継裕昭編, 村松岐夫・恒川惠市監修(2015),『大震災に学ぶ社会科学第2巻 震災後の自治体ガバナンス』東洋経済新報社.大西裕編(2017),『災害に立ち向かう自治体間連携－東日本大震災にみる協力的ガバナンスの実態』ミネルヴァ書房.

32) 中邨章・市川宏雄編(2014),『危機管理学－社会運営とガバナンスのこれから』第一法規.

33) 飯塚智規(2013),『震災復興における被災地のガバナンス－被災自治体の復興課題と取り組み』芦書房. 山村武彦(2016),『スマート防災－災害からの命を守る準備と行動』ぎょうせい. 福田充ほか(2017),「平成28年度日本大学理事長特別研究 危機管理学の構築とレジリエントな大学の想像のための総合的研究」.

또한 무라다(武田)의 조사를 보더라도, "시정촌장이 요구하는 조언에 대응할 수 있는 다수의 높은 전문성을 가진 직원 육성이 필요하다"[34]고 지적한다. 단, 외부에서 뿐만 아니라 내부 직원의 전문성을 높이기 위한 방책도 강구하지 않으면 안 되며, 전문성이 높은 직원을 광역연합 등에서 고용하는 등 주위 시정촌과 공유하는 대응이 요구되어진다고 볼 수 있을 것이다.

2) 발생하는 새로운 과제－공무원 의식에 주목하여

현재까지의 재해 법제 재고나 경험 등에 의한 일본의 재해 대응 능력이 충분하다고 볼 수는 없지만, 그래도 향상되고 있는 것은 사실이다.[35] 그렇지만, 이러한 대응이 새로운 과제를 낳는다는 것을 우리들은 기억해 두어야 한다. 특히 관료제가 내포하고 있는 병리가 발생할 확률이 있다는 것은 행정학·지방자치 시점에서도 지적해 둘 필요가 있을 것이다.

예를 들어, 업무연속성계획(BCP)을 제작하여 매뉴얼을 준비하는 것은 유효하다. 그러나 그것이 오히려 '매뉴얼 의존'이라는 병을 낳았고, 기동적인 대응을 못하게 할 가능성이 있다는 것을 기억할 필요가 있다. 피재지에서는 정보통신이 끊어지는 경우가 자주 있으며, 시정촌 직원이 상사와 연락이 닿지 않는 상황에서 즉시적인 판단을 내리지 않으면 안 되는 경우도 있다.

---

34) 武田文男・竹内潔・水山高久・池谷浩(2016b), 『自治体における改正災害対策基本法の実務的課題に関する研究』GRIPS Discussion Paper, pp.16-05.

35) Samuels, Richard J(2013), 3.11 Disaster and Change in Japan. Ithaca: Cornell University Press. (リチャード・J・サミュエルズ, プレシ南日子・廣内かおり・藤井良江訳(2016),『3.11 震災は日本を変えたのか』英治出版)

위기관리부국(危機管理部局) 창성은 대응 능력 향상에 도움이 된다고 생각된다. 그러나 한편으로는 새로운 종속관계를 낳을 가능성이 있다. 게센누마 시(気仙沼市) 위기관리감(危機管理監) 겸 위기관리과장으로 동일본대지진을 경험한 사토(佐藤)[36]는, 자신의 강연에서, 위기관리부국이 설치됨으로서 위기관리부국[37]과 타 부국 사이에 온도차가 발생하고, 또한 반대로 위기관리부국에 과도하게 기대하는 기대심이 생긴다는 것을 지적하고 있다.

위기관리부국 창설이나 매뉴얼 작성은, 위기관리능력향상에는 플러스이지만, 직원 스스로의 머리로 생각하는 힘도 키울 필요가 있다. 그를 위해서 직원이 재해 시에 판단하지 않으면 안 되는 것을 인식하게 하는 교재를 제작하고 있는 지자체도 있다. 예를 들면, 후쿠시마 현 나미네마치(浪江町)에서는 「미래로의 사다리 후쿠시마(Bridge for Fukushima)」와 연대하여, 재해 후 행동 기록과 히어링을 기초로 한 학습교재를 작성하고, 모의 체험을 통한 방재 인재 육성을 실시하는 프로그램을 개발하고 있다.[38]

또한 스나하라(砂原)와 고바야시(小林)의 지적을 의식한 개선책 검토도 필요하다. 스나하라와 고바야시에 의하면, 일본에서는 유사(有事) 시에 「재해대응의 전문성보다도 부(部)나 국(局)들끼리의 조정을 우선시 할 가능성이 있다」[39]고 논했다. 그리고 조정능력이 우

---

36) 佐藤健一(2013), 『講演シリーズ第111号 いま被災地から訴えたいこと』地方行財政調査会.

37) 사토(佐藤)는 「방재전문부국」이라고 기술하고 있다.

38) 정책연구대학원대학방재・위기관리 뉴스 피재지학습에서 필자도 실험에 체험했다. (나미에마치 관공서(浪江町役場にて), 2017년 8월 27일). http://bridgeforfukushima.org/shisatsukensyuu(2017년 8월 27일 검색)

39) 砂原庸介・小林忠夫(2017), 「災害対応をめぐる行政組織の編成－内閣府と表現の人

수한 공무원이 상위 포스트를 차지하여, 의사결정을 실시한 결과, 조직을 넘는 연대 자체가 어렵게 되어, 대규모 재해와 같은 경우에는 그들의 조정이 기능할지 알 수 없다고 기술한다. 스나하라・고바야시의 이러한 지적은「전문가의 목소리를 어떻게 의사결정에 활용할까」라는 것과 연동하는 것으로, 위기관리조직의 양상이라는 점에서, 우리들은 그들의 지적을 근거로 소규모 사례라도 포함해서 검토해 갈 필요성이 있는 것이다.

5. 지방 내 재해 대응과 국가 재해 관리를 넘어서

마지막으로 자연재해 시 행정적 위기관리를 위해 몇 가지를 지적해 두기로 한다. 첫째는 피재지의 주민의식이다. 정치학계의 재해연구는 어쩔수 없이 제도를 주요한 요소로서 주목하게 된다. 한편으로는「조사공해」라는 비판도 있으며, 주민 의식에 대한 조사는 실시하지 않는 경향이 있다.[40] 그러나 주민의식을 수집해서 분석하는 행위는 행정적 위기관리 대응을 고려할 때 유용하며, 재해심리학에서 말하는 여러 가지 편견(바이어스)의 발동을 억제하는 방법을 검토하는 데 필요한 조치이다.[41]

事データから」『災害に立ち向かう自治体間連携－東日本大震災にみる協力的ガバナンスの実態』ミネルヴァ書房, p.212.

40) 河村和徳(2014),『東日本大震災と地方自治－復旧・復興における人々の意識と行政の課題』ぎょうせい. 河村和徳(2016),「被災自治体が行った意向調査にみるその特徴」『社会と調査』第16号, pp.23-29.

41) 피난정보를 발령해도 피난정보를 받은 주민이 반응하지 않으면 그것은 피난행동으로 이어지는 것이 아니라는 지적도 있다. 이에 대해서는 재해심리학 분야에서

또 하나는 대표자의 리더십과 그것에 대한 평가 검토이다. 국제정치에서의 위기관리 연구과 달리 지방자치제의 재해대응을 위한 집행부 전체의 위기관리에 초점이 맞추어지기 때문이다. 그러나 위기가 발생했을 경우, 위정자는 스트레스적 상황에 의해 적은 정보로 판단을 한다거나, 반대로 정보과다 속에서 판단을 하기도 하는 등, 시시각각 변동하는 상황에 따라 판단하여 리더십을 발휘해 가지 않으면 안 될 것이다. 적응형 리더십[42]이 재해 발생 시에 수장에게는 요구되어지는데, 실제로는 어떠할까. 이 부분에 초점을 맞추어서 연구한 논문이 의외로 적지 않다.

또한 수장의 재해대응 평가는 재해 직후 선거의 당락과 직결한다. 동일본대지진의 피재지인 후쿠시마에서는 현직 수장들이 차례로 낙선하는 '현직 낙선 도미노 현상'이 발생했다.[43] 조소 시에서도 현직

이미 많은 검토가 이루어지고 있다. 일반적으로 널리 알려진 편견으로는, 눈 앞에 위기가 다가올 때까지는 그 위험을 인정하지 않는 경향이 있다는 「정상성 편견」이 있다. 또한 집단 규범에 따르게 되면, 「동조성 편견」도 피난 행동에 영향을 준다고 한다. 동일본대지진 때에는 「쓰나미가 설마 여기까지 올까」라고 생각한 사람이나 「쓰나미가 안 왔으면 좋겠네」라고 생각한 사람은 쓰나미가 오지 않는다는 증거만을 찾아, 그것을 찾아내면 안심해 버리는 「확증성 편견」이 지적되고 있다. 邑本俊亮(2012), 「避難と情報」『電子情報通信学会誌』第95巻第10剛, pp.894-898. 행정기관에 의한 피난권고나 피난지시 명령, 화재경보기 사이렌 등등, 위험을 알리는 신호가 빗나가는 일이 빈번하면, 해당 기관이 발신하는 정보에 대한 신뢰가 저하하고, 적절한 피난행동이 방해된다는 「양치는 소년과 늑대 효과」가 발생한다. 또한 최초에 부여된 정보나 직관적으로 느낀 수치가 그 이후의 판단에 영향을 미치는 '계류 효과'」도 있다. 2014년 히로시마의 호수 재해를 분석한 히로시마 시 직원인 이와오카(岩岡)(2017)는, 조사로부터 정상성 편견이 존재하고 있다는 것, 피난권고 등이 이전에 빗나갔던 경험에서 온 계류효과가 발생했으며, 피난 필요도를 저하시킨 것이라고 시사(示唆)를 주었다. 이들을 개선하기 위해서 이와오카는 위기관리부국(危機管理部局)이 무엇을 해야하는가, 행정공무원이 도움이 될까를 연구하고 있으며, 구체적으로 제언을 실시하고 있다.

42) Howitt, Arnold M., and Herman B. Leonard (eds.). 2009. Managing Crises: Responses to Large-Scale Emergencies. Washington, DC: CQ Press, 2009.

43) 河村和徳・伊藤裕顕(2016), 「原子力災害と福島の地方選挙」『大震災に学ぶ社会科

의 다카스기 도오루(高杉徹)가 수해 대응의 졸속함이 지적되어 전 현(県) 의원인 가미다테 다케스(神達岳志)에게 자리를 내어주었다.[44]

한편 주에쓰(中越) 지진 때 진두지위를 잡은 나가오카(長岡) 시장 모리 다미오(森民夫)나 동일본대지진 때 미야기 현 지사였던 무라이 요시히로(村井嘉浩)는, 그 대응 수완을 평가받아, 재해 후의 선거에서는 안정적이었다.[45]

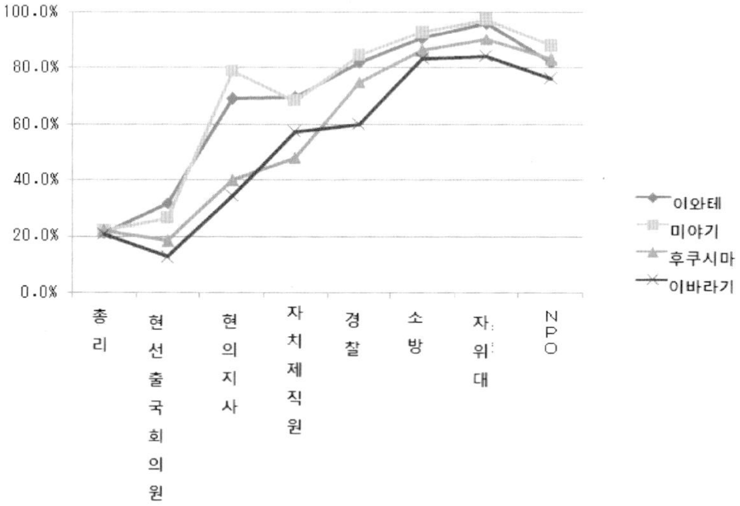

<그림 2>

学第１巻 政治過程と政策』東洋経済新報社, pp.319-342. 河村和徳・伊藤裕顕(2017), 『被災地選挙の諸相 現職落選ドミノの衝撃から2016年参院選まで』河北新報出版センター.

44) 『朝日新聞』 2016년 7월 11일.

45) 단, 후보자의 위기관리능력이 높다는 것이 투표행동 그것에는 그다지 영향을 주는 것은 아니라고 여겨진다. 오히려 재해발생 이후의 선거에서 「저 사람 주장은 맞았다」라고 회고하게 된다고 한다. 즉, 대규모 재해 이후의 수장 선거에서는 업적 평가투표가 실시된다고 생각해야 할 것이다. 河村和徳(2014), 『東日本大震災と地方自治－復旧・復興における人々の意識と行政の課題』ぎょうせい.

재해대응, 특히 초동대응에 대한 평가가 재해 이후 선거 결과에 영향을 미치는 것을 통해 지자체의 정치 환경에 변화가 생기고, 그것이 복구・부흥 정책이나 위험분산으로 연동되는 제도 개선으로 나아간다는 일련의 연구흐름도 정치학적으로 흥미롭지 않을까 생각하고 있다.

오니시(大西)는 「연보정치학」의 오하라(小原)・이나쓰구(稲継)의 서평에서, 진재(震災) 연구에 있어서 「아메리카 중심의 방재에 관한 연구가 수없이 존재한다」고 지적하는 한편, 일본의 「대부분의 정치학자・행정학 전공자에게 있어서 진재 연구는 아직 미지 분야」[46]라고 기술했다. 오니시의 서평을 참고하며 필자는 브리즈번(brisbane)의 퀸즐랜드 공과대학교(Queensland University of Technology, QUT)에서 있었던 「Australian Public Choice Conference(2015년)」 때 한 섹션에서 좌장인 페이지(page) 교수가 이와 비슷한 취지의 발언을 했던 것을 상기했다.[47]

메이지가쿠인(明治学院)대학에서 개최된 「Asia Studies Conference Japan 2015」에서 같은 섹션으로 발표한 알드리치(Aldrich) 씨도 진재 연구의 비교 및 그 중요성을 설파했다.[48] 오니시가 언급한 것처럼, 일본의 진재 연구 특히 지방 사례 연구를 어떻게 해외로 링크시켜 갈 것인가를 고민해야만 할 것이라고 생각한다.

---

46) 大西裕(2017b), 『災害に立ち向かう自治体間連携－東日本大震災にみる協力的ガバナンスの実態』ミネルヴァ書房.

47) Page, Lionel, David A. Savage, and Benno Torgler(2014) 「Variation in Risk Seeking Behaviour Following Large Losses: A Natural Experiment,」 European Economic Review 71: 121-131. 페이지(Page)는 브리즈번 강 범람을 사례로 위험각오(Risk-Taking)의 자연실험을 실시했다.

48) Aldrich, Daniel. P. 2012. Building Resilience: Social Capital in Post-Disaster Recovery. Chicago : University of Chicago Press. 알드리치(Aldrich)는 재해 시의 사회적 자본의 유용성에 대해 국제 비교 견지에서 연구를 진행하고 있다.

第6장

동일본대지진과 정보 신뢰와 시스템 신뢰 – 피재지 마을 의식조사를 중심으로

1. 정보신뢰와 시스템 신뢰의 딜레마

2013년 12월 22일 『조선일보』에 흥미로운 기사가 게재되었다. 신문기사 제목은 '왜 일본에서 방사능 패닉(panic)이 일어나지 않는가'였다.[1] 이 기사는 차학봉 기자가 기사화 한 것이었다. 그는 원자력발전소 사고 이후, 일본인이 방사능 패닉에 빠지지 않는 것에 의문을 갖고 있었는데, 특히 일본인이 후쿠시마산 특산품을 구입하는 것을 장려하여, 실제로는 후쿠시마 현 농산품을 구입하고 있는 자가 적지 않은 것을 의아하게 생각했다. 그는 그러한 일본인의 행동을 취재했고, 차학봉 기자가 도출한 결론은, '일본에서는 방사능 문제를 매스컴이 보려고 하지 않는 경향이 있으며, 국익에 관계된 사안에 대해서는 철저하게 담합하고 있다'는 것이었다.

외국인으로서 차학봉 기자가 가진 문제의식에 대해서는 이해가 된다. 동일본대지진 발생 직후 필자는 '일본에서는 왜 폭동이 일어나지 않는 것일까', '일본인이 피난 물자를 배급받을 때에도 질서를

1) 『朝鮮日報(일본어 온라인판)』 2013년 12월 22일.

지키는 것은 왜일까'라는 질문을 한국 연구자뿐만 아니라 해외 연구자들로부터 자주 듣는다. 자연재해가 빈번하게 일어나는 일본은 재해 대국이지만, 재해에서 얻은 교훈을 다음 재해 대비에 연계시킨 결과 재해 대응에 관해서는 선진국이기도 하다. 일본인의 재해 대응은 과거의 경험에 근거를 둔 것으로서, 일본인 이외의 외국인이 이를 본다면, 기이하게 보일지도 모른다는 생각이 들기도 한다.

그럼에도 불구하고, 필자는 차학봉 기자의 결론과는 약간 다른 의견을 갖고 있다. 왜냐하면, 차학봉 기자의 결론은, '일본정부는 음모를 꾀하고 있다'는 논리로도 읽혀질 수 있기 때문이다. 차학봉 기자의 논리에 따르면, 일본정부는 일본 국민을 기만했다는 의미에서 '정부=악'이라는 구도를 갖고 있다. 또 하나는, 인터넷이 보급된 고도정보 사회임에도 불구하고 정보통제가 발생한다고 하는 발상이다. 아무리 신문이나 TV 등등의 미디어를 통제한다고 해도 인터넷을 통해 정보는 확산한다. 차학봉 기자는 현대 일본 사회의 이러한 정보망 기능에 대한 이해가 달랐다고 본다.

일본인이 후쿠시마산 물건을 구입하는 것은 과학적 지식에 근거하여 발신되는 정보를 신뢰하여 판단하고 있기 때문이다. 후쿠시마 제1원자력발전소 사고의 피해를 입은 지역은 후쿠시마의 일부지역으로, 후쿠시마 현 내부에서 생활하고 있는 사람들은 다수 존재한다. 그렇기 때문에 피재지라고 호칭되는 지역의 복구/부흥에 협력하려고 생각하여 후쿠시마 지역 물품을 구입하는 것이다. '후쿠시마'라는 지역 명칭에 과민 반응하여 과학적 지식에 근거하지 않는 풍문에 의해 후쿠시마 지역 산물을 부정하는 것은 풍평피해를 어떻게 극복할 것인가 하는 점과 더불어 후쿠시마 현에서는 중요한 정치적 과제인 것이다.

또한 미디어의 문맥에서는 '미디어의 영향력은 한정적이다'라는 것이 일반적인 입장이다.[2] 필자의 입장에서는 일본인이 방사능문제에 대해 패닉을 일으키지 않는 것의 배경에는 차학봉 기자의 시선과는 다른 또 하나의 논리가 있다고 생각한다. 일부에서는 탈원전을 외치는 소규모의 데모가 있지만, 일본 전체를 흔드는 데모는 거의

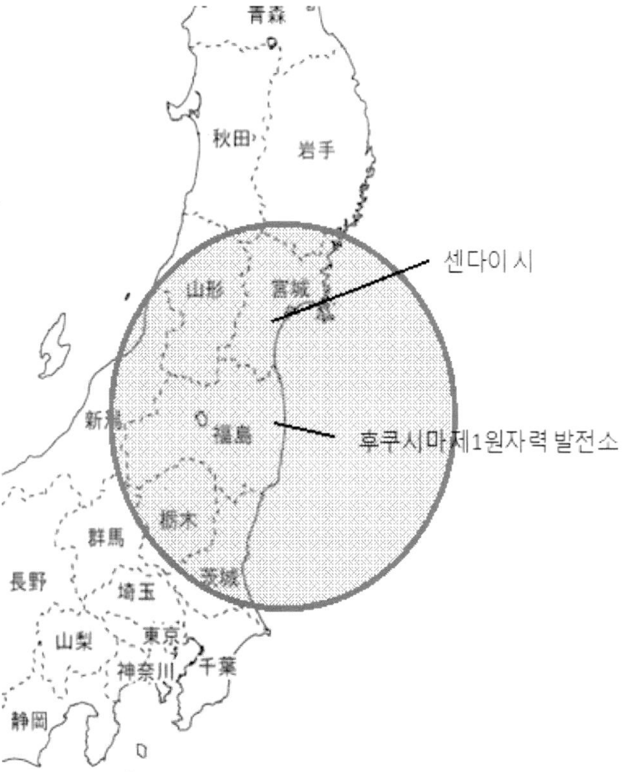

<그림 1> 센다이 시(仙台市)와 후쿠시마 제1원자역 발전소 위치

2) 稲増一憲(2015), 『政治を語るフレーム－乖離する有権者, 政治家, メディア』東京大学出版会.

없다.[3] 여론 조사 등등의 데이터를 보아도 '먼 미래적으로 탈원전에는 찬성이지만, 재생 가능한 에너지로 대체될 때 까지는 원전은 가동하지 않을 수 없다'는 것이 일본인의 전체적인 분위기이다.[4] 그래서 대부분의 일본인이 데모를 통해 일본사회를 크게 바꾸겠다는 생각을 하지 않는 것이며, 정치 시스템에 대한 신뢰에까지 이르지 못한다는 것이 정확한 분석일 것이다.

그렇지만, 지진 발생 이후 정보에 대한 불신감은 높아졌다. 후쿠시마 번호판 차량에 주유하는 것을 거부하거나, 후쿠시마에서 피난자가 왕따를 당하는 사건에 보고 분노하는 일들이 발생하기도 했다.

본 논고에서는 동일본대지진과 정보신뢰, 정치 시스템 신뢰라는 시점에서 동일본대지진 피재지 사람들의 의식조사 데이터를 재고해 보고자 한다. 본 장에서 활용하는 데이터는 2012년에 릿쿄대학 사회학부 무라세 요이치(村瀬洋一) 연구실[5]과 필자가 소속된 도호쿠대학 대학원 정보과학연구과 정치정보학 연구실이 센다이 시 북쪽의 지자체에서 공동으로 실시한 센다이 시 북부지방 조사 데이터이다.[6]

---

3) 일본인이 한국인에 비해 데모를 하지 않는 배경에 대한 분석으로는 新川敏光・大西裕編(2008),(『日本・韓国』ミネルヴァ書房)의 논고가 있다.

4) 河村和徳・伊藤裕顕(2016), 「原子力災害と福島の地方選挙」村松岐夫・恒川惠市[監修]辻中豊[編]『大震災に学ぶ社会科学第1巻 政治過程と政策』東洋経済新報社, pp.319-342.

5) 무라세(村瀬) 연구실 홈페이지에는, 센다이 시에서 실시한 조사 및 센다이북부 조사 보고서가 게재되어 있다. http://www2.rikkyo.ac.jp/web/murase/14repo/(2017년 10월 5일 검색). 또한 이 데이터를 활용한 저서로는 河村和徳. 2014.『東日本大震災と地方自治－復旧・復興における人々の意識と行政の課題』ぎょうせい. (가와무라가즈노리 <河村和徳>著, 김영근역.『일본의재난・안전과지방자치론: 포스트3・11 동일본대지진의거버넌스』가 있다.

6) 센다이 북부 지역 조사에 대한 개요를 적어두기로 하자. 예산은, 릿쿄대학 학술추진 특별중점자금(릿쿄 SFR), 동일본대지진・부흥지원관련연구「진재 피해 격차에 관한 통계적사회조사에 의한 실증연구－진재 사회와 사회계층 관련 (연구대표자: 사회학부교수 間々田孝夫)」조사 집단: 센다이 시 북쪽의 한 지자체(구로카와군(黒

2. 동일본대지진의 특징

1) 기즈나(유대)와 상정외

정보신뢰 및 시스템 신뢰에 대한 의식 조사 결과를 토론하기 전에 동일본대지진의 특징을 다시한번 확인해 두기로 한다. 동일본대지진 이후 새롭게 등장한 것으로서 기즈나(유대)라는 말을 많이 듣게 되었다. 텔레비전이나 광고들에서는 기즈나가 강조되었고[7], 기즈나는 2011년 '올해의 한자'로도 선정되었다. 그러나 필자의 피부 감각적 레벨이기는 하지만, 피재지에서는 기즈나가 과도하게 강조되는 분위기이기도 했다.[8]

예를들면 피재지에는 이기적인 동기에서 피재지 지원에 참가하는 것을 거부하는 분위기가 있었다. '피재지 지원은 피재자를 위한 것이기도 하면서, 자신을 위한 것이기도 하다'라고 말하면, 그 자리에서 여론의 뭇매를 맞았다. 심리학에서 말하는 '동조 압력'영향으로 몇몇 이벤트는 자숙하지 않을 수 없기도 했다. 피재 지역은 선거에서조차 자숙 분위기가 이어졌다.[9]

川郡) 정촌(町村), 미야기군(宮城郡) 리후초(利府町), 오자키 시(大崎市), 산본기(三本木) 지구・마쓰야마(松山) 지구)의 20세 이상의 남녀. 표본추출법: 무작위추출법(각自 지자체의 인구비율에 근거하여 각 지자체의 선거인 명부에서 추출). 조사대상자수: 2006명. 조사실시수법: 우편발송법(2012년 11월- 2013년 1월에 걸쳐 조사대상자에게 조사표를 우편으로 발송하고, 회신에 의한 회수함). 유효회수 숫자: 1339명(2013년 2월 28일 현재). 회수율은 67%였다.

7) NHK의 프로그램 편성에 그러한 경향이 강하게 보인다. NHK東日本大震災プロジェクト, 2011.

8) 善教将大(2013), 『日本における政治への信頼と不信』木鐸社. 방대한 조사 데이트를 분석하여 「공동체 부활」이나 「지연(地縁) 재생」은, 감정적인 신뢰 저하를 방지할 수는 없다고 지적하고 있으며, 개인주의와 공동체주의의 접합 필요성을 설파하고 있다.

이러한 풍조는 피재지 부흥이 진행되면서 조금씩 희박해져 갔다. 또한 '상정외(想定外)'도 동일본대지진을 이해하는 데 중요한 단어였다. 특히 피재지에 대한 여러 가지 대응준비 즉, '사람(공무원)'이나 '전기'는 피재하지 않음을 전제하고 있었다'는 것이, 이번 대재해로 새롭게 드러났다.

동일본대지진 때에는 후쿠시마 제1원자력 발전소 사고뿐만 아니라 연안부에 있는 센다이 화력발전소나 신센다이(新仙台) 화력발전소도 피해를 입어 전력이 충분할 것이라고 상정한 대응 방식도 도움이 되지 못했다.[10]

예를 들어 재해에 강하다고 선전된 디지털 방송보다 실제 감각으로는 라디오가 더 유용했다.[11] 화면을 방영하는 디지털은 소비전력이 많이 들고, 자가발전이나 자동차 밧데리에서 전력을 얻을 수 있는 수단이 없으면 몇 시간 만에 전지가 닳아버린다. 또한 쓰나미 대책의 주요한 기둥의 하나였던 방재무선의 몇 개도 전지의 피해로 인해 정보전달(특히 여진)에 차질을 가져왔다.[12]

동일본대지진 이전 피난 훈련 시나리오는 '전기는 무사하다'(혹은

---

9) 河村和徳・湯淺墾道・高選圭(2013), 『被災地から考える日本の選挙－情報技術活用の可能性を中心に』東北大学出版会.

10) 「통신회선의 다중화」 레벨로 해결될 문제가 아니었다는 지적도 있다. 三陸河北新報社(2012), 『ともに生きた伝えた－地域紙「石巻かほく」の1年』早稲田大学出版部.

11) 방송국자체가 정전 피해를 입었던 것도, 기억해 두어야 할 것이다. 센다이에 있는 방송국은 자가발전용 중유(重油)를 확보하는 것이 곤란하기 때문에, 계열 방송국이 사방팔방으로 손을 쓴 결과, 500키로 떨어진 다카오카 시(高岡市)에서 중유를 보내왔다고 한다. 또한 IBC이와테(岩手) 방송 라디오 송신소의 연료 수송에 대해서는 여러 가지 고생담이 있다. 荒蝦夷編・IBC岩手放送監(2012), 『その時, ラジオだけが聴こえていた』竹書房.

12) 『河北新報』 2011년 3월 15일. 河北新報社(2011), 『河北新報特別縮刷版3.11東日本大震災1ヵ月の記録』河北新報社.

바로 복구된다)는 전제뿐만 아니라 '공무원도 피재당하지 않는다'라는 전제도 존재했던 것 같다. 간부 클래스 공무원이 피재했을 경우 어떻게 대응해야 하는가에 관한 훈련은, 극히 일부 지자체에서만 실시한 것이다. 많은 공무원 청사가 떠내려 간 것은 상정외의 일이었다. 공무원이 피재를 당한 후에는 지자체가 어떻게 복구 시나리오를 그려나갈 것인지도 토론하지 않았던 것이다.

2) 정보 불신

사회 인프라, 특히 정보 인프라가 복구되는 과정에서 피재지에서 후쿠시마 원전 사고에 관한 다수의 정보가 유포되었다. 정확하지 않은 정보들도 많이 유포되었다. 후쿠시마 원전 정보는 생사에 관련된 내용도 포함하고 있기 때문에, 정보를 모으려는 동기가 매우 강하다. 그렇지만, 원전 피해에 관한 정보는 기술적·과학적인 내용을 다분히 포함한 문제이고, 일반 국민이 이해가기 어려운 내용을 포함하고 있었다.

현대 사회는 고도의 정보사회이다. 우리들은 갖가지 정보를 인터넷에서 아주 손쉽게 얻을 수가 있다. 그러나 거기에 유포된 정보의 정확성은 제각각이며, 잘못된 정보도 적지 않다. 고도 정보사회는 정보를 입수하는 측의 능력을 요구하는 것이다.

단, 앞서 언급한 것처럼, 원전 사고에 관한 정보에 대해서 논한다면, 무엇이 정확한 정보인지 판단하기 어려운 부분이 있다. 또한 사회적 관심이 높은 토픽이었기 때문에 더더욱 그것에 관한 정보가 흘러넘쳤다. 동일본대지진 피재지인 미야기 현 주민 중에는 정보가 너무 많아서 '어떤 정보를 신뢰해야 할지 모르겠다'고 말하는 사람이 적지 않았다.

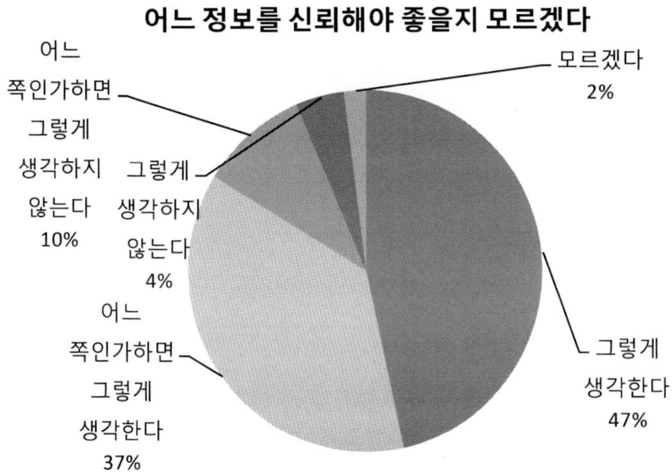

<그림 2> 정보량의 많고 적음에 대한 회답

<그림 2>는, 센다이 시 북부에 거주하는 유권자가 재해 정보에 대해 어떻게 느꼈는가라는 것에 대한 대답을 표시한 것이다. '어느 정보를 신뢰해야 할지 모르겠다'라는 물음에 대해 그렇게 생각한다가 47%였고, 어느 쪽인가 하면 그렇게 생각한다가 37%였다. 인터넷 보급에 의해 많은 정보를 얻을 수 있는 시대가 되었지만, 그 대가로서 오히려 혼란을 가져오게 된 것이다. 정보가 많으면 많을수록 정확한 판단이 가능하기도 하지만, 많으면 많을수록 오히려 정보 처리를 할 수 없는 경우도 있다.<그림 3>

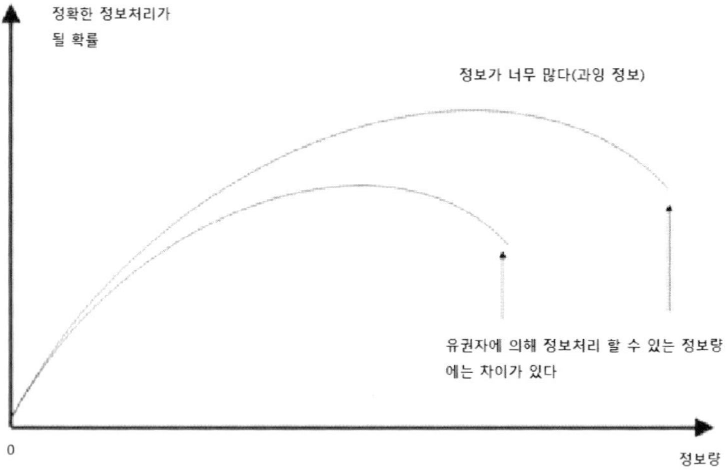

<그림 3> 정보량과 정확한 정보 처리

그렇다면 어느 정도의 정보를 제공하면 좋은가하면, 이것 또한 쉽게 답을 낼 수 있는 부분이 아니다. 왜냐하면 정보 리터러시(literacy)는 사람에 따라 다르고, 적은 정보로 사태를 이해하고 판단하는 사람이 있는가하면 많은 정보가 있어도 이해하지 못하는 사람이 있기 때문이다. 동일본대지진 피재지는 그런 상황에 놓여 있었던 것이다.

3. 시스템 신뢰에 관한 의견

1) 정치가·관료에 대한 견해

정보를 적절하게 처리할 수 없는 사람 중에는 자주 그 이유를 다른 사람 탓으로 하는 사람이 있다. 타자가 정보를 감추고 있어서 판단이 어렵다고 생각하고 있는 것이다. 또한 정보를 제공하는 자가

'정보를 감추고 있다'고 유추할 가능성도 발생한다.[13)]

동일본대지진 발생에 동반된 원자력 재해는, 당시 민주당 정권이 대응에 우왕좌왕 한 것과 함께 도쿄전력의 부적절한 대응이 유권자에게 불신감을 심어주었다고 생각한다. 그것은 센다이 북부 조사 결과에서도 엿볼 수 있다. '정치가나 관료는 정보를 감추고 있어 신용할 수 없다'라는 질문에 대해 그렇다고 생각한다고 회답한 사람이 38%, 어느 쪽인가 하면 그렇게 생각한다고 대답한 자는 41%였다. (<그림 4>) 즉, 거의 80%가 정확한 정보가 은닉되고 있었던 것은 아닌가하고 생각하며 정치가를 의심스러운 시선으로 보고 있는 것이다.

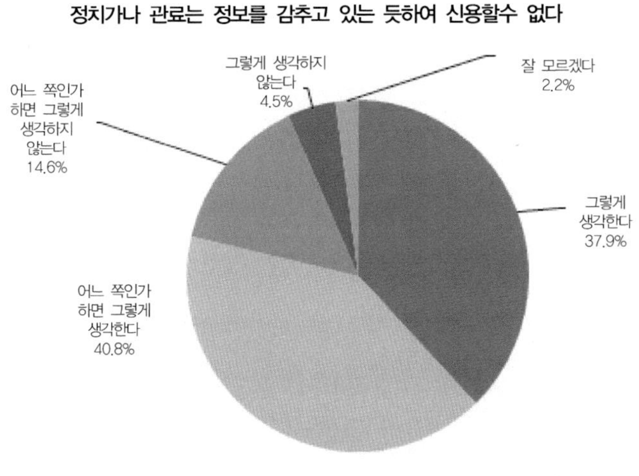

<그림 4> 정치가나 관료에 의한 정보 은닉에 관한 회답

13) 바꾸어 말하자면, 정보관리는 위기관리 하의 리더십을 판단할 때 중요한 요소가 될 수 있다. 주민에게 어떤 정보를 주는가 또는 긍정적인 정보를 어떻게 발신하는가가 정치가에게는 요구되어진다. 또한 재해 직후 정보 발신뿐만 아니라, 제도개선 제언을 실시하는 것으로서 피재자로부터 신뢰를 획득할 수 있을 것이라고 생각된다. 長岡市災害対策本部集(2005), 『中越大震災－自治体の危機管理は機能したか』ぎょうせい.

여기서 정보처리에 관한 질문과 정치가·관료의 정보 은닉에 관한 질문을 중첩시켜 보았다. 그 결과가 <그림 5> 이다. 이 그림을 보면 정보를 처리할 수 없다고 생각하는 사람은 정치가나 관료가 정보를 감추고 있다고 생각하는 경향이 있음을 알 수 있다. (통계학적으로는 두 변수 사이에 Tau-b 계수는 0.452, 0.1%수준으로 유의미적인 것이었다.)

2) 시스템 신뢰

그렇지만, 이러한 상황에 있음에도 불구하고 서두에서 언급한 것처럼, 일본에서는 주민이 행정에 대해 압력을 가하는 움직임이 강하지 않다. 그것은 왜일까. 행정이 정보를 은닉하고 있을 수도 있는데, 이것 이상 정보량이 증가하는 것을 주민들은 싫어하고 있는지도 모른다. 또한 한편으로는 정보를 감추고 있는 것은 아닌가 하고 의심을 가지면서도 행정에 대해 일정한 신뢰감을 가지고 있어 압력을 가하지 않는지도 모른다.

여기서 하나 가정을 해 보고 싶은 것이 있다. 일본인 중에는 정치가·관료가 정보를 감추고 있을지도 모르며, 신용할 수 없지만, 일본의 정치·행정 시스템은 신뢰하고 있다고 하는 부류가 일정 정도 존재한다고 가정할 수 있다. 이렇게 생각한다면, 후쿠시마 제1원자력발전소 사고라는 원자력 재해가 일어났음에도 불구하고 일본인이 정치적인 행동을 일으키지 않는 배경의 하나를 설명해 낼 수 있게 된다.

시스템신뢰를 보여주는 변수 중 하나로서 생각되는 것이 정치위임이다. 통상적으로 정치가나 관료를 신뢰할 수 없는 것이라고 한다면, 정치는 하고 싶은 사람이 하도록 내버려두면 된다는 발상은 일어나지 않을 것이다. 정치가나 관료를 신용할 수 없다고 대답하는 한편 정치는 하고 싶은 사람이 하면 된다고 하는 위임 태도를 보이는 것은 응답자가 '정보 은닉' 가능성에 의심을 가지면서도 정치・행정 시스템에는 일정한 신뢰감을 갖고 있는 것으로 볼 수 있을 것이다.

		정치가・공무원은 정보를 감추고 있어 신용할 수 없다				합계
		그렇게 생각한다	어느 쪽인가 하면 그렇게 생각한다	어느 쪽인가 하면 그렇게 생각하지 않는다	그렇게 생각하지 않는다	
정치는 하고 싶은 사람이 하면 된다	그렇게 생각한다	51	38	12	9	110
	어느 쪽인가 하면 그렇게 생각	110	153	63	13	339
	어느 쪽인가 하면 그렇게 생각	102	173	71	8	354
	그렇게 생각하지 않는다	239	183	50	29	501
	합계	502	547	196	59	1304

<표 1> 시스템 신뢰와 정치적 위임의 크로스 집계 결과

<표 1>은 정치가나 관료에 의한 정보 은닉에 관한 물음의 회답결과와 정치 위임에 대한 회답결과를 중첩시킨 것이다. 회답 결과로부터 정치위임 경향은 의외적임을 알 수 있다. 「그렇게 생각한다」와 「어느 쪽인가 하면 그렇게 생각한다」를 합치면 35%가 된다. 그 다음으로 정치가나 관료는 신용할 수 없다고 대답한 층(「그렇게 생각한다」+「어느 쪽인가 하면 그렇게 생각한다」)중에서 정치 위임을 보여주는 사람의 비율을 보면, 여기도 거의 34%이다. 이 표의 결과로 보면, 정치가나 관료가 신용 받지 못하면서도 시스템을 신뢰하여 위임하는 자가 많은 경향임을 알 수 있다.

계속해서, 부흥에 관한 자세와의 관계를 고찰해 보기로 하자. 필자

는 조사를 실시하고자 할 때 이하의 질문을 조사대상자에게 실시했다.

재해 부흥에 관한 두 가지의 의견이 있습니다. 다음 의견에 대해 당신은 A 혹은 B의 어느 쪽 의견에 가깝습니까. 당신의 생각과 가장 가까운 것을 1~4 중에서 하나를 선택하여 번호에 ○를 체크해 주십시오.

A: 재해 부흥 계획은 스피드 중시 관점에서 우선 행정이 안을 만들고 주민이 검토하는 것이 바람직하다.

B: 재해 부흥계획은 주민의 납득이 필요하다고 보는 관점에서 계획 단계부터 주민이 참가하는 형태가 바람직하다.

행정이 초안을 만드는 선택지 A와 처음부터 주민 참가를 실시하는 선택지 B를 비교해 보면, 후자 쪽을 선택한 자는 상대적으로 행정에 신뢰감을 갖고 있지 않음을 알 수 있다. 행정에 불신감을 갖고 있는 자는 '행정에 맡기고 싶지 않다' 행정을 주민참가에 의해 감시하지 않으면 안 된다'고 생각했기에 선택지 B를 고른 것이라고 여겨지기 때문이다.

<표 2>는 정치가나 관료에 의한 정보 은닉에 관한 물음의 회답결과와 진재부흥 계획 만들기에 관한 물음의 회답결과를 크로스 집계한 결과이다. 굵은 선으로 표시한 부분은 표1과 마찬가지로 정치가나 관료를 신용할 수 없다고 말하면서도 시스템을 신뢰하고 있다고 간주하는 셀 부분이다.

		정치가・공무원이 정보를 은닉하고 있어 신용할 수 없다				
		그렇게 생각한다	어느 쪽인가 한면 그렇게 생각한다	어느 쪽인가 하면 그렇게 생각하지 않는다	그렇게 생각하지 않는다	합계
재해 부흥에 관한 의견	A에 가깝다	74	74	40	13	201
	어느 쪽인가 하면 A	130	199	68	9	406
	어느 쪽인가 하면 B	180	215	65	22	482
	B에 가깝다	119	55	22	17	213
합계		503	543	195	61	1302

<표 2> 시스템 신뢰와 부흥에 관한 의견

이 부분에서 정치가・관료를 신용할 수 없다고 회답한 자의 46%가 이에 해당한다는 것을 알 수 있다. 재해 이후 일본인의 정치 행동을 생각할 때 정치가나 관료를 신뢰할 수 없다고 대답하면서도 정치는 하고 싶은 사람이 하게 내버려 두면 된다, 부흥계획 초안은 행정이 만들면 된다고 대답한 경향이 있는 논리를, 우리들은 머릿속 어딘가에 기억해 두지 않으면 안 된다.

4. 시스템을 신뢰하는 자는 누구인가?

그렇다면 어떠한 사람이 시스템을 신뢰하는 자들일까. 여기서는 정치가나 공무원을 신용할 수 없다고 대답한 자들 중에(<표 1>, 그렇게 생각한다와 어느 쪽인가 하면 그렇게 생각한다고 대답한 자들), 정치는 하고 싶은 사람이 하게 내버려 두면 된다(<표 1> 중의 그렇게 생각한다와 어느 쪽인가 하면 그렇게 생각한다고 대답한 자)

를 시스템을 신뢰하는 자로 간주하여, 로지스틱 회귀분석(logistic regression Analysis)을 시도해 보도록 한다.

1) 분석에 의한 변수

여기서 분석대상은, 정치가・공무원을 신용할 수 없다고 대답한 자이며, 종속변수는, 정치는 하고 싶은 사람이 하게 내버려 두면 된다고 하는 정치 위임지향을 보인 「1」, 그렇지 않으면 「0」으로 한다. 독립변수는 ①전통적 지향에 관한 두 개의 변수, ②재해 피해에 관한 두 개의 변수, ③사회적속성에 관한 네 가지 변수이다.

① 전통지향

전통지향에 관한 변수를 독립변수로 보태는 것은 정치가・공무원을 신용하고 있지 않고 있으면서 정치적인 위임 경향을 보여주는 자들이, 지금까지 배양해 온 조직을 평가하는 전통적 지향이 강한 자들이라고 여겨지기 때문이다. 여기서 「성별역할을 긍정하는가 그렇지 않은가(성별역할지향)」와 「권위에 종속 하는가 그렇지 않은가(권위주의지향)」에 관한 대답을 이 전통지향에 관한 변수로서 독립변수로 활용한다.[14]

성별역할을 긍정하는 자일수록 또한 권위주의 지향을 보여주는 자일수록 시스템을 신뢰하는 것으로 예상된다.

---

14) 쌍방 모두가 4점 척도로서, 긍정한다는 회답이 1, 부정한다는 회답이 4이다.

② 피재의 영향

정치가・공무원에 대해 신용할 수 없다고 말하면서도, 그들에게 정치를 위임하는 자들 중에는 재해의 피해가 너무 커서 「스스로는 어떻게 할 수 없으니, 정치가나 공무원에 맡기지 않을 수 없다」고 하는 자도 있을 것이다. 만약, 피재에 관련한 독립변수가 유의(有意)하다고 한다면, 시스템을 신뢰하는 것보다 「시스템을 신뢰하지 않을 수 없다」라는 해석이 가능해진다. 즉 시스템 신뢰의 의미가 달라지는 것이다.

여기서 「피해 금액(본인신고)」과 「향후의 생활에 관한 불안(생활불안)」을 피재의 영향을 보여주는 독립변수로 하여 회귀식으로 몰입한다.[15)]

③ 기타 변수

조작변수로서 성별, 연령, 학력, 세대 수입을 분석해 본다. 성별은 남성을 「1」, 여성을 「2」로 하는 명의변수, 연령은 카테고리화 하지 않는 비솔 변수로 한다. 학력은 초등학교 졸업을 1, 대학・대학원 졸업을 6으로 하는 6점 척도 변수이며, 세대수입은 15점 척도이다.

2) 로지스틱 회귀분석 결과

로지스틱 회귀 분석 결과는 <표 3>이다. 이 결과로부터 전통지향을 갖고 있는 자 쪽에 확률적으로 정치는 하고 싶은 사람이 하게 내버려두면 된다고 하는 대답 경향이 있음을 알 수 있다. 성별역할에

15) 피해금액은 양적 변수이다. 생활불안은 불안을 느끼는 경우는 1, 불안을 느끼지 않는 경우는 4로 한다. 총 4점 척도이다.

긍정적인 자일수록 권위주의적인 발상을 가진 자일수록 정치・행정에 대한 불신을 이야기하면서도 지금까지 배양해 온 체제나 조직을 긍정하고 있는 것이다.

한편, 진재의 피해가 커서, 시스템에 의지하지 않을 수 없다고 하는 가정 쪽을 보면, 피해금액이 10% 수준 정도였다, 이 결과는 정치에 대해 위임 경향을 보이는 자 중에는 정치는 신뢰할 수 없는 자도 적지 않게 존재하지만, 그것은 전체적인 경향으로 간주하는 것은 어려운 것을 보여주고 있다고 생각된다.

5. 재해를 넘어 신뢰 사회 구축과 새로운 공공성을 위하여

동일본대지진은, 대규모 진재에 대한 방재 체제나 원전 사고에 대한 대응책이라는 조직에 대한 신뢰를 흔들리게 한 것이었다. 「원전 신화」는 붕괴되고, 리스크 사회적인 견해가 증가했다. 진재는 방재 체제나 원전 사고 대응 매뉴얼이 제대로 기능하지 않는다는 것을 보여주고 말았다.

이러한 실패는 정치가나 관료가 정보를 은닉하고 있는 것은 아닌가하는 의구심을 갖게 하는 효과를 낳았다. 그러나 조사 데이터에서 드러난 것을 통해 정치가나 관료들에 대한 불신감을 느끼면서도 조직이나 제도에 대한 신뢰는 어느 정도 유지하는 경향이 적지 않음을 알 수 있었다.[16)]

16) 항간에서는 공무원을 비판하면서도 자신의 아이는 공무원이 되는 것을 희망한다고 말하는 부모들이 있다. 이것도 시스템을 신뢰한다는 의미로 해석할 수 있는 하

	B	표준오차	Wald	유의 확율	Exp(B)
성별	-0.011	0.148	0.005		0.989
연령	-0.015	0.005	8.308	**	0.985
학력	-0.080	0.061	1.722		0.923
새대 연간 수입	-0.024	0.029	0.732		0.976
피해 금액	0.000	0.000	2.742	+	1.000
생활불안	0.058	0.091	0.407		1.060
성별역할 지향	-0.230	0.082	7.801	**	0.794
권위주의 지향	-0.195	0.087	5.026	*	0.823
정수(定数)	1.840	0.579	10.114	**	6.296
-2 対数尤度	1077.597				
Cox-Snell R^2	.038				
Nagelkerke R^2	.052				

有意確率: +: 10%未満, *: 5%未満, **: 1%

<표 3> 로지스틱 회귀 분석 결과

행정학에서 신뢰에 관한 연구 문맥은 제도에 대한 신뢰가 제도가 가진 능력・성능 등에 대한 「사전 기대」 및 운용 시의 퍼포먼스(performance)라는 「사후 평가」와 연동하는 것이라고 논한다.[17] 아마도 정치가나 관료에 대한 평가는 운용 시기의 퍼포먼스의 마이너스 부분에 의거한 것으로, 데이터를 보는 한 전자는 어떻든 간에 유지

나의 예가 된다.

17) 예를 들면 다음과 같은 문헌이 있다. S. Van de Walle and G. Bouckaert. 2003. 「Public Service Performance and Trust in Government: The Problem of Causality」, International Journal of Public Administration 29(8&9): 891-913. 秋月謙吾(2010), 「地方政府における信頼」『年報政治学 政治行政への信頼と不信』2010-Ⅰ号, pp.68-84..

되고 있는 것이라고 말 할 수 있지 않을까.[18)]

본 장에서는 시스템 신뢰를 의식하면서 고찰을 시도해 왔다. 물론 일본에서 정치를 흔들리게 하는 국민적 움직임을 볼 수 없는 데는 다른 이유도 있을 것이다. 예를 들면 일본인의 사회관이나 규율에 대한 자세 등도 검토할 가치가 있는 것은 아닐까. 또한 나카무라 아키라(中邨章)와 우시야마 구니히코(牛山久仁彦) 등이 지적하듯이 「신뢰와 새로운 공공」[19)]의 가능성에 대해서도 검토할 필요가 있을지 모른다. 이는 중요한 사전부흥 논리를 제공해주고 있는 것이다.

18) 주민으로부터 평가를 얻기 위해서는 정치가 스스로가 자신의 출마 지역의 방재상의 강함과 약함을 이해하고 있지 않으면 안 된다. 事通信防災リスクマネジメントWeb編集部編(2007), 『わがまちの強みと弱み－100人のトップが語る防災・危機管理』時事通信社.

19) 中邨章・牛山久仁彦編(2012), 『政治・行政への信頼と危機管理』芦書房, 参조.

第7장

후쿠시마 피재자 지원에 대한 '이중적 감정' – 원전피해 피난자를 받아들인 지자체 주민의식 조사를 중심으로

1. 재해 피재자의 다중적 문제 등장

1) 민주제(民主制) 하에서의 '부흥'

동일본대지진이 발생한지 5년이 경과한 2015년말, 「부흥집중기간(復興集中期間)」이 종료되었다. 그리고 2016년 4월부터 10년 부흥기간 후반부인 「부흥・창생기간」이 시작되었다. 부흥・창생기간에 설정한 국가의 기본적 입장은 피재지의 자립으로 연결되는 아주 자세한 대응을 실시하여, 지방창생 모델이 될 수 있는 새로운 도호쿠의 모습을 창조하는 것에 있었다.[1)]

또한 원자력 피해를 입은 후쿠시마 현 부흥 재생에 관해서는 피난지시 해제로 이어진 부흥/창생 기간이었지만, 일본이 국가차원에서 앞장서서 대응하는 방침을 정했다.[2)] 지진발생 이후 시간이 지남에

---

1) 「부흥・창생기간」의 동일본대지진 부흥 기본방침(2016년 3월11일 내각 결정) http://www.reconstruction.go.jp/topics/main-cat12/sub-cat12-1/20160311_kihonhoushin.pdf (2016년 3월 13일 검색)

2) 후쿠시마의 부흥과 재생 http://www.reconstruction.go.jp/topics/main-cat1/sub-cat1-4/

따라 쓰나미 피해의 상흔이 아직 남은 동북부 연안에서는 재해 기억을 남기고 교훈을 계승하려는 움직임이 현저하게 나타나고 있다. 메모리얼 파크 정비나 진재(震災) 아카이브 창생을 기획하는 움직임이 여기저기에서 나타나고 있다.

그러나 한편으로는 지진 피해의 잔해를 남길 것인가 아니면 처분할 것인가를 두고 정치적인 대립이 발생한 피해지역 자치단체도 있다.[3] 센다이 시처럼 방재와 관련한 국제회의를 개최하거나 지식과 견해를 공유하려고 시도하는 자치단체도 있다.[4] 아무리 지진에 대한 기억을 남기려고 해도 시간이 경과함에 따라 사람들이 새로운 생활에 적응해가면서 지진에 대한 기억은 서서히 풍화(風化)되어 간다. 피재자의 생활재건이나 인프라 복구가 진행되면 진행될수록 진재 풍경은 사라져가게 된다. 그리고 진재에 대한 관심도 사라져 간다.

자신은 피재자이다(a)			자신은 피재자가 아니다(b)	
직접적인 피해를 입은 자	간접적으로 진재의 영향을 받은	왠지 피재자라고 생각되는 자	재해 피해 때부터 계속 살고 있는	재해 이후 이사해 온 자
(a1)	(a2)	(a3)	(b1)	(b2)

<표 1> 피재 자치단체 유권자 분류

(2016년 3월 12일 검색)

3) 예를 들면 미나미산리쿠초(南三陸町)에서는 피해를 입은 방재청사 존속을 둘러싼 논의에 결론이 나지 않아, 미야기 현이 20년간 유지관리하기로 했다. 미나미산리쿠초는 이 기간 동안에 청사를 어떻게 할지 결론을 내지 않으면 안 된다. 『河北新報』 2016년 1월 8일 조간.

4) 대표적으로 동일본대지진에 관련된 국제 회의로서는 2015년 3월에 센다이 시에서 개최된 재3회 국제연합방재세계회의가 있다. http://www.bosai-sendai.jp/ (2016년 3월 13일 검색)

정치 쟁점으로서「부흥」은, 사람들의 기억 풍화 이상의 속도로 무대에서 사라져간다. 그것은 피재지에서 실시된 선거 슬로건을 구체적으로 검증해 보면 쉽게 이해가 된다. 2015년 센다이 시 시의원 선거에서 국정 야당 간부가 센다이 시 번화가에서 안보관련법 반대를 강하게 주장한 풍경은, 중앙 정부 나가타초(永田町)에서 부흥이 풍화되고 있다는 것을 여실히 보여준 사례인 것이다.5)

정치 무대에서 부흥론이 일찍부터 사라져버린 것은, 중위(中位) 투표자 가설을 세워보면 타당하다고 말 할 수 있다. 대규모 자연재해가 발생했을 때, 피재 자치단체 유권자들은 대체적으로 <표 1>처럼 나누어진다.6) 우선 피재 자치단체 유권자는 현시점에서「자신은 피재자다(피재자, 표 속의 a)」, 아니면「자신은 피재자가 아니다(비피재자, 표 속의 b)」의 두 부류로 나누어진다. 주관적으로 피재자라고 느끼는 사람은, 자택 손괴(損壞)가 있었고,「직접적인 피해를 입은 자(a1), 직장 동료 등이 피해를 입었기 때문에 일이 더 많아졌다고 느낀다는 것 등등「간접적으로 진재의 정교(政教)를 입은 자(a2)」, 그리고 명시적인 피해는 없었지만, 분위기적으로「왠지 피해자라고 생각하고 있는 자(a3)」로 분류가 가능하다. 한편「자신은 피해자가 아니다」라고 말하는 자는 그 토지에서「재해 발생 시부터 계속해서 살고 있는 자(b1)」,「재해 발생 이후에 이사해 온 자(b2)」로 나누어진다.

독재국가와는 달리 민주주의 제도 하에서는 부흥정책이라 하더라도 다수결 논리의 영향을 받지 않을 수 없는 것이다. 중위(中位) 투

---

5) 河村和徳・伊藤裕顕(2017),『被災地選挙の諸相 現職落選ドミノの衝撃から2016年参院選まで』河北新報出版センター.

6) 河村和徳・伊藤裕顕(2017), 상게서 참조.

표자 가설을 세운다면 가령 재해 발생이후 시간이 경과해도 'a>b'가 성립하는 한 정치가는 피재자 지원을 외쳐댈 것이다. 그쪽이 자신의 선거에 유리하기 때문이다. 그렇지만 시간과 함께 'a' 유권자 비율은 감소해 간다. 생활재건이 이루어진 결과 「자신도 (이미)피재자가 아니다」라고 생각하는 자가 증가하기 때문이다.[7)]

특히 인프라 복구가 진행되고 피재 풍경이 없어져 감에 따라 a3에 해당하는 유권자가 대폭적으로 감소해 가게 된다. 유권자의 관심이 희박해지면 입후보자가 그 쟁점을 논쟁 대상으로 삼는 인센티브는 저하하게 된다. 그 결과 정치 쟁점으로서의 부흥론은 사람들의 기억 풍화 이상의 스피드로 정치 세계에서는 사라져가게 된다.

이러한 입장에서 본다면, 피재지에서 실시되는 선거를 아주 잘 설명할 수 있다. 필자는 2015년 여름에 실시된 센다이시 시의원 선거를 보면서, 입후보자의 선거 공보(公報)에 게재된 선거 공약을 조사해 보았다. 입후보자 대부분이 「교육・자녀돌보기」, 「방재・안전안심」, 「고령자대책」을 내걸고 있었다.[8)] 그리고 이러한 경향은 피재지 이외의 지역에서도 별다르지 않은 것이었다.[9)]

센다이 시는 피재 자치단체 중에서 비교적 복구・부흥이 일찍부터 진척된 자치단체였다. 또한 직접적인 피해를 입은 자로서 유권자는

7) 단, 가호쿠(河北)신보와 도호쿠대학 재해과학국제연구소가 공동으로 실시한 피재자 의식조사에 의하면, 「자신은 피재자라고 의식하지 않게 되었다」라고 생각하는 사람의 비율은 주거 환경에 의해 달랐고, 피재자 의식이 남아 있는 사람의 비율은 응급 가설주택이나 재해공영주택에 입주한 사람이 높은 경향을 보인다. 『河北新報』 2016년 3월 16일 조간.

8) 河村和徳・伊藤裕顕(2017), 『被災地選挙の諸相 現職落選ドミノの衝撃から2016年参院選まで』河北新報出版センター.

9) 『河北新報』 2015년 7월 30일 조간.

비교적 적었다. 센다이 시 시의원 선거에서 나타난 이러한 경향은 입후보자가 비피재자를 의식한 선거운동이었다는 것을 보여주는 것이다.

물론, 재해 발생 후 5년이 지났어도 'a>b'가 유지되는 경우도 있다. 후쿠시마 제1원자력 발전소가 입지해 있던 후타바군(双葉郡)이 바로 그곳이다. 이곳에서 선출된 정치가는 「부흥」이 최우선 과제가 된다. 실제 후쿠시마 현 의회의 2015년 12월 정례회의에서 후타바군의 요시다 에이코(吉田栄光) 현의원이 자유민주당(自由民主党) 의원회(자민당회파)대표 질문[10]에 상관없이 동북의 연안지역 자치 단체의 부흥에 관한 질문만 실시한 것은 아주 대표적은 예이다.[11]

「부흥 정책이더라도 다수결 규칙에 어느 정도 영향을 받는다」는 입장을 알게 되면, 연구자가 응급가설주택 등에 거주하는 재해 약자에 대해 실시한 앙케이트를 근거로 「피재자에게 부합된 부흥정책을 실시해라」라고 제언해도 지방정치가나 지자체직원이 그 제언을 무시하는 이유를 확실하게 알 수 있다. 비피재자 다수를 끌어들일 작용 장치 없이는 그들은 움직이지 않는다. 아니 움직일 수 없다.

특히 비피재자가 다수이면 다수일수록 그리고 시간이 지나면 지날수록 피재자가 납득하기 위한 논리를 만들고 나서 제언하는 것이 연구자에게 요구되어지고 있다. 또한 정치(특히 선거)가 부흥을 풍화시킨다는 논리를 안다면, 정치에 의지하지 않으면 안 되는 재해 피해

---

10) 2015년 12월 14일. 후쿠시마 현 의회 홈페이지 http://www.pref.fukushima.lg.jp/site/gikai/ (2016년 3월 15일 검색)

11) 나카도오리(中通り) 지방선거에서 선출된 후쿠시마 현 의회 의원에 대한 필자의 인터뷰에 의하면, 'a<b'가 성립하고 있는 나카도오리 지방이나 아이쓰(会津) 지방에서 선출된 자민당 현의원들은, 요시다 현(吉田県) 대표 질문에 대해 힘들어 했던 것 같다. 자민당회파(自民党会派) 대표질문임에도 불구하고 비피재자인 자신의 지지자들에 대한 화제가 거의 다루어지지 않았기 때문이다.

약자의 목소리가 시간이 경과함과 동시에 정치권으로 목소리가 전달되지 않는다는 것도 알게 된다. 부흥이 진행되고 정치를 움직일 수 있는 피재자의 숫자가 적어질 때 그들을 구할 자원봉사자는 나타날지도 모르지만, 그들은 위해 움직이려는 정치가는 나타나지 않게 된다.[12)]

2) 피재자와 비피재자 사이에서

그러나 「부흥집중기간」에서 「부흥・창생기간」으로 이행했다고 하더라도, 후쿠시마 제1원자력발전소의 문제로 영향이 컸던 후쿠시마 현은, 두 개의 후폭풍에 시달리고 있다고 한다. 두 개의 후폭풍이란 「정치쟁점으로서의 부흥 풍화」와, 농산물 구입 기피로 상징되는 품평(風評) 피해가 그것이다.[13)] 이 두 개의 후폭풍은, 실은 아주 긴밀하게 연결되어 있다.

필자가 실시한 인터뷰를 보면, 원자력 사고로 인해 어쩔 수없이 고향을 떠난 하마도오리(浜通り) 지방 주민들은 「풍화가 진행되지만, 재해 기억은 풍화시켜서는 안 된다」고 하는 목소리가 많다. 후쿠시마 현(특히 나카도오리 지방・아이쓰(会津)지역)농업 종사자 중에는 「풍평 피해가 계속되고 있는데, 이제는 부흥을 말하지 않았으면 좋겠다」고 말하는 사람도 적지 않다. 즉, 피재지 지역에 살고 있다고 해서 주민들 전체가 같은 생각을 하고 있는 것은 아니라는 점이다.

「피재지사는 주민은 피재자・비피재자를 따지지 않고 부흥을 위

12) 한신아와지(阪神・淡路)대지진 피재자들이 살고 있는 「임대 부흥 공영 주택」의 입주기간 문제가 돌출했던 것을 상기하면, 이 문제를 해석할 때 매우 유효한 의미를 갖는다. 『読売新聞』 2012년 10월 7일 조간(오사카판<大阪版>).

13) 小野裕一・井上義久(2016), 「<対談> 「創造的復興」で東北を地方創生のモデルに」公明党機関誌編集委員会 『公明』第124号, pp.44-52.

해 마음을 모아 매진하고 있다」는 것은 이상론에 지나지 않는다. 다양한 생각들이 교차하는 와중에 공적인 결절이 이루어지고, 부흥이 진행되는 것이 현실이다. 실제 후쿠시마 내외 지역의 원자력 재해 피난자를 받아들인 자치제도 또한 다양한 의견을 수렴하면서 피재자 지원을 실시하고 있다[14]는 것을 알 수 있다.

도쿄전력 후쿠시마 제1원전 사고에 의해 피난구역 외부로 피난한 자주적 피난자를 포함한 원자력 재해 피난자에 대한 대응에 대해서도 이들을 받아들인 자치단체의 주민들 사이에도 의견차이가 있다고 한다. 이는 이와키 시 사례가 잘 알려져 있다. 이와키 시에서는 후타바 군에서 원자력 피해 피난자 다수가 이주하여 거주하고 있는데, 그들을 호의적으로 서포트하는 부류가 있는 한편, 그들을 비판적으로 보는 주민들도 있다. 후자 쪽을 보면, 이와키 시 시민들로부터 따돌림을 당했다는 뉴스가 전해지기도 한다.[15]

이와키 메이세이(明星)대학이 실시한 이와키 시 시민에 대한 의식조사 결과는, 원전 피난자가 처한 상황을 이해하면서도 「보상금을 받고 있는데, 너무 부럽다」, 「이와시키 시의 치안이 나빠졌다」라는 좋지 않은 감정을 갖고 있는 시민들이 적지 않았다.[16] 재해 이후 시

---

14) 和田明子(2015), 「県外避難者受入自治体の対応」『大震災に学ぶ社会科学 第2巻震災後の自治体ガバナンス』東洋経済新報社, pp.191-212.

15) NHK 「避難者への 「いらだち」なぜ?」『NHKニュースおはよう日本』 2013년 4월 26일 방송. 이후 「현직 의원의 낙선 현상(河村和徳・伊藤裕顕(2017), 『被災地選挙の諸相 現職落選ドミノの衝撃から2016年参院選まで』河北新報出版センター」)에 휘말리게 되는 와타나베 게오(渡辺敬夫) 시장(당시)가 '원전재해 피난자에 대해 불안정함을 보이는 경우'도 있었다. 『河北新報』 2012년 4월 10일 조간.

16) いわき明星大学人文学部現代社会学科(2014), 「東日本大震災からの復興におけるいわき市民の意識と行動に関する調査報告書」 www2.iwakimu.ac.jp/~imusocio/iwaki2014/2014iwaki_report.pdf (2016년 3월 14일 검색). 菊池真弓・高木竜輔(2015), 「原発事故に対するいわき市民の意識構造(2)－原発避難者との 「軋轢」の構造」 『いわき明

간이 지남에 따라 금후 재해 자치제는 부흥정책 방침전환이나 부흥정책 종료에 관한 의사 결정이 이루어질 기회가 증가하고 있는 것이다. 그러한 의사결정 기회가 늘어나면 늘어날수록 주민들 사이에 잠재하고 있던 의견 대립은 표면에 드러날 가능성이 높아지게 된다. 자주적 피난자를 포함해 피재자에 대한 대응도 토론 대상이 된다.

이에 대해서는 후술하겠지만, 이미 후쿠시마 현에서는 자주적 피난자에 대한 대응이 현실적 과제로 부상했다. 그들의 의사 결정을 이해하기 위해서는 자주적 피난자를 포함한 피재자의 목소리뿐만 아니라, 피재지에 살고 있는 비피해자의 목소리도 들을 필요가 있다. 왜냐하면 일본은 민주제를 채용하고 있는 이상, 피재자만의 목소리가 반영되게 내버려둘 수는 없기 때문이다.

단, 지금까지 발간된 선행연구는 ①피재자에 대한 앙케이트 조사를 실시하여, 그들에 대한 서포트 과제 등을 논하는 것이나, ②피재자를 받아들인 자치단체의 실태를 파악하여 거기에서 생기는 행정적 과제에 대한 논의가 중심이었다.[17] 달리 말하자면, 피재지에 사는 비피해자의 의식에는 관심을 두지 않았던 것이다.

재해 이후 복구・부흥에 관심을 가진 연구자 대부분이 약자보호에 관심이 집중한 결과「피재자의 입장을 존중하자」라는 자세가 강

星大学人文学部研究紀要』第28号, pp.81-96.

17) 田中優(2011),「非被災地における被災者支援の社会心理学的問題」『大妻女子大学人間関係学部紀要』13号, pp.79-88. 田並尚恵(2012),「東日本大震災における県外避難者への支援－受け入れ自治体調査を中心に」『災害復興研究』第3号, pp.167-175. 今井照(2014),『自治体再建-原発避難と「異動する村」』筑摩書房. 高橋若菜(2014),「福島県外における原発避難者の実情と受入れ自治体による支援－新潟県による広域避難者アンケートを題材として」『宇都宮大学国際学部研究論集』第38号, pp.35-51. 原田峻・西城戸誠(2015),「東日本大震災・福島原発事故から5年目を迎えた県外避難の現状と課題－埼玉県における自治体・避難者調査の知見から」『立教大学コミュニティ福祉研究所紀要』第3号, pp.59-78.

했다는 것, 그렇기 때문이 이러한 편향적 연구를 낳았다는 것을 알 수 있다. 일본의 재해 행정이 기본적으로 시구정촌(市区町村) 우선 주의를 채용하고 있는데, 대규모 자연재해가 발생했을 경우에는 국가가 법제적인 면, 재정적인 면에서 주도적인 역할을 담당하게 된다. 과거 연구들은 '피재자 지원은 이래야한다'라고 하는 '바람직한 모습'을 주장하는 쪽에 편중되는 경향에 있었던 것이다.

단, 대규모 자연재해는 국가가 주도적인 역할을 담당한다는 측면에 신경을 빼앗겨, 재해 행정은 시정촌 제일주의로 실시해야 한다는 측면을 소홀히 하게 된다. 부흥정책이나 피재자 지원 정책은 시구정촌의 능력에 크게 좌우되고, 의사결정 환경에 의존하게 되는 것이 현실이다.[18] 국가가 큰 틀에서 대체적으로 규정한다 해도 실제적으로 대응하는 것은 시정촌이라는 기초 자치제이며, 해당 자치제의 재정능력이나 인재 능력 면에서 차이가 나타나버리게 된다. 연구자들의 제언이 이상적인 것이라고 해도 그것이 주민의 의사에 맞지 않는 것이라고 한다면, 해당 자치단체는 그 제언을 적극적으로 수용하여 진행할 수는 없는 것이다.

반복해서 기술하지만, 부흥정책이나 피재자 정책을 분석할 때 피재자 쪽만 초점을 맞추는 것이 아니라, 피재 자치단체에 살고 있는 비피해자의 의식도 파악하지 않으면 안 되는 것이다. 따라서 본 장에서는 피재지 세 현(県) 이외의 거주자로부터는 거의 확실하게 피재 자치제로 인식되고 있으며, 한편으로 원자력 피해 피난자를 받아들인 후쿠시마 시의 주민이 안고 있는 「피재자 지원에 대한 『복잡한

18) Aldrich, Daniel P. 2012.Building Resilience: Social Capital in Post-Disaster Recovery, Chicago: University of Chicago Press. 河村和徳(2014), 『東日本大震災と地方自治－復旧・復興における人々の意識と行政の課題』ぎょうせい.

감정』」에 대해 고찰해 보기도 한다. 이를 위한 분석에 사용하는 데이터는 2015년 6월에 후쿠시마 시에서 실시한 비피재자도 포함한 대규모 의식조사에서 얻은 데이터를 사용한다. 앞서 언급한 것처럼, 피재지에 사는 비피재주민도 의식한 지존 연구는 매우 적기 때문이다.

피재 자치제에서 비피재자도 포함한 대규모 샘플 조사는 거의 실시되지 않았었다.[19] 그렇기 때문에 본 장에서 시도하는 것은, 재해행정 연구로서는 매우 의미가 있다고 생각된다. 또한 이 분야의 선행연구가 압도적으로 적다는 점을 감안할 필요가 있다. 따라서 본 장에서는 이론적으로 도출된 가설을 검증하는 것이 아니라, 실태 파악에 중점을 두어 논고를 진행시키고자 한다.

2. 사용 데이터 제시와 타당성

1) 조사대상 지점인 후쿠시마 시의 현상

본 장에서 사용하는 데이터에 대해 기술하기 이전에, 조사를 실시한 2015년 6월 시점의 후쿠시마 시 상황에 대해서 설명해 두기도 한다. 나카도오리(中通り)에 위치한 현청(県庁) 소재지인 후쿠시마 시는 지진 피해는 있었지만, 인프라 피해는 거의 적었다. 그 때문에 후쿠시마 시는 지진 피해지역이라기보다는「피재지에 위치한 풍평

---

19) いわき明星大学人文学部現代社会学科(2014), 「東日本大震災からの復興におけるいわき市民の意識と行動に関する調査報告書」 www2.iwakimu.ac.jp/ ~imusocio/iwaki2014/2014iwaki_report.pdf (2016년 3월 14일訪 검색). 菊池真弓・高木竜輔(2015), 「原発事故に対するいわき市民の意識構造(２)－原発避難者との 「軋轢」の構造」 『いわき明星大学人文学部研究紀要』第28号, pp.81-96. 村瀬洋一(2015), 「被災地での社会調査－調査方法論と問題点」第62回東北社会学会報告資料.

피해로 고민하는 도시」가 되었다. 그렇지만, 후술하듯이 「우리들 자신은 피해자다」라고 생각하는 주민은 대다수였다.

후쿠시마 시는 재해 발생 이후 후타바 군의 하마도오리 지방의 원전재해 피난자를 포함한 피재자를 받아들이는 한편 진재(특히 원전사고 영향)에 의해 시민이 시외(市外)로 유출한 사태를 맞이했다. 주민등록을 후타바군의 피난구역[20]에 남겨둔 채로 후쿠시마 시에 피난한 원전 피난자도 적지 않았지만[21] 피난의 장기화를 예견하고 주민등록을 후쿠시마 시에 옮겨 도쿄전력으로부터 받은 배상금을 통해 주택을 구입하는 자도 있었다.

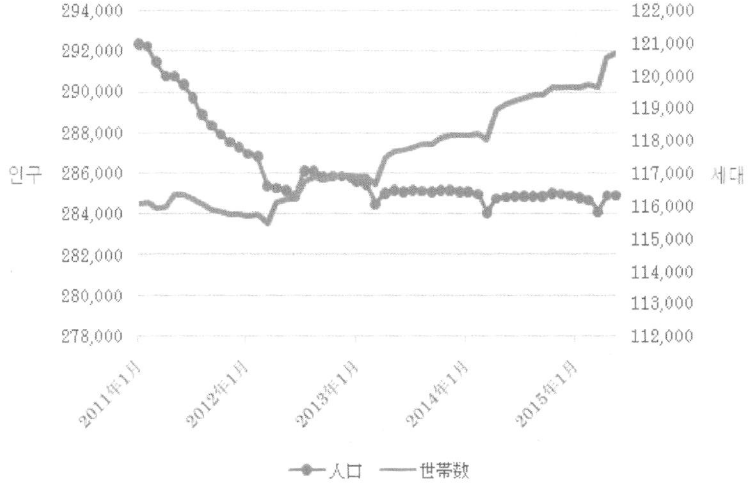

<그림 1> 지진 재해 이후 후쿠시마 시의 세대 및 인구 변동

20) 구체적인 피난 구역에 대해서는 후쿠시마 현 홈페이지 참조(이하). http://www.pref.fukushima.lg.jp/site/portal/list271-840.html (2017년 10월 5일 검색)

21) 후쿠시마 현 홈페이지에 게재된 피해상황 즉보(即報) 참조. http://www.pref.fukushima.lg.jp/uploaded/life/193333_432260_misc.xls (2016년 3월 16일 검색)

주민등록 대장에 근거하여 집계한 인구를 보면, 후쿠시마 시는 지진 발생 이후 1년 사이에 5,000명 이상의 인구가 감소했다.<그림 1> 특히 후쿠시마시의 인구 동태에서 상징적인 것은, 인구가 감소했음에도 불국하고, 세대수가 증가했다는 점이다. 이 그래프는, 원전사고 영향으로 어린이가 있는 가족 세대가 시외의 다른 지역으로 전출하는 한편, 제염(除染) 작업 등등의 일감으로 후쿠시마에로 전입해 온 단신 세대가 많아졌기 때문이다.

2) 의식조사 실시방법

본 논고에서 사용하는 데이터는 2015년 6월에 실시한「생활과 방재(防災)에 대한 시민의식조사 2015년 후쿠시마 시 조사[22](이하, 후쿠시마 조사 2015)」에서 얻은 자료이다. 이 조사는 릿쿄(立教)대학 사회학부・후쿠시마(福島)대학 행정정책학・도호쿠(東北)대학 정보과학연구과 등 세 개 기관에서 실시한 공동조사이다. 릿쿄대학 학술추진특별중점자금(릿쿄SFR)동일본대지진・부흥지원관련연구로 채택된「진재피해 교차에 관한 통계적 사회조사에 의한 실증연구－진재피해와 사회계층 관련(연구대표자: 무라세 요이치<村瀬洋一>)」의 일환으로 실시된 것이었다. 후쿠시마 시의 2100명을 대상으로 실시한 후쿠시마 조사 2015는 방문유치법(訪問留置法)으로 실시했다. 즉 조사원이 조사표를 배부하고, 나중에 회수하는 방법이었다.

샘플링은 후쿠시마 시내 70개 지역을 확률비례추출법에 근거하여 실시했다. 일반적으로 사용하는 샘플링 명부(주민등록부나 선거인

22) 조사 개요에 대해서는 이하 홈페이지 참조. http://www2.rikkyo.ac.jp/web/murase/s11/1506sokuho.htm (2016년 3월 16일 검색)

명부)에서 추출하지 않고, 지역 샘플을 실시한 것이다. 일반적으로 샘플링 명부를 사용하는 것이 비용이 적게 든다. 그렇지만, 피재지 세 개 현 자치단체 조사를 고려하여, 샘플링 명부를 사용하기보다는 지역 샘플링 쪽이 데이터 신뢰성이 높으며, 조사대상자의 협력을 얻기 쉽다는 장점이 있기 때문에 이를 사용했다.

지역 샘플링은 ①진재 때문에 전입해 온 자들을 샘플에서 배제할 수 있다. (거주실태가 있는 자를 선택할 수 있다) ②어떻게 내 주소를 알아냈는가라는 등의 불평을 줄일 수 있다라는 장점이 있었다.[23] 그리고 이 조사 회수율은 68.6%였다.

3. '이중적 감정'에 관한 구체적 분석과 결과

1) 피재자 지원·원전재해 피난자 지원에 대한 평가

본 장에서는 후쿠시마 시에 거주하는 주민의 복잡한 감정을 이해하기 위해, 다음의 두 가지 질문에 대한 대답 부분을 활용한다. 하나는「이번 대지진 피해자에 대한 정부의 지원은 현 상태에서는 충분하다」고 생각하는가 그렇지 않은가이고, 또 하나는「원전 사고 피난자에게는 지금보다 더 많은 지원을 하는 것이 좋다」고 생각하는가

23) 立教大学社会学部社会調査グループ(2014), 『生活と防災についての仙台仙北意識調査報告書－震災被害と社会階層の関連』.단, 조사원이 수상한 사람으로 여겨져 경찰에 신고가 될 문제도 있다. 또한 현행 법령상 후쿠시마 시 시민이 아닌 자(거주자)가 샘플이 될 가능성이 있다. 이 조사에서는「후쿠시마 시에 주민 등록을 해놓았지만(주민등록을 했는가)」라고 질문을 하고 있으며, 응답자의 90.7%가 후쿠시마 시에 주민등록을 마쳤다고 회답하고 있다. 아니라고 대답한 자는 7.8%, 나머지는 DK/NA이다.

그렇지 않은가였다.

두 개 모두가 지원책이 충분한가 그렇지 않은가라는 질문인데, 이 두 질문을 동시에 살펴본다면, 「원전재해 피난자를 받아들이고 있는 피재지자체거주자의 복잡한 감정을 도출해 낼 수 있다」고 필자는 생각한다. 대부분의 주민이 귀환불가능 한 귀환곤란구역에 해당하는 후타바초(双葉町)의 주민이라면 자신들의 입장을 생각해서 정부의 피재지 지원은 불충분한 것이라고 답할 것이고, 원자력 재해피난자에게 더 많은 지원을 해야 한다고 답할 것이다. 그들의 입장을 메스미디어로밖에 입수할 수밖에 없는 서일본(西日本) 주민도 아마도 정부의 피재자지원은 충분하지 못하고, 원전재해 피난자에 대한 지원도 더 필요하다고 답할 것이다.

그렇지만, 피재지에 있는 원전재해 피난자를 받아들인 지자체인 후쿠시마 시 주민은 선행연구에서 분석에서도 나타났던 이와키 시 주민과 마찬가지로 복잡한 감정을 보여준다. 그들은 원전재해 피난자들 중에 배상에 의존한 생활을 영위하면서, 근로 의욕을 잃은 자들이 있거나 거액의 배상금을 갖고 후쿠시마 시내에서 주택을 새로 건축했음에도 불구하고 주민등록표를 후쿠시마 시로 옮기지 않는 자들이 있다는 것을 알고 있기 때문이다. 원전사고 피난자들 중 일부에게 바람직하지 못한 행동들을 보는 기회가 많은 후쿠시마 시 주민은, 「피재지 행정지원은 더 필요하지만, 원전재해 피난자에 대한 지원은 증액하지 않아도 좋은 것은 아닌가」라고 생각할 가능성이 높다고 볼 수 있다. 여기서 우선 이 두 질문에 대한 답변 결과를 보도록 하자.

	피재자에 대한 정부 지원은 충분하다	원전 피난자에게 더 많이 지원을 해야 한다
그렇게 생각한다	7.0%	13.1%
어느 쪽인가 하면 그렇게 생각한다	20.0%	27.8%
어느 쪽인가 하면 그렇게 생각하지 않는다	35.3%	34.6%
그렇게 생각하지 않는다	35.2%	21.9%
DK/NA	2.5%	2.7%
합계	100.0%	100.0%

<표 2> 두 개의 질문에 대한 단순집계 결과

두 개의 질문에 대한 회답 결과가 <표 2>이다. 피재자에 대한 정부 지원이 충분하다고 하는 주민은 「어느 쪽인가 하면 그렇게 생각한다」는 답변 쪽도 합치면, 27.0%이다. 지원이 불충분하다고 생각한다고 답한 자가 다수파라고 볼 수 있다. 한편 원전 사고에 의한 피난자에게 더 지원을 해야 한다고 대답한 것은 40.9%에 그친다. 중장기적인 피난을 감수해야 하며, 장래 전망이 불투명한 주민이 많음에도 불구하

		원전 피난자에게 더 많이 지원을 해야 한다				합계
		그렇게 생각한다	어느 쪽인가 하면 그렇게 생각한다	어느 쪽인가 하면 그렇게 생각하지 않는다	그렇게 생각하지 않는다	
피재자에 대한 정부 지원은 충분하다	그렇게 생각한다	0.8%	0.4%	1.3%	4.8%	7.3%
	어느 쪽인가 하면 그렇게 생각한다	0.7%	5.8%	10.5%	3.6%	20.5%
	어느 쪽인가 하면 그렇게 생각하지 않는다	2.8%	14.2%	15.3%	3.8%	36.1%
	그렇게 생각하지 않는다	9.0%	8.0%	8.6%	10.5%	36.1%
합계		13.3%	28.4%	35.7%	22.7%	100.0%

고 60%는 현재상태로 괜찮다고 생각하고 있는 것을 보여주는 것이다. 두 질문을 크로스 하여 집계한 결과가 <표 3>이다. (DK/NA는 제외)

<표 3>에서 빗금을 친 부분이 귀환곤란 구역과 비피재지에서 다수를 차지한다고 여겨지는 층이다. 여기에 해당하는 자들의 비율은 54.2%이다. 한편 굵은 검은 색 부분이 '복잡한 감정'을 안고 있다고 볼 수 있는 층이다. 여기에 해당하는 주민의 비율은 38.2%로 높음을 알 수 있다. 즉, 후쿠시마 시에서 복잡한 감정을 갖고 있는 주민을 보여주고 있는 것이다. 그리고 두 질문에 대한 회답 관련 계수 수치는 -0.143이다. 이 수치를 보는 한 두 질문에 대한 회답은 높은 관계성이 있다고 말할 수는 없다. 하지만, 0.5% 수준에서 통계적으로 의미 있는 관계를 보여주기도 한다.

2) 회답을 규정하는 요인은 무엇이었나

계속해서 이들 주민의 답변을 규정하는 요인에 대해서 검토해 보기로 한다. 여기서 사용하는 종속변수는 ①「피재자에 대한 정부 지원은 충분하다」라는 질문에 대한 회답, ②「원전 사고 피난자에게 더 많은 지원을 해야 한다」는 질문에 대한 회답, ③복잡한 감정을 갖고 있다고 볼 수 있을까 그렇지 않을까라는 세 가지이다. ①과 ②의 척도는「그렇게 생각한다」를 1로,「어느 쪽인가 하면 그렇게 생각한다」를 2로,「어느 쪽인가 하면 그렇게 생각하지 않는다」를 3으로,「그렇게 생각하지 않는다」를 4로 설정하고, 분석에는 회귀분석을 사용했다. 한편 ③은 종속 변수가 더미(dummy) 변수이기 때문에, 두 항목 로지스틱 회귀로 분석하는 방식을 취한다.

① 독립변수

독립변수에 사용하는 것은 <표 4>에 내건 각 변수이다. 본 장에서는 회답자의 피재상황에 관한 변수, 후쿠시마 부흥에 관련한 의식에 관한 변수, 그리고 회답자의 거주환경에 관한 변수에 주목하고자 한다.

자택 손괴 유무	자택 손괴가 있었다는 회답=1/ 기타=0
고농도 방사능 지역(핫스폿)의 유무	자택 근처에 고농도 방사능 지역이 있었다고 회답1/ 기타=0
후쿠시마 부흥에 관련한 의식 변수	
탈원전 지향	1=원전 즉시정지 /2=대체 에너지 개발을 서두르고 조기에 정지 / 3=장기적 안목으로 폐지 방향/ 4=원전 유지
진재후 현청이나 시청에서 지행하는 일들에 대한 평가	1=만족/ 2=어느 쪽인가하면 만족/ 3=어느 쪽인가하면 불만족/ 4=불만족
정치위임 지향	1=정치는 하고 싶은 사람에게 맡기면 된다고 생각/ 2=어느 쪽인가하면 그렇게 생각한다/ 3=어느 쪽인가하면 그렇게 생각하지 않는다/ 4=그렇게 생각하지 않는다
거주 환경에 관한 변수	
진재 이후 전입	후쿠시마 시 거주가 5년 이하=1/ 기타=0
주민등록의 유무	후쿠시마 시에 주민등록을 두고 있다=1/ 기타=0
세대 수입	「수입없음」=1, 「1600만엔 이상」=15로 하는 15점 척도
조작 변수	
성별	암성=1/여성=0
연령	회답자가 답한 자신의 연령(연속변수)
정당지지: 자민당	자민당 지지자=1/기타=0
정당지지: 지지 정당 없음	지지 정당 없음=1/기타=0
정치적 접촐 : 현청이나 시청의 과장급 이싱	많은 교류가 있다=1/약간의 교류가 있다=2/교류는 없지만 교류하려고 마음먹으면 지인을 통해 교류할 수 있다=3/교류는 없으며 교류하는 것도 어렵다=4
정치적 접촉 : 지방 의원이나 국회의원	많은 교류가 있다=1/약간의 교류가 있다=2/교류는 없지만, 교류하려고 마음먹으면 지인을 통해 교류할 수가 있다=3/교류도 없고 교류하는 것도 어렵다=4

<표 4> 분석에 사용한 독립변수

피재상황에 관한 변수로서 생각하는 것은 회답자의 피재자감(被災者感)이다. 회답자가 스스로를 피재자라고 느끼고 있으면 있을수록 현재 처한 입장에서 정부의 피재자지원은 충분하지 않다고 생각할 것이다. 또한 원전 피난자에 대해서도 동정적인 입장이라고 생각된다.[24)]

단, 피재 지자체 주민은 주관적으로「나 자신은 피재자다」라고 생각하고 있다고 해도, 객관적으로 보면 생활에 지장이 생길 정도의 물리적 피해는 거의 없는 사람도 있다. <표a 3>에 해당하는 유권자는, 이에 해당한다. 주관적인 피재자 의식과 객관적으로 피재자라고 판별할 수 있는 변수, 어느 쪽을 분석으로 투입할 것인가는 논쟁이 있어 보인다.[25] 여기서는 주관적인 것과 객관적인 것 쌍방 변수를 동시에 회귀식(回帰式)으로 추가해 보기로 한다.

구체적으로 활용하는 변수는「진재에 의해 주택이 손괴(損壞)가 있었는가 그렇지 않은가」,「근처에 고선량(高線量) 장소가 있는가 그렇지 않은가」이다. 후쿠시마 부흥에 관한 의식도 원전재해 피난자를 포함해 피재자 지원에 대한 태도에 영향을 주고 있다고 생각된다. 여기서는「탈원전 지향」「현(県)과 시(市)가 일하는 모양에 대한 평가」그리고「정치위임 지향」을 사용해 본다.

더 나아가 회답자 거주 환경에도 주목해 본다. 진재 이후 후쿠시마 시에 전입해 온 사람들은 진재 전부터 후쿠시마 시에 살던 사람들과는 의식적으로 다르다고 생각되어지며, 후쿠시마 시민으로서 주민등록을 하지 않은 사람들은 주민등록을 마친 사람들과 다른 태도를 취할 가능성이 크다고 생각되어 진다. 또한 생활적 여유가 있는지 그렇지 않은지도 피재자 지원을 보는 차이성에 영향을 줄지도 모른다는 생각이 든다. 그것들을 보여주는 구체적 변수로서 사용하는 것은「진재 후의 전입」「주민등록의 유무」「세대 연수입」이다.

---

24) 후쿠시마 조사 2015에서는「나는 피재자다」라고 응답한 사람의 비율은 61.6%였다.

25) 福井英次郎・岡田陽介(2014),「東日本大震災における主観的被災者意識と投票参加の非連続性－負のエピソード記憶を手がかりとして－2011年仙台市調査より」『学習院高等科紀要』第12号, pp.63-79.

② 회귀분석 결과

「이번 대지진 피해자에 대한 정부의 지원은 현상태로 충분하다」고 생각하는가 그렇지 않은가, 「원전 사고 피난자에게는 지금 보다 더 많은 지원을 하는 것이 좋다」고 생각하는가 그렇지 않은가, 이것에 대한 각각의 회귀 분석 결과를 보기로 하자. 우선 정부의 피재자 지원에 대해서 <표 5>를 보기로 하자.

변수명(変数名)	B	표준오차	베타(β)	t값	의(有意) 확
정수	3.227	0.324	0.000	9.953	0.000
피제에 관한 변수					
주관적인 피재자 의식	-0.157	0.040	-0.119	-3.912	0.000
자택 손괴 유무	0.128	0.058	0.065	2.216	0.027
고농도 방사능 지역(핫스폿)의 유무	0.235	0.068	0.101	3.441	0.001
후쿠시마 부흥에 관련한 의식변수					
탈원전 지향	-0.149	0.032	-0.142	-4.647	0.000
진재후 현청이나 시청에서 진행하는 일들에 대한 평가	0.268	0.038	0.213	7.007	0.000
정치위임 지향	0.015	0.031	0.014	0.474	0.636
주거 환경에 관한 변수					
진제 이후 전입	0.060	0.106	0.023	0.570	0.569
주민등록의 유무	-0.061	0.132	-0.017	-0.462	0.644
세대 수입	-0.006	0.010	-0.020	-0.672	0.502
조작 변수					
성별	-0.053	0.056	-0.028	-0.953	0.341
연령	-0.004	0.002	-0.062	-1.883	0.060
정당지지: 자민당	-0.298	0.084	-0.138	-3.540	0.000
정당지지: 지지정당 없음	-0.121	0.075	-0.064	-1.618	0.106
정치적 접촉:현청이나 시청의 과장급 이상	-0.064	0.039	-0.059	-1.656	0.098
정치적 접촉: 지방 의원이나 국회의원	0.023	0.043	0.019	0.529	0.597
결정 계수(係数)	0.162				
자유도 조정 완료 결정 계수(自由度調整済み決定係数)	0.149				

<표 5> 회귀분석 결과 (1)

피재에 관한 변수 부분을 보면, 세 변수 모두가 통계적으로 유의

(有意)하다는 것이 확인된다. '자신은 피재자다'라고 생각하고 있는 사람이면 사람일수록 그리고 자택 손괴가 있었던 사람이면 사람일수록, 또한 거주지 가까이에 고선량 장소가 있었던 사람일수록, 정부의 피재자 지원이 충분하지 않다고 답하는 경향임을 알 수 있다.

이 결과를 통해서, 재해 피해를 입었다고 하는 인식이 피재자 지원 평가에 영향을 주고 있는 것이라고 말할 수 있을 것이다. 후쿠시마 부흥에 관련한 의식 변수 쪽으로 눈을 돌려보면, 탈원전 지향자일수록 그리고 지방지자체의 진재 이후 진행하는 일들에 대해 불만이 많은 사람일수록 피재자 지원이 불충분하다고 느끼고 있는 것이다. 단, 정치 위임 지향은 피재자 지원 평가와 통계적 유의(有意)적 관계는 보이지 않았다. 거주 환경에 관한 변수 쪽에서는 세 개의 변수 모두가 종속변수와 통계적으로 유의(有意)하지 않았다.

다음으로 원전재해 피난자에 대한 지원을 종속변수로 한 회귀분석 결과를 보기로 하자. 피재에 관한 변수에서는, 자신은 피재자라고 느끼고 있는 자 쪽이 원전재해 피난자 지원을 더 해야 한다고 답하는 경향이었지만, 자택 손괴 유무나 고농도 방사능 지역 유무는 종속변수와 유의한 관계가 아니었다.

후쿠시마 부흥에 관련한 의식변수를 보면, 탈원전을 지향하는 자일수록, 그리고 현이나 시가 하는 일에 만족하는 자일수록 피난자 지원을 더 해야 한다고 답하는 경향에 있다는 결과였었다. 주거 환경에 관한 변수를 보면, 진재 이후에 후쿠시마 시에 새로 이주 해 온 자, 현재 후쿠시마 시에 살면서도 주민등록은 후쿠시마 시가 아닌 자, 그리고 세대 수입이 상대적으로 적은 자일수록 피난자를 지원해야 한다고 답하는 경향을 알 수 있다.

변수명(変数名)	B	표준오차	베타(β)	t값	의(有意) 확
정수	3.227	0.324	0.000	9.953	0.000
피제에 관한 변수					
주관적인 피재자 의식	-0.157	0.040	-0.119	-3.912	0.000
자택 손괴 유무	0.128	0.058	0.065	2.216	0.027
고농도 방사능 지역(핫스폿)의 유무	0.235	0.068	0.101	3.441	0.001
후쿠시마 부흥에 관련한 의식변수					
탈원전 지향	-0.149	0.032	-0.142	-4.647	0.000
진재후 현청이나 시청에서 진행하는 일들에 대한 평가	0.268	0.038	0.213	7.007	0.000
정치위임 지향	0.015	0.031	0.014	0.474	0.636
주거 환경에 관한 변수					
진재 이후 전입	0.060	0.106	0.023	0.570	0.569
주민등록의 유무	-0.061	0.132	-0.017	-0.462	0.644
세대 수입	-0.006	0.010	-0.020	-0.672	0.502
조작 변수					
성별	-0.053	0.056	-0.028	-0.953	0.341
연령	-0.004	0.002	-0.062	-1.883	0.060
정당지지: 자민당	-0.298	0.084	-0.138	-3.540	0.000
정당지지: 지지정당 없음	-0.121	0.075	-0.064	-1.618	0.106
정치적 접촉:현청이나 시청의 과장급 이상	-0.064	0.039	-0.059	-1.656	0.098
정치적 접촉: 지방 의원이나 국회의원	0.023	0.043	0.019	0.529	0.597
결정 계수(係数)	0.162				
자유도 조정 완료 결정 계수(自由度調整済み決定係数)	0.149				

<표 6> 회귀분석 결과 (2)

<표 5>와 <표 6>을 비교해 보면, 주관적 피해자 의식과 같은 해석적 정합성이 있는 것과 동시에 진재 이후 현청과 시청의 일과 관련한 회귀 계수 부호의 방향에서 정합성이 없는 것도 있음을 알 수 있다. 또한 주거 환경에 관한 변수는, 피재자 지원 분석에서 통계적으로 유의미하지는 않지만, 원자력 재해 피난자 쪽 분석에서는 유의한 결과가 나왔다. 피재자・피난자 지원이라는 유사한 물음에 대해서였는데, 그 회답에 영향을 주고 있는 요인은 약간 달랐는데, 이는 <표

5>와 <표 6>이 보여주고 있다.

변수명	B	표준 오차	Wald	유의 확률	EXP(B)
정수	-0.520	0.805	0.417	0.519	0.595
피재에 관한 변수					
주관적인 피재자 의식	-0.156	0.102	2.340	0.126	0.856
자택 손괴 유무	0.004	0.142	0.001	0.977	1.004
고농도 방사능 지역(핫스폿)의 유무	0.274	0.165	2.772	0.096	1.315
후쿠시마 부흥에 관련한 의식변수					
탈원전 지향	0.015	0.079	0.037	0.848	1.015
진재후 현청이나 시청에서 진행하는 일들에 대한 평가	0.396	0.096	17.094	0.000	1.486
정치위임 지향	0.017	0.077	0.049	0.824	1.017
주거 환경에 관한 변수					
진재 이후 전입	-0.262	0.259	1.023	0.312	0.769
주민등록의 유무	0.518	0.342	2.294	0.130	1.679
세대 수입	0.033	0.023	1.976	0.160	1.033
조작 변수					
성별	-0.261	0.137	3.606	0.058	0.771
연령	-0.022	0.005	21.540	0.000	0.978
정당지지: 자민당	0.066	0.211	0.098	0.755	1.068
정당지지: 지지정당 없음	0.151	0.185	0.672	0.412	1.163
정치적 접촉:현청이나 시청의 과장급 이상	-0.163	0.095	2.948	0.086	0.850
정치적 접촉: 지방 의원이나 국회의원	0.032	0.109	0.084	0.771	1.032
-2대수우도(対数尤度)	1324.491				
Cox-Snell R^2	0.071				
Nagellerle R^2	0.097				

<표 7> 두 개항 로지스틱 회귀분석 결과(강제투입법)

'복잡한 감정'을 갖는 사람과 그 이외 사람을 검토하기 위해 실시한 로지스틱 회귀분석 결과가 <표 7>이다. 피재에 관한 변수・후쿠시마 부흥과 관련한 의식변수・주거 환경에 관한 변수 각 독립변수 중에 종속변수에 대해 10% 수준에서 통계적으로 유의한 관계를 보여준 것은, 고농도 방사능 지역 유무와 현청과 시청의 일하는 모습

에 대한 평가뿐이었다. 고농도 방사능 지역과 관련된 자, 현청과 시청의 일하는 모습에 불만이 있는 사람일수록 이중적 감정을 갖기 쉽다는 결과를 보여주고 있다.

단, <표 7>을 보면, 유의 율이 0.10에서 0.20를 나타내는 독립변수가 몇 개 있는데, 변수들 사이에 영향을 서로 준 결과, 유의 확률이 0.10로 그치지 않았을 가능성이 있다. 여기서 추가적으로 강제투입법이 아니라 Wald통계량 확률에 근거한 변수감소법으로 로지스틱 회귀분석을 실시해 보았다.<표 8>

변수명	B	표준 오차	Wald	유의확율	EXP(B)
정수	-0.568	0.479	1.407	0.236	0.567
피제에 관한 변수					
주관적인 피재자 의식					
자택 손괴 유무					
고농도 방사능 지역(핫스폿)의 유무	0.320	0.162	3.904	0.048	1.377
후쿠시마 부흥에 관련한 의식변수					
탈원전 지향					
진재후 현청이나 시청에서 진행하는 일들에 대한 평가	0.428	0.092	21.724	0.000	1.535
정치위임 지향					
주거 환경에 관한 변수					
진제 이후 전입					
주민등록의 유무	0.752	0.274	7.542	0.006	2.122
세대 수입					
조작 변수					
성별	-0.276	0.133	4.275	0.039	0.759
연령	-0.022	0.004	27.537	0.000	0.978
정당지지: 자민당					
정당지지: 지지정당 없음					
정치적 접촉:현청이나 시청의 과장급 이상	-0.165	0.078	4.463	0.035	0.848
정치적 접촉: 지방 의원이나 국회의원					
-2대수우도(対数尤度)	1331.537				
Cox-Snell R^2	0.065				
Nagellerle R^2	0.088				

<표 8> 두 항목 로지스틱 회귀분석 결과(변수감소법)

그러자 주민등록을 후쿠시마 시에 두고 있는가 그렇지 않은가도 통계적으로 유의한 결과를 나타내는 독립변수라는 결과를 얻을 수 있었다. 근처에 고선량 장소를 발견하지 않았다고 한 사람이 이중적 감정에 빠지기 쉽다고 하는 것은, 아주 쉽게 상상이 된다. 그들은 피재지이기도 하면서 원전재해 피난자를 받아들인 이와키 시의 시민 경우와 비슷하다.

원전재해 피난자가 만큼 많은 피해 지원금을 받지 못하고 생활하고 있는 그들은 그것에 불공평하다고 느끼고 있으며, 그 결과가 회답에 반영되고 있다고 생각되기 때문이다. 또한 본 장의 결과에서는 원전재해 피난자에 대한 이중적 감정을 갖고 있는 사람은 후쿠시마 시에 주민등록을 갖고 있으며, 상대적으로 현청과 시청이 하는 일에 불만을 가진 사람이라는 결과가 되는 것이다.

또한 상대적으로 지자체 간부와 접촉할 수 있는 쪽이 복잡한 감정을 갖는 경향이 강했다. 이 결과는 겉으로는 나타나지 않지만, 원전재해 피난자에 대한 대책에 대한 변경 압력이 시정(行政)에 가해지고 있음을 엿볼 수 있는 대목이기도 하다.

3) 센다이(仙台) 조사결과와 대비를 통해 본 세계

앞서 언급한 「진재 피해 교차에 관한 통계적 사회조사에 의한 실증연구－진재 피해와 사회 계층의 관련(성)」연구 프로젝트에서는, 2014년 연말에, 센다이 시에서도 후쿠시마조사 2015와 거의 동일한 조사(센다이조사2015)를 실시했다.[26] 센다이조사 2015에서도 「이번

26) 조사 방법은, 후쿠시마 조사 2015와 동일한 방식인 방문유치법으로 실시했다. 샘플 총 숫자는 1800, 회수율은 67.5%였다. http://www2.rikkyo.ac.jp/web/murase/

대지진 피해자에 대한 정부의 지원은 현상태로 충분하다」고 생각하는가 그렇지 않은가, 그리고 「원전 사고 피난자에게는 지금보다 더 많은 지원을 하는 것이 좋다」고 생각하는가 그렇지 않은가에 대해 질문을 실시했다.

'센다이조사 2015'와 '후쿠시마조사 2015'는, 거의 동일 시기에 실시한 것으로서 비교분석이 가능할 것이다. 이 대비를 보면 회답에 차이가 발견되는데 이를 살펴보기로 하자.

		원자력 발전소 피난자에게는 더 많은 지원을 해야 한다				합계
		그렇게 생각한다	어느 쪽인가 하면 그렇게 생각한다	어느 쪽인가 하면 그렇게 생각하지 않는	그렇게 생각하지 않는다	
정부지원은 충분하다	그렇게 생각한다	0.7%	1.1%	1.1%	2.1%	5.0%
	어느 쪽인가 하면 그렇게 생각한다	3.9%	12.9%	8.1%	2.1%	27.0%
	어느 쪽인가 하면 그렇게 생각하지 않는다	10.0%	24.8%	7.9%	1.4%	44.2%
	그렇게 생각하지 않는다	12.1%	5.7%	3.1%	2.9%	23.8%
합계		26.7%	44.5%	20.3%	8.6%	100.0%

<표 9> 센다이 조사 2015의 회답결과

<표 9>는 '센다이조사 2015'의 회답 결과의 크로스 표이다. 피재자지원에 대한 회답 비율은, 후쿠시마 조사 결과 센다이조사 결과가 거의 비슷한 경향에 있음을 느끼게 해 준다. 그러나 원전재해 피난자에 대한 자세는 약간 차이가 보인다. 크로스 표의 수치로 보면 후쿠시마 시에서는 더 지원을 해야 한다(「어느 쪽인가 하면 그렇다고 생각한다」를 포함한다)고 회답한 자의 비율은 41.7%인 것에 비해

s11/1503sokuho.htm (2016년 3월18일 검색)

센다이 시에서는 71.2%였다. 센다 시 쪽이 원전재해 피난자에 대해 「관용적」이라고 말 할 수 있을 것이다.

한편, 센다이 시에서는 「복잡한 감정」에 해당하는 자는 15.3%에 그쳤다. 이 차이는 후쿠시마 제1원자력 발전소와의 거리 차라는 단순한 것이 아닐 것이다. 센다이 시 중심부는 지진 피해 풍경이 거의 없어져가고 있다. 그러나 후쿠시마 시 주변에는 제염 작업 풍경이 2017년 현재에도 남아 있다. 두 시의 시민이 원자력 피해 피난자와 접할 확률이 크게 다른 것이 회답결과의 차이에 나타난 것이라고 여겨진다. 우리들은 「피재지」라고 하나로 표현해 버리고 있지만, 본 장에서 살펴본 것처럼, 피재지자체 속의 사람들 의식은 동일하지 않으며, 피재지 세 현 중에서도 원자력 피해 피난자에 대한 견해도 온도차가 존재한다는 것을 알 수 있는 것이다.

4. 피재자들의 복잡한 감정을 넘는 부흥정책의 필요성

이상으로 살펴본 내용을 정리하는 것으로 마무리하기로 한다. 피재지 지원이 불충분하다고 생각하는 자는, 원자력 피해 피난자의 지원도 보다 더 많이 해야 할 것이라고 일반적으로 생각할 것이다. 그러나 피재지에 거주하는 원자력발전 피해 피난자를 받아들인 지자체에서는, 피재지 전체 지원을 희망하면서도 원자력발전소 피재자에 대해서는 복잡한 감정을 품고 있는 자가 있음을 알 수 있었다. 앞서 언급한 것처럼, 이와키 시에서는 그러한 주민들이 있다고 보고된 바 있었다.

본 장에서는 후쿠시마조사 2015에서 얻은 데이터를 활용하여 원전재해 피난자를 받아들인 지자체인 후쿠시마 시의 주민들 중에 이와키 시의 경우처럼 복잡한 감정을 품고 있는 자가 없는지 확인해 보았다. 그 결과 그러한 감정을 가진 자가 존재한다는 것을 알 수 있었다. 또한 본 논고에서는 피재자 지원·원전재해 피난자 지원 의식을 규정하는 요인에 대해서 회귀분석을 실시했다. 또한 「복잡한 감정」을 가진 사람이 어떠한 부류의 사람들인가, 로지스틱 회귀분석을 실시해 보았다. 이 분석 결과에 의해 몇 가지 견식을 얻을 수 있었다.

예를 들면, 지원이 충분하지 않다고 하는 평가는, 주관적 피재자 감정이나 탈원전 의식과 유의적인 관계가 있음이 밝혀졌다. 더 나아가 후쿠시마 시에 주민등록을 두고, 현청이나 시청이 진재 이후 하는 일들을 보면서 불만을 갖고 있지만, 지자체 간부와 접촉을 하는 자 일수록 복잡한 감정을 갖는 경향이 강한 것을 알 수 있었다.

'후쿠시마조사 2015'와 거의 동일시기에 실시한 '센다이 조사 2015' 결과를 대비해 보았다. 센다이 시에 거주하는 자가 원자력 피해 피난자에 관용적이라는 것을 알 수 있었다. 센다이와 후쿠시마의 차이는 부흥 진행 상황이나 원전재해 피난자와의 접촉 가능성 차이에 의거하고 있는 것으로 여겨지는데, 이를 종합적으로 보면, 이와키 시처럼 「피재 지자체이면서 원전재해 피난자를 다수 받아들이고 있는 지자체는, 원전재해 피난자에 대해 거리감이 강하고[27], 후쿠시마 시 그리고 센다이 시의 차이에서 후쿠시마 제1원자력발전소와의 거리가 떨어져 있으면 떨어져 있을수록 거부감은 적었다.[28]

27) 『福島民報』 2013년 3월 31일 조간.

28) 단, 이것은 물리적인 거리가 아니라, 인지적인 거리로 볼 수 있을 것이다. 河村和

그렇지만, 후쿠시마 현은 2015년도 말, 자주적 피난자에 대한 대응을 크게 전환시켰다. 현외(県外) 자주적 피난자에 대한 주택 무상제공을 2016년말로 마감한다고 표명하고, 현(県)이 실시하고 있는 임대보조 기간을 2018년도말까지로 한다는 방침을 내놓았다.[29] 후쿠시마 현은, 현외(県外) 자주적 피난자의 현내(県内) 귀환을 촉진하는 정책으로 전환한 것이다. 현외의 자주적 피난자와 그 지원자 중에는 현 방침 전환을 철회하는 집회를 열었고[30], 자주적 피난자에게 호의적인 입장을 취하는 연구자로부터는「자주적 피난자가 길거리에 나돌아 다닌다」라며 비판의 목소리를 내고 있다.[31]

원전재해 피난자는 재해 약자이며, 후쿠시면 현 입장에서는 현민(県民)으로서 서포트 할 필요가 있다고 하는 것은 틀림없다.[32] 그러나 본 논고에서 분석한 것처럼, 이주자를 수용한 지자체에서 생겨나는 거부감을 풀어줄 필요도 있는 것이다. 그렇게 생각하면, 현외 자주적 피난자에 대해서 보여준 후쿠시마 현의 차가운 자세는, 거부감을 느끼는 현 주민에 대한 임시적 대응이며, 현내의 자주적 피난자에 대한 다수의 압력을 완화시키는 정책이라고 볼 수 있을 것이다.

그리고 현외 자주적 피난자 구제는 행정에서 사법 쪽으로 논쟁의 장소를 옮기게 되는 것이다.

徳(2014),『東日本大震災と地方自治－復旧・復興における人々の意識と行政の課題』ぎょうせい, 참조.

29)『福島民報』2015년 12월 26일 조간.

30)『河北新報』2015년 11월 29일 조간.

31)『西日本新聞』2016년 3월 12일 조간.

32) 横山太郎(2015),「原発事故に伴う長期避難に対する市町村への支援のあり方について－県と市町村の協働支援的連携による効果を中心として」政策研究大学院大学修士論文.

동일본대지진 이후 후쿠시마 현에서는 「『임시적 마을』구상」[33]이 화제가 되었다. 「주소가 두 개 있어서 상관없다」라는 발상이 탄생했는데, 이 구상은, 원자력 피해 피난자를 위한 구상이었다. 그러나 이 구상은 그다지 퍼져나가지 않았다. 그리고 「현외 커뮤니티」라는 용어로 치환하면서도 구상은 점점 축소되어 갔다. 법적과제도 동반되면서[34] 「옆 마을에 원전재해 피난자 마을을 만든다」는 이미지가 선행되고, 이주자를 받아들인 지자체 주민을 설득하는 힘을 갖지 못한 것이 커다란 이유였던 것으로 여겨진다.

지진 피해의 풍화와 함께 동일본대지진 피재지를 대상으로 한 연구도 점점 줄어들고 있다. 그러나 공적 의사 결정을 분석하는 필자와 같은 입장에서 보면, 오히려 정치학・행정학에 한정하기는 하지만, 지금부터가 더 유의미한 연구가 나올 수 있는 것이 아닌가라고 생각하고 있다. 왜냐하면, 부흥・창생기를 맞아, 피재 자치제나 피난자를 받아들인 지자체는, 금후 반드시 중대한 정책변경을 하게 되고, 부흥 정책을 어떻게 종결지을지 그것이 초점이 될 것이기 때문이다.

---

33) 今井照(2012), 「「仮の町」構想と自治の原点」『ガバナンス』第137号, pp.22-25. 今井照(2014), 『自治体再建–原発避難と 「異動する村」』筑摩書房.

34) 人見剛(.2014), 「原子力災害避難者住民と 「仮の町」構想」『学術の動向』 2014년 2월호, pp.59-63.

제4부

재해와 사상적 부흥
– 사전 부흥주택론과 내러티브

제8장

‘포스트’ 재해 리질리언스로서 ‘사전부흥론’ - 응급가설주택과 사전부흥계획을 중심으로

1. 사전재해 부흥론과 취약성 그리고 갈등

재난은 사후적으로 발생하는 것처럼 보이지만, 취약성이 재난으로 연결되어 재해가 더 크게 발생한다.[1] 사회재난은, 그 취약성에 대한 민감성으로 연결되는 것이었으며, 오히려 사회적 재난은 취약성에 의해 대재해로 연결하는 원인이었던 것이다. 이러한 불안정성의 취약성 문제는 재해 이후에 원래의 형태를 부흥시키는 것이 아니라 재해 이전에 그 취약성을 극복하여 재해를 대비하는 ‘사전부흥(事前復興)’과 연결시켜 고찰할 필요가 있을 것이다.

이제 무취약, 무재해, 평안, 평온의 시대는 종언을 맞이했다. 이에 대한 경각심에서 등장한 것이 사전부흥이라는 용어였다. 일본에서는 1995년 한신・아와지대지진의 경험을 통해 언은 사전부흥이라는 말이 상용하기 시작했다. 특히 2011년 동일본 대지진 이후에는 도시의 하드웨어 정비뿐만 아니라 새로운 부흥 도시만들기와 주민 의식 변

1) 양기근(2016), 「재난 취약성 극복과 복원력향상 방안」 『Crisisonomy』Vol.12 No.9, 위기관리 이론과 실천, p.143.

혁에 의한 사전부흥론의 중대성이 강조되게 되었다.

대표적인 예로서 아직 발생하지 않았지만, 도래할 것이라고 예측되는 남해트러프지진(Nankai Trough Earthquake)이나, 도쿄의 수도직하형(首都直下型) 지진에 대한 사전부흥계획이 제언되고 있다.[2)]

이처럼 일본에서는 '사전부흥계획'이라는 말이 이미 시민권을 얻었다. 1995년에 발생한 한신・아와지대지진 이후 대지진의 피해를 복구하고, 도시 부흥을 위해 재해에서 일상으로 회복하기 위한 논리들의 한 부류이다. 즉 지진을 비롯한 대형 재해가 발생했을 때, 물론 사후에 즉흥적이고 실효성 있는 대책이 이루어지는 것도 중요하다. 사후 대책으로서 회복 즉 리질리언스(resilience) 또한 중요하다. 그렇지만, 재해에 즉시적이고 실효적이게 대처하기 위해서는 사전에 그 재해에 대한 대책을 마련해 둘 필요가 있다는 것에 대해 새롭게 주목할 필요가 있다.

사전에 대책을 마련한다거나 훈련을 통해 대응 방법을 강구해 두는 것은 지극히 일반적인 사전 대응이라고 볼 수 있다. 이것은 재해 관련 분야에서는 감재 즉 재해를 최소화 한다는 의미이다. 그리고 또 하나는 방재 즉 재해를 막는 것을 중시하는 용어로 사용되어 왔다. 물론 감재나 방재는 재해가 발생한 이후 사후 대응과 복구가 연결되면서, 리질리언스 즉 회복을 합리적이고 실효적이게 이루어지는 것을 도울 수 있을 것이다.

---

2) 大地昭生(2017),「南海トラフ巨大地震に備える: 東日本大震災の教訓を生かして」『配管技術』59(9), 日本工業出版, pp.13-19. 後藤忠徳(2016),「西日本の内陸, 南海トラフ, 首都直下, 熊本地震を受けて, 地震学者が警戒する地域は?」『婦人公論』101(10), pp.56-59.

그런데 사전부흥 계획이라는 말은, 감재와 방재를 위해서 미리 그 지역이 가진 취약성(脆弱性)을 인지하고, 리질리언스를 위해 사후적으로 재구성하게 되는 사후 지혜를 미리 강구한다는 의미를 내포한다. 이렇게 본다면, 이 사전부흥계획이란 용어는 모순된 개념으로 보인다. 사전이라는 말은 아직 재해가 발생하기 이전인데, 어떻게 재해 이후에 리질리언스와 연결되는 부흥이라고 표현할 수 있는가라는 것이다. 즉 부흥이란 사후에 이루어지는 작업이고, 사전에 사후의 것을 부흥시킨다는 것은, 모순이라고 생각될 수도 있다.[3)]

그러나 재해 발생 후 전개될 사안을 상정하여[4)] 사전에 그 재해가 일으킨 피해의 부흥까지 준비한다는 의미가 내포되어 있는 것이다. 일본에서는 한신・아와지대지진의 피해로부터 복구하는데 너무 시간이 오래 걸리면서 원상태, 그러니까 재해가 발생하기 이전 상태로 도시 기능을 복구하는 과정에서, 새로운 도시계획 논리가 도입되게 되었다. 즉, 시간이 멈추어있는 것이 아니라, 주변 환경이나 시대적 기술이 동시에 진행되기 때문에, 즉 새로운 시대적 흐름을 복구에 적극적으로 도입하게 되면서 새로운 도시를 만들어갔고 실제로 새로운 도시로 탄생했는데, 이를 '부흥도시만들기'라는 말로 담아냈다.

---

3) 中林一樹(1999), 「都市の地震災害に対する事前復興計画の考察:東京都の震災復興戦略と事前準備の考え方を事例に」『総合都市研究』第68号, 東京都立大学都市研究センター, p.141.

4) 鎌田薫他(2015), 『震災後に考える:東日本大震災と向き合う92の分析と提言』早稲田大学, pp.ⅵ-ⅹi. 가마다 가오루 이외에 92명의 집필자 즉 92개 방면에서 동일본대지진의 재해를 논한 것이다. 큰 틀의 목차만 제시하면 이하와 같다. 제1부가 재해상황과 재해 대응, 제2부가 원자력 발전 사고를 둘러싸고, 제3부 피난자와 가족, 어린이가 직면한 문제, 제4부 커뮤니티 재건과 문화, 제5부 부흥을 위한 제도와 법을 생각한다, 제6부 전문가의 힘을 살리는 지원, 제7부 학생 볼런티어의 전개, 제8부 재해를 재대로 보아 기록하고 전달한다, 제9부 세계 속의 동일본대지진으로 구성되어 있다.

이 말은 도시 재건 과정에서 나온 실천과 행정 정책의 검증과 고찰에서 나온 용어이기도 한 것이다. 특히 이것을 더 심화시켜 사전부흥 도시만들기라는 표어가 등장하고, 사전부흥 도시만들기 즉 감재나 방재 논리를 건축이나 도시 인프라 등등 전반에 걸쳐 전문가들이 적극적으로 참가하여 새로운 도시만들기에 도입시키는 논리인 것이다. 동시에 아직 피해를 입지 않았지만 취약성을 수정하면서 도시를 만들어 가는 방법이 부흥도시론이며 사전부흥 도시만들기인 것이다.

기존에 중시하던 방재나 감재 개념과 리질리언스를 살려 사전부흥으로 이어지는 논리를 탄생시킨 것이다. 특히 이를 창안하는데 있어서 중요한 역할을 한 것 중 하나가 감재였다. 감재란 어느 정도 피해가 발생할 것이라는 것을 전제로 하여, 사전에 지역의 취약성을 검토하고, 그 부분을 인지한 후 사전 예방과 응급대응 준비, 그리고 복구 및 부흥에 대해서도 사전에 준비해 둔다는 사고방식이다.[5] 대책의 더하기가 아니라 피해의 뺄샘이었던 것이다.

즉 사후적인 것의 반성과 지혜에서 나온 사전적인 의미로서, 재해 발생 이전에 미리 부흥까지도 상정/상정외를 상정한다는 의미이며, 기존의 방재, 감재, 리질리언스를 넘어 사전 부흥 계획을 강조하고 있는 것이다. 이것은 일본 내에서 생긴 조어(造語)인데, 영어로 다양하게 표현된다. 즉 상황과 형편에 따라 'pre-disaster planning', 'pre disaster reconery planning', 'preparedness', 'reconstruction' 등등으로 적는다. 정확한 영어 표현이 있다기보다는 사용자의 의도나 인식에

5) 室崎益輝(2015), 「近畿圏における大規模・広域災害と防災対策」 『都市計画』64巻6號, 日本都市計画學會, pp.24-27.

의해 자의적으로 사용가능한 용어인 것이다. 이는 기존에 영미권에서 사용한 도시만들기 이론을 도입한 것이라기보다는 자체 내에서 새롭게 창조한 용어이기 때문에, 오히려 영어로 영미권에 발신하는 의미를 갖고 있기도 하다. 일본이 재해를 통한 새로운 조어로서 세계적 보편성을 갖는 용어를 발신하고 창출하는 행위이기도 한 것이다. 다시 말해서 근대적 사회에 존재하는 문제들을 서구중심주의나 서구적 모델에 의거했던 기존 패러다임에 대한 새로운 모델이기도 한 것이다.

그와 동시에 이제 이 사전부흥 계획(부흥 도시만들기) 이론은 더 심화해 갈 필요가 있다. 앞서 설명한 것처럼 재해가 발생하지 않은 사전이기 때문에, 사후는 존재하지 않을 수도 있다. 왜냐하면 발생하지 않은 상태이기 때문이다. 그렇지만, 재해가 발생한 이후에 나온 자료들을 보면, 그것은 재해가 발생한 현실인 것으로, 현실은 재해가 발생하면 그 사후가 현실이 될 수 있다는 것이 된다.

그것은 상정, 상정외로 표현되기도 하는데, 그것은 상정하는 방식의 복합성을 가르쳐준다. 이 '상정/상정외'를 '상정'하는 것을 통해 재해나 재난이 발생했을 때 발생하는 사채를 발생하기 이전에 내 안에서 인지하는 논리인 것이다. 그것은 필자의 입장에서는 <사전=현재적 자아>→<사전부흥=비자아의 자각>→<신사전부흥론=내안에 존재하는 타자를 자각>하는 새로운 자아로 연결되어, 사전 부흥 자아론 또한 가능해 진다고 보는 것이다.

이를 구체적으로 증명하고 제언하기 위해서, 본 장에서는 응급가설주택에 대해서 논의하고자 한다. 응급가설주택이란 말 그대로 응급/임시적으로 머무는 주거의 의미이다. 재해가 발생하면, 일단 피난처나 피난소로 대피했다가 다시 일상적 영구주거/주택으로 가야하는데, 그 중간에 머무르는 공간이 응급가설주택인 것이다.

그런데, 실제로 피난소에서 영구주택으로 이주하는 데는 적어도 1년 이상이 걸리게 된다. 그렇기 때문에 실제로 응급가설주택이라고는 하지만, 장기간 거주공간으로서 응급가설주택의 역할을 매우 크다. 그렇기 때문에 이 주거와 재해의 문제는 사전부흥 도시만들기나 사전 부흥계획에서 빼놓을 수 없는 중요한 부분이다. 특히 사전 부흥계획과 연결하여 응급가설주택의 연관성을 그 계보로부터 들여다 보면서, 사전부흥 도시만들기나 사전부흥계획을 '사상으로서 응급가설주택'을 제언하고자 한다.

2. '사전부흥론'의 탄생

<도래할 것으로 예측되는 재해>에 어떻게 대비해야 하는가라는 것은 중대한 문제이다. 이를 위해 새롭게 등장한 용어로 사전부흥이라고 거듭 설명했다. 이 사전부흥이라는 말은 원래 개념적으로 완성된 채로 출발한 것이 아니라 1995년 한신・아와지대지진 때 복구과 부흥 과정에서 전문가들 사이에서 '소근거림'으로 나왔던 사적인 용어였다.[6] 그후 국토청(國土廳)에서 '방재기본계획' 재검토 중에 공식적으로 사용된 것에서 방재 관련 관계자들에게 공유되면서 퍼져 나갔던 용어였다.[7]

---

6) 佐藤滋(2007), 「事前に復興まちづくりに取り組む」『日本建築学会叢書8 大震災に備えるシリーズII 復興まちづくり』社団法人日本建築学会, p.270.

이처럼 사전부흥론이라는 말은 어떤 개념이 성립되면서 존재했다기보다는 한신・아와지대지진 이후 새롭게 등장한 용어였던 것이다. 즉 재해의 역사적 시대적 흐름 속에서 새롭게 정립된 개념인 것이다.

달리 말하자면, 시대적 흐름과 함께 그 사전부흥이라는 용어가 사용되어진 것인데 역으로, 특히 재해 후 이 용어들에 대한 새로운 의미가 부착되는 것을 생각한다면, 재해 발생 이후에 어떤 일이 필요하게 되고 대체적으로 나타나는가를 상정하는데 필요했던 사전부흥론의 의미의 재고찰이 가능해지는 것이다.

한 마디로 말하면, 사전부흥이란 "해당 지역이 재해가 발생했을 경우를 상정하여 재해가 발생 했을 때 지역의 기능과 주민 생활에 피해가 발생할 것을 사전에 상정하여, 재해가 발생 했을 때 부흥 대책이나 사업 내용, 방법, 수순, 부흥 이념, 부흥 목표 등을 미리 검토해 두는 것이다. 재해가 발생 했을 때 신속하고 원활한 부흥을 위해 입안 및 부흥 사업의 추진을 꾀하기 위한 계획"[8]인 것이다.

그래서 이 사전부흥이라는 말 자체는 "미리 앞서서 대규모 재해가 예상된 지역에서 '피해'가 발생할 것을 상정하여, 부흥대책의 기본 방침이나 체제, 체제, 수순, 수법 등을 사전에 정리함과 동시에 그것에 관계되는 사업 실시, 보급, 계발(啓發), 훈련, 검증을 미리 실행해 두는 것"[9]을 가리킨다고 명시되었다.

---

7) 中村一樹(1999), 「都市の地震災害に対する事前復興計画の考察: 東京都の震災復興戦略と事前準備の考え方を事例に」『総合都市研究』第68号, 東京都立大学都市研究センター, pp.141-164.

8) 山田美由紀, 佐藤隆雄(1998), 「「復興計画」及び「事前復興計画」に関する考察的研究」『地域安全学会論文報告集』(8), 地域安全学会, p.298.

즉 재해가 발생하기 이전에 미리 사전에 재해 발생을 상정하여 부흥대책을 강구해 두는 것이라고 볼 수 있다. 그러니까 사전에 재해에 대해 대비책을 마련하고, 그 내용을 명시하여 공유하고 모의 훈련 등을 통해 준비하는 것이다. 그런데 여기서 등장하는 표현들 상정과 부흥, 부흥 계획이 있는데, 이는 서로 공조(共助)적이면서 서로 모순을 갖는 의미가 내포되어 있기도 하다.

그렇지만, 실재로는 부흥의 의미, 부흥의 정의는 성문화되지 않았다. 일본의 경우 '재해대책 기본법'에는 두 곳에서 정의를 내리고 있다. 야마나카 시게키(山中茂樹)가 제시하듯이, 재해 복구의 세계는 피재자들 그들의 세계라는 논리이며 부흥이나 생활 재건은 자체나 개인의 자조적인 노력의 세계라는 의미만을 내포한다고 보고,[10] 자조와 공조, 부조의 논리가 결여되었음을 지적했다.

그러한 의미에도 부흥의 논리를 '사전'·'부흥'·'계획'이라는 용어와 함께 사용을 하면 더욱 복잡해진다. 사전부흥계획을 상정할 때 우선 중요한 것은, 부흥계획의 대상범위와 부흥 이념 및 부흥에 대한 사고방식을 어떻게 설정하는가라는 것이다. 다시 말해서 무엇을 부흥이라고 할 것인가, 처음부터 부흥계획이란 무엇인가, 또한 어떻게 위치를 정할 것인가라는 토론은 최근에 시작되었다고 말해도 될

9) 甲斐悠介・安武敦子(2017),「地域防災計画における事前復興の取り組みに関する研究」『長崎大学工学研究科研究報告』第47巻第88号, 長崎大学大学院工学研究科, p.94. 中村一樹・池田浩敬(2002),「事前復興計画」『防災辞典』築地書館, p.163.

10) 첫 번째는, 시설의 복구나 피해자의 보호를 꾀하고 재해로부터 부흥에 노력하지 않으면 안 된다고 규정되어 있다. 두 번째는 피해자의 재해부흥의 의욕을 진작(振作)시키기 위해 필요한 시책을 강구하는 것이라고 정하고 있다. 간단하게 말하자면 '노력 규정 '이면서 재해에 대한 특별법이나 필요한 조치를 의무화 한 조항에 불과 한 것이다. 山中茂樹(2009),「事前復興計画のススメ-この国の明日を紡ぐ」『災害復興研究』(1), 関西学院大学災害復興制度研究所, p.183.

것이다. 게다가 '원형에 회복한다'라는 복구가 부흥과 얽히면서 여러 가지로 해석되는 상황도 나타난다. 복구와 부흥의 내용에 대해서도 재검토의 단계에 이르른 것이다.[11]

도시부흥에의 대처 주체를 주민의 신속한 복구를 지원하기 위한 것이고, 그 부흥수준은 원상태로의 복구로 설정하고 있다. 한편 후자는 피해정도와 해당구역의 상황에 호응하여 다양한 도시부흥의 대처가 가능하도록 사전에 그 수순이나 계획책정 수법을 개발하는 등을 정리한 것이다.[12]

야마다 미유키(山田美由紀)와 사토 다카오(佐藤隆雄)는 사전부흥계획은 도시부흥과 생활부흥으로 나누어서 세워야 한다고 주장했다. 말 그대로 주택, 도로, 공원, 라이프라인, 하천 등이 복구라는 기반정비의 회복을 가리킨다. 그리고 생활부흥이란, 주택이나 의료, 복지, 보건, 학교교육, 문화, 산업 등등을 가리키는 것이다. 물론 이러한 도시부흥과 생활부흥은 서로 깊게 연결되어 있기 때문에, 이를 관통하는 부흥 계획 매뉴얼에서는 응급대응, 복구, 부흥의 세단계로 나누어 각각을 세분화 했다. 이는 도시 기능과 생활 기능의 부흥이라는 것은, '옛 상태의 수준을 넘는 새로운 가치나 질이 부가된 도시공간을 낳기 위한 조치를 강구하는 것'이라고 상정하고 있다.[13]

---

11) 山田美由紀, 佐藤隆雄(1998), 「「復興計画」及び「事前復興計画」に関する考察的研究」『地域安全学会論文報告集』Vol.8, 地域安全学会, p.298.

12) 中林一樹(1999), 「都市の地震災害に対する事前復興計画の考察:東京都の震災復興戦略と事前準備の考え方を事例に」『総合都市研究』第68号, 東京都立大学都市研究センター, p.141.

13) 山田美由紀, 佐藤隆雄(1998), 「「復興計画」及び「事前復興計画」に関する考察的研究」『地域安全学会論文報告集』Vol.8, 地域安全学会, p.298. 응급대응-생명 유지, 생활확보를 위한 필요한 조치를 강구하는 것. 복구-도시생활이나 도시 활동을 옛 상태로 되돌리기 위한 조치를 강구하는 것. 부흥-구(舊)상태 수준을 넘는 새로운 가치

기반정비를 수반하지 않는 것을 복구, 기반설비를 동반하는 것을 부흥이라고 하고, 도로나 공원에서는 가령 진재 전 시점에서 새로운 가치가 부여되는 것, 즉 고령자나 장애자의 배려나 경관 형성, 내진화 등이긴 하지만, 옛날 즉 이전 상태와 동일한 수준으로 돌리는 본격 보수 또는 형상 회복이라면 복구, 도로 신설이나 공원 확장, 설치 등은 부흥이다. 그렇기 때문에 복구를 어디까지나 구 상태 수준의 회복이기 때문에 본격적인 작업을 가리키고 있는 것에 대해 부흥은 새로운 설치나 개발을 동반한 작업을 가리키는 것이다.[14]

이러한 사전 부흥에 대해 좀 더 구체적으로 다룬 야마나카 시게키는 사전부흥이라는 용어 그리고 개념에는 오해가 생길 수 있는 난점도 존재한다고 보았다.

그리하여 제시한 것이 사전부흥계획은 부흥을 이야기하기 전에 먼저 자기 지역의 취약성을 발견하는 것이며, 피재 현실과 법제도의 괴리를 발견하는 것이라고 표현했다. 그 연장선상에서 야마나카 시기케는 사전 부흥의 두 가지 용법을 제시한다.

> ① 재해가 발생했을 때를 상정하여 피해를 최소화하는 것으로 연결되는 도시 계획이나 도시만들기를 추진하는 것, 감재나 방재 도시만들기 일환으로서 행하는 대처방법의 하나이다. 즉 평상시에 재해가 발생했다고 생각하고 방재에 힘을 쏟는 것이다. 이것을 사전 부흥이라는 말로 표현한 것임, 여기서의 부흥이라는 말은 토목공학적인 의미로 사용된다. ②재해 발생 후, 한정된 시간 내에 부흥에 관한 의사 결정이나 조직을 시급하게 만들어야 한다. 거기서 부흥 대책 수순의 명확화, 부흥에 관한 기초 데이터 수집 및 확인

나 질을 부여한 도시공간을 낳기 위한 조치를 강구하는 것이다.

14) 山田美由紀, 佐藤隆雄(1998), 상게잡지, p.299.

> 등을 사전에 갖추어 놓는 것이야말로 사전 부흥이라고 생각하는 것도 있다. 기업이 위기관리 매뉴얼을 준비한다거나 보험에 가입해 둔다거나 하는 것들이 일례이다. 여기에서의 부흥은 소프트나 방면이다. 지혜나 교훈의 전승 및 축적을 구현화 하는 의미를 갖고 있다.[15]

야마나카 시게키는 크게 ①은 토목공학적인 방면이며, ②는 지혜나 교훈이라는 소프트 방면으로 나누어 설명했다. 여기서 이 두 방면을 부정하는 것은 아니지만, 자주 사용되는 용어가 재해에 대비하는 것으로서 피해를 최소화 하면서 새롭게 세우는 도시계획 또는 도시만들기 작업으로 연결시켰다.

그리고 그것은 감재, 방재의 도시만들기라는 표현으로 변형 되었다. 그리고 재해가 발생하면 즉시 부흥을 위한 결정이 이루어지고 조직적으로 대책이 수립되어야 하는데, 이를 위해서는 사전에 부흥대책 수순이나 기초 데이터 등이 갖추어져 있어야 한다는 의미였다. 앞서 경험한 지혜나 교훈의 활용을 논하는 것이다.

실제 2011년 동일본대지진에서는 한신・아와지대지진의 경험을 살려 재해리스크에 대한 취약성을 살려 회복력을 사전에 유지하고 있었는가를 지적하기도 했다. 동일본대지진에서는 사전부흥의 논리와 함께 이 사전부흥을 위해서는 리질리언스가 가진 중요성에 중점이 놓여져 있었다. 리질리언스는 회복력이나 저항력으로 표현되는데, 이는 원래 생리학 용어로서 발달심리학이나 사회학에 응용되었었다.[16]

---

15) 山中茂樹(2009),「事前復興計画のススメ-この国の明日を紡ぐ」『災害復興研究』Vol.1, 関西学院大学災害復興制度研究所, p.181.

16) 양기근은 취약성과 복원력의 관계를 논하면서, 이 리질리언스를 복원력이라고 사

이것이 재해 회복의 논리로 전사(転使)한 것으로, 리질리언스의 향상을 주장하는데 사용한다. 재해나 위기에 직면했을 때 그 상황에 적응하면서 한편으로 그 위험으로부터 회복하기 위한 저항력의 폭을 넓혀 두는 것이었다. 즉 재해나 위험 상황을 극복할 수 있도록 개인이나 그 해당 지역 내부에 축적된 문제해결 능력을 발휘하도록 하는 것을 일종의 리질리언스 즉 부활력이라고 제시했다.[17)]

리질리언스 또한 회복이나 저항력 강화라고도 볼 수 있으며, 그것을 바탕으로 부활하는 측면을 제시하는 논리이기도 하다. 이는 사전 부흥과도 연결된다고 볼 수 있다. 이는 과거 사례에서 무엇을 배울 것인가에 대한 물음이기도 하다. 예를 들면, 사전의 도시부흥 계획에 없었지만, 동일본대지진 이후에는 라이프라인과 인프라를 재구축하면서 하나의 현실 부흥 논리로 나타난 것이 '피재지 관광 산업'의 창출이기도 했다. 이것은 사전 부흥 계획에 존재하지 않던 도시부흥의 책정이기도 했다.[18)]

사전 부흥 도시만들기는 해당 지역의 리질리언스의 관계성 만들기로 전개하는 것이다. 지역의 관계성 만들기와 관련하여 한신・아

용했다. 복원력의 출발은 홀링(Holling)이 제안한 논리 즉 '시스템의 지속성을 유지하고 변화와 교란을 흡수하고 인구나 상태 변수 사이에 동일한 관계를 유지하는 능력 '으로 정의한 것과 포크(Folke)의 '혼란이나 교란을 흡수하고 기본적인 기능과 구조를 유지하는 시스템 능력 '이라며 그 원(源) 정의를 제시했다. 그리고 복원력은 '다시 뛰어오른다(to jump back) '는 뜻으로 라틴어의 리실리오(resilio)에서 비롯되었는데, 이 용어는 분야에 따라 다르게 정의되었음을 밝혔다. 한국에서는 리질리언스를 복원력, 회복력, 탄력성이라는 뜻으로 환경, 생태, 사회학, 가족학 등에서 부분적으로 사용하고 있으나 아직 합의된 용어는 아니라고 밝혔다. 양기근(2016), 「재난 취약성 극복과 복원력향상 방안」『Crisisonomy』Vol.12 No.9, 위기관리 이론과 실천, p.144.

17) 金菱清(2016), 『震災学入門』筑摩新書, pp.31-32.

18) 額賀信・佐藤潤・三浦丈志(2012), 「観光主導の復興戦略」『東日本大復興』東日本放送, pp.119-129.

와지대지진 이후 피난소 개설 운영이라는 피난 생활기의 역할 전개도 기획했다. 이러한 지역 방재 체제의 전개와도 연계하여 사전부흥 도시만들기를 전개해 가는 것이 된다.

그럼에도 불구하고, 사전 부흥 계획이라는 용어에는 여전히 모순이 남는다. 진재나 사고가 발생하지 않았으며, 그리고 그것이 어떤 형태의 규모로, 언제 어떻게 발생할지 상정이 되지 않기 때문이다. 그런 상태에서 부흥 계획을 세우고, 실질적인 형태를 미리 갖춘다는 것에는 모순성을 불식시킬 수 없는 것이다.

이러한 모순성을 극복하기 위해서 일반적으로 사전부흥을 위해서는 재난이 발생 했다는 것을 가정하여, 이에 대응하기 위해 모의훈련이나 회의 등을 갖는 방식을 취한다. 그런데 그 훈련을 통해 나타나듯이, 그 모의 훈련 중에서도 새로운 대응 논리가 표출되고, 새로운 문제들이 발생하게 되는 경우를 종종 본다. 말 그대로 모의 훈련조차도 그대로 실행되는 것이 아니라, 또 다른 문제를 낳게 되는 것이다.

바로 상정외의 현상이 다시 발생하는 것이다. 동시에 모의 훈련을 통해 대응 방식이 완벽하게 적용되지 않는 경우도 존재한다. 2011년 동일본 대지진의 경우에서 나타난 것처럼, 쓰나미의 높이를 상정하지 못했기 때문에, 훈련에 맞춰 피난을 했지만, 피해를 본 경우가 적지 않기 때문이다.

'사전부흥계획'이란 먼저 이런 상황들, 즉 사후적 상황들 속에서 나타난 상황 들을 전체적으로 조감하면서, 그것을 상정과 상정외의 상황을 사전에 인지하는 작업이 필요하다. 그래서 사전부흥계획이 갖는 개념과 그것에 내포된 의미들을 사루에 발생한 상정외의 논리들도 포함하여, 사전에 고려해야할 사항들을 준비하고 공유화하면서 실천해 가는 것이 필요한 것이다.

그것은 다시 사후 도시 부흥에 있어서 신속성이나 즉효성을 확보함과 동시에 사전에 주민의 주체적 참가에 근거한 방재 도시만들기, 방재 도시만들기를 촉진하여 부흥도시 만들기를 향한 실천적인 실효성과도 연결된다.

이러한 의미에서 무너지는 안전 신화를 사전부흥계획 이론을 통해 부흥재해론을 넘어서, 새롭게 개인과 사회가 부흥한다는 개인/도시부흥의 창조와 연결시켜야 할 것이다. 일본에서는 창생을 '소세이(そうせい)'라고 발음하는데, 이와 동일한 발음이지만 한자가 다른 총생(叢生)을 사용해서, 창생이란 새롭게 복원되는 과정이라고도 말하기도 한다.

즉, 재해이든 인재이든 그것이 내포하는 간접 피재, 직접 피재를 상정한 사전부흥에 의해 재해부흥에 대한 시선을 획득하고, 이 과정을 거쳐 부흥 거버넌스, 부흥 창생으로 나아가야 하는 것이다.[19)]

이러한 과정에 대해 제시된 하나의 예를 도식적으로 본다면, 아래와 같은 경우가 있을 수 있다.

---

19) 大矢根淳(2012), 「被災へのまなざしの叢生過程をめぐって」『環境社会学研究』第18号, 新曜社, pp.96-111.

종합적 부흥계획				
재해부흥본부의 설립 재해부흥검토위원회 도시부흥기본계획검토 위원회	당일-1주간	부흥초동체제의 확립		
‖	↓			
주택부흥방침등의 책정 생활복구지원책의 제공	1주간-1개월	도시부흥 기본 방침 책정		
‖	↓	|	|	
주택부흥계획 책정	2개월-3개월	도시부흥기본 계획(골자안) 작성 공표	도시부흥계획책의 책정, 도시 계획 결정	주민과의 협의 및 합의 형성
‖	↓	|	|	
부흥계획 가이드라인 (기본구상)의 책정	↓	|	|	
‖	↓	|	|	
부흥계획의 책정	3개월-6개월	도시부흥기본 계획의 책정	부흥사업계획 등의 확정	
‖	↓	|	|	
부흥계획의 추진	6개월-1년	도시부흥기본 계획의 추진	도시부흥사업 등의 추진	
‖	↓			
생활경제부문의 부흥계획	1년-10년	도시만들기 부문의 부흥계획		

〈표 10〉 中林一樹(1999).「都市の地震災害に対する事前復興計画の考察: 東京都の震災復興戦略と事前準備の考え方を事例に」『総合都市研究』第68号, 東京都立大学都市研究センター, p.152 참조

이때 특히 중요한 것이 주거와 생활의 복구 부흥인데[20], 이것은 단순하게 '복구'에 그치는 것이 아니라 어떻게 부흥으로 연결해 갈 것인지는, 아직도 한계가 아직도 존재한다. 주거 특히 주택의 문제는 기본적 생활 유지를 유한 기본적 조건의 하나이며, 감재나 방재

20) 中林一樹(1999), 「都市の地震災害に対する事前復興計画の考察:東京都の震災復興戦略と事前準備の考え方を事例に」『総合都市研究』第68号, 東京都立大学都市研究センター, p.142.

도시만들기 그리고 사전부흥대책의 방안 마련을 위해서도 중요한 문제인 것이다.

3. 응급가설주택의 변용과 현상

1) 응급가설주택의 주체적 부흥

① 생활 재건 과정과 밑바닥으로부터의 재생(The Grass Roots)

재해와 주택문제의 중대성은 말할 필요도 없을 것이다.[21] 대다수의 주택이 소실되거나 붕괴되어 많은 사람들이 피난소나 응급가설주택으로 피난생활을 한다.

그렇지만, 피난소나 응급가설주택 공급에 문제점이 지적된다. 한신・아와지 대지진을 계기로 감재라는 시점에서 사전부흥 도시만들기가 잉태된 과정은 앞서 언급했다. 여기서 중요한 대상으로 부각된 것이 건축과 마을 만들기, 인간 생활 분야에 중대한 개념으로서 사전부흥 도시만들기가 재고되어야 한다는 착상(着想)에 이르게 된다.

일본에서는 재해나 재난이 발생하며, 제일 먼저 체육관이나 학교 등 피난처로 지정된 공공시설에 일시적으로 피난한다. 그 후 다시 자신의 주택으로 이주하기 전까지 임시적인 주택에서 생활하게 되는데, 그것이 바로 응급가설주택이다.[22]

---

21) 国友直人(2013),「災害と住宅問題: 東日本大震災からの教訓」『経済学論集』79巻1号, 東京大学経済学会, pp.2-16.

22) 牧紀男, 三浦研, 小林正美(1995),「応急仮設住宅の物理的実態と問題点に関する研究: 災害後に供給される住宅に関する研究)」『日本建築学会計画系論文集』Vol.60 No.476, 日本建築学会, p.125.

이 응급가설주택은 두 가지 종류가 있다. 하나는 새롭게 건설하여 피해자에게 제공된 조립식 건축(프리패브, prefabrication)으로 일반적으로 말하는 가설주택이다. 민간의 임대주택 등을 빌려서 제공하는 '미나시 가설주택'23)이라 불리는 주택도 있다. 가설주택은 재해구조법에 근거를 두고 설치하게 되는데, 이 재해구조법 소관은 후생노동성(厚生勞動省)으로 후생노동성에서 건설기준을 만든다.

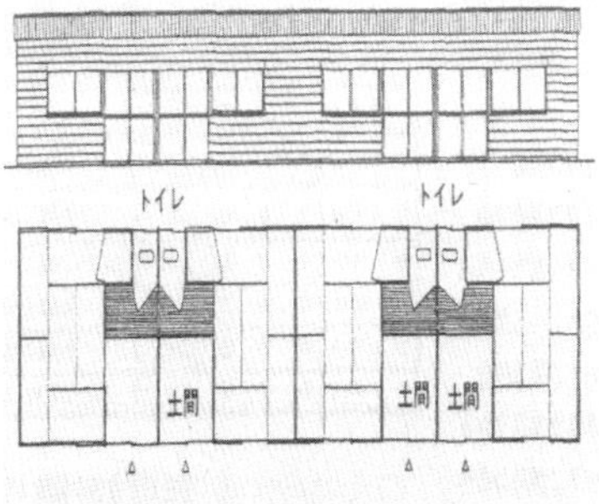

<그림 1> 1950년대 효고현에 지은 가설 주택의 단면

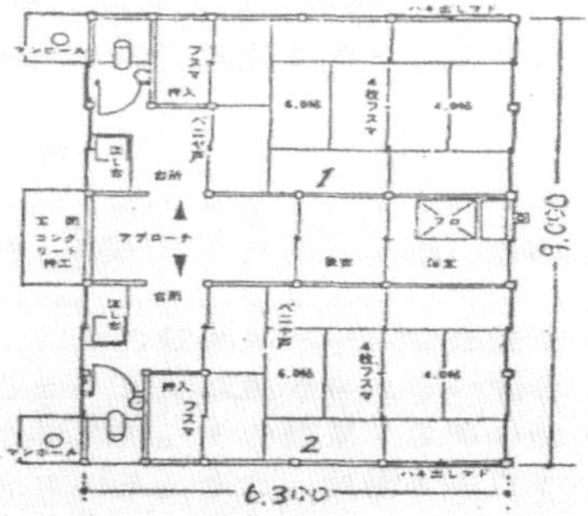

<그림 2> 1976년의 가설주택 모습

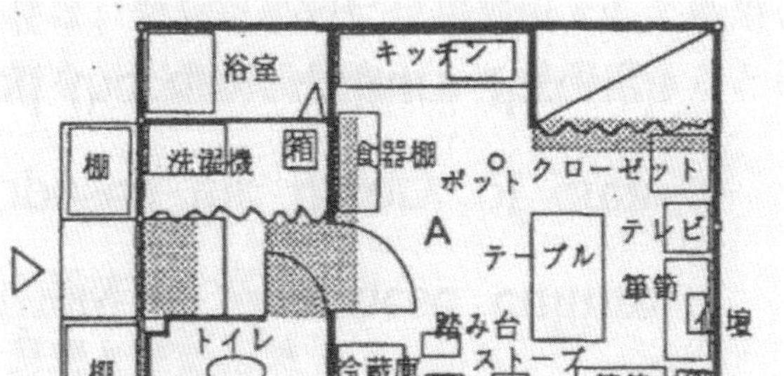

<그림 3> 1994년의 가설 주택 모습

23) 미나시가설주택(みなし仮設住宅)은 재해로 주거를 잃은 피해자가 민간사업자의 임대주택을 임시로 빌려, 입주한 경우에는 그 임대주택을 국가나 자치단체에서 제공하는 가설주택(응급가설주택)에 준하는 것으로 간주한다.

2013년 재해구조법 개정으로 소관이 내각부로 이관되었다. 구체적으로 응급가설주택의 방 면적을 보면, 일반적인 방 한 칸은, 29.7평방미터로 9평정도가 된다. 방 2개, 그리고 부엌, 욕실, 화장실이 있다. 그리고 가설주택의 제공기간은 2년이지만, 한신・아와지대지진 때는 5년까지였고, 나가타(新潟)추에쓰(中越)지진 때는 3년이었다. 이번 동일본대지진의 경우도 특례가 적용되어 1년씩 연장하기로 되어있다.24)

그런데 이 응급가설주택의 문제점이 존재했다. 첫째 응급가설주택의 공급의 문제, 둘째 주택 배치의 문제, 셋째 실제 생활상의 문제가 그것이다. 대재해시의 응급가설주택의 공급이 재대로 진척되지 않는 것의 문제, 즉 행정절차와 가설주택 택지에 제공에 대한 협의가 늦어지는 문제가 발생한다.25) 이 문제는 한신・아와지대지진 발생에 의해 다시 응급가설주택의 제공 문제가 부상하게 된 것이다. 공급문제가 발생한 것이다.26)

그리고 사전부흥계획 상에는 응급가설주택에 대한 계획이 존재하지만, 동일본대지진에서도 가설주택 및 가설주택 단지의 계획 이론이 미성숙했다는 점과 가설주택 건설이 재해부흥 도시계획과 유기

---

24) 古関良行(2013), 「仮設住宅史を繙く-関東大震災から東日本大震災九〇年後の今」東北学院大学『震災学』vol.3, 荒蝦夷, pp.84-85.

25) 室崎益輝(1994), 「応急仮設住宅における居住生活上の問題点」『地域安全学会論文報告集』No.4, 地域安全学会, pp.39-49.

26) 牧紀男, 三浦研, 小林正美(1995), 「応急仮設住宅の物理的実態と問題点に関する研究: 災害後に供給される住宅に関する研究」『日本建築学会計画系論文集』Vol.60No.476, 日本建築学会, pp.125-133. 越山健治, 室崎益輝(1995), 「阪神・淡路大震災における応急仮設住宅供給に関する研究: 神戸市周辺7市におけるアンケート調査から」『地域安全学会論文報告集』No.5, 地域安全学会, pp.89-96. 越山健治, 室崎益輝(1996), 「阪神・淡路大震災における応急仮設住宅供給に関する研究」『都市計画論文集』Vol.31, 日本都市計画学会, pp.781-786.

적으로 연동하지 못했다는 점이 지적되었다.[27]

그러한 의미에서 이 응급가설주택 문제는 사전부흥계획에서도 중요한 위치를 차지하고 있음에도, 실제 재해가 발생한 이후에는 공급에서 해체까지 많은 문제점을 내포하고 있다. 응급가설주택에 대해서는 가설(仮設)이라는 이유에서 조사나 연구가 이루어지지 않았고, 문제도 소홀하게 다루어졌었다.[28]

물론 말 그대로 응급적이고, 임시적인 방편으로 제공되는 주거지라는 의미에서 응급가설주택이라는 점에서 일반 주택과는 다른 측면이 존재한다. 즉, 건축론적인 측면에서 보면, 사용기간이 단기간이라는 점, 단기간에 대량의 주택을 공급해야 하는 점이다. 그리고 인간적인 면에서 보면, 재해에 의해 다양한 심리적 상처를 안고 있는 사람들이 사는 장소라는 점이다.

일본에서 응급가설주택은 전후 1959년 이세(伊勢) 만(灣) 태풍 때까지는 아직 전쟁 재해로 인해 지었던 월동(越冬) 주택이 남아 있었고 응급가설주택이 슬럼화 되는 것을 두려워했다. 1964년 니이가타(新潟) 지진, 1976년에 사카타 시(酒田市) 화재 사건 때에 가설주택이 지어지면서, 슬럼화로 이어진다는 생각에 변화가 생겼다. 그런데, 1995년 한신・아와지대지진이나 2011년 동일본대지진 시기에 이러한 사고방식이 사라진 것이라고는 볼 수 없다. 왜냐하면 응급가설주택이라고 불리면서도 5년 이상을 거주하는 응급가설주택이 많았고,

27) 室崎益輝, 大西一嘉, 成尾優子(1994), 「大災害時の応急仮設住宅供給に関する研究: 応急仮設住宅をめぐる諸問題」 『平成6年度日本建築学会近畿支部研究報告集』No.34, 日本建築学会近畿支部, pp.765-768.

28) 牧紀男, 三浦研, 小林正美(1995), 「応急仮設住宅の物理的実態と問題点に関する研究 : 災害後に供給される住宅に関する研究」 『日本建築学会計画系論文集』Vol.60No.476, 日本建築学会, p.125.

실제 부흥주택으로 이주하지 못하고 남아있는 거주민들은 고령자를 비롯한 사회적 약자였기 때문이다.

사전부흥계획론이 존재했음에도, 동일본대지진 때에도 역시 응급 가설주택의 제공 대응에 대한 문제가 발생한다.[29] 응급가설주택의 공급시스템 그리고 그와 연동하여 피재자의 주택확보가 문제가 된 것이다. 여전히 피재자의 주택 확보 과제로 남게 되었다. 동시에 동일본대지진의 피해를 입은 이와테(岩手) 현과 미야기(宮城) 현은 특히 수산업이 주요생업으로 하던 피재민이 발생했다.[30]

수산업 재생을 통한 경제 부흥을 슬로건으로 내걸면서, 상점 가설 주택으로 운영하기도 했다. 가설 상점가의 건설도 이어지기도 했다. 그럼에도 불구하고, 이번에는 쓰나미 피해가 컸다는 이유로, 가설 주택이 해안가와 멀리 떨어진 지역으로 설정되는 가설주택의 원격지 문제가 등장하기도 했다. 즉, 복구에 그치는 것이 아니라 부흥을 목표로 한 도시만들기 문제와 상관되는 현상이기도 했다.

응급가설주택의 구조법과 그 변천(구법의 변천)에서도 알 수 있듯이 시대시대마다 새로운 논리로 구조적인 변용을 필수로 동반한다.[31] 물론 앞서 언급한 것처럼, 응급가설주택의 공급 문제는 재료, 시공에 기인하는 문제점이 존재한다는 점을 알 수 있게 되었다. 기본적으로 구조의 문제로서는 수납장, 목욕실, 방 개수, 현관 등이 문제점이었다.

---

29) 太田理樹, 阪田弘一(2011), 「災害時における木造応急仮設住宅の供給実態と課題」『日本建築学会近畿支部研究報告集』第51号, 日本建築学会近畿支部, pp.513-516.

30) 伊藤裕造(2012), 『東日本復興』K H B 東日本放送, pp.6-7.

31) 高見真二(2011), 「東日本大震災における応急仮設住宅の建設について」『建築雑誌』Vol.126, No.1623, 日本建築学会, pp.48-49. 平野正秀(2011), 「「応急仮設住宅」をめぐって」『地域開発』566, 日本地域開発センタ-, pp.17-20.

이것은 일본의 주거 양식상의 특질이 오히려 문제점으로 연결되고 있었다. 실내에서 신발은 벗는 습관이나 신을 벗는 장소 그리고 단순하게 샤워로 그치는 것이 아니라 기후나 풍토 특성과 연관되어 일본인은 어깨선까지 몸을 담그는 입욕 방식에 의해 그 공간 문제가 발생하는 것이었다. 그리고 응급가설주택의 가설이라는 특성상 소음이나 단열 문제는 응급가설주택 공급 시기부터 그대로 남아있는 문제였다.

4. 응급가설주택과 '포스트 리질리언스'

이처럼 응급가설주택은 규격적인 건축방식 즉 일괄적인 건축 방식이나 양식의 문제와 연동된다.[32] 응급가설주택에 입주하더라도, 특히 가설주택이 갖는 문제로서 가장 중요한 것 중 하나가 실내온도나 환경문제가 지적된다.[33] 그것은 곧 스트레스로 이어지고, 생활환경 자체에 대한 문제로 이어지고 있기 때문이다.[34]

---

32) 浦谷健一郎, 牧紀男, 三浦研, 小林正美(1996),「阪神・淡路大震災の応急仮設住宅供給システムに関する研究:「規格建築」による応急仮設住宅の供給システム」『日本建築学会学術講演梗概集』日本建築学会学, pp.89-90. 山戸義幸, 牧紀男, 三浦研, 小林正美(1996),「阪神・淡路大震災の応急仮設住宅の居住性に関する研究」『日本建築学会学術講演梗概集』日本建築学会学, pp.91-92. 谷口知弘, 材野博司(1996),「応急仮設住宅居住者の生活行動に関する研究: 西宮市郊外, 名塩地区の応急仮設住宅団地の調査より」『日本建築学会学術講演梗概集』日本建築学会学, pp.93-94.

33) 山口雅子, 菊澤秀和, 中島倫, 菊澤康子(1996),「兵庫県南部地震における応急仮設住宅の事例研究: 各輸入仮設住宅の室内温熱環境の特徴と問題点」『日本建築学会近畿支部研究報告集』第36号, 日本建築学会近畿支部, pp.433-436.

34) 谷口知弘, 材野博司(1996),「仮設的生活環境に関する研究: 西宮市における応急仮設住宅の調査より」『日本建築学会近畿支部研究報告集』第36号, 日本建築学会近畿支部, pp.765-768. 大村奈緒, 室崎益輝, 松陽守城(1996),「災害ストレスと生活環境

실내 온도 문제란, 여름과 겨울의 가설주택 생활이 다름에도 불구하고, 이것을 고려하지 않고 건축된다는 점이다. 즉, 응급가설주택이 일률적인 패리브형식으로 만들어지기 때문에, 온열 환경에 대해서 배려가 없었던 것이다. 주민의 일상생활 중 신체적 활동과도 밀접하게 연결된 근본적인 문제가 드러나게 되었다.[35]

그리고 응급가설주택의 생활환경 문제가 부각되었다. 앞서 언급한 것처럼 응급가설주택은 통상적인 거주와 비교해 구조/환경/설비 등이 상대적으로 열악하기 때문에 일상생활에서 문제 발생이 우려되고, 그 우려는 현실에서 바로 문제점으로 나타난다.

생활상의 문제점으로 첫 번째 가설주택의 소음문제이다. 이 소음문제는 생활환경을 좌우하는 커다란 요인이다. 한신・아와지대지진 때에는 입지상의 문제로 인해 가설주택에 간선도로나 고속도로 가까이에 세워졌는데, 그 때문에 교통 소음 문제가 발생했었다. 수면장애나 일상생활에 지장을 초래하는 문제가 있었다. 소음 문제가 중대성을 띠게 되었다. 이것은 거주문제로서가 아니라 집단거주 도시만들기 부흥으로 연결되는 문제였던 것이다.[36]

동일본대지진 이후에는 가설주택에 거주하는 입주자의 인식에 대한 연구가 진척되어 간다.[37] 가설주택의 거주에 대한 논리의 변용을

との関わりに関する研究: 阪神・淡路大震災における応急仮設住宅居住者を例として」『日本建築学術講演梗概集』日本建築学会学, pp.67-68.

35) 本間義規(2012), 「応急仮設住宅の温熱環境と改善: アーキテクチャで生活と環境を守る」『建築雑誌』Vol.127 No.1633, 日本建築学会, pp.38-39. 秋山由衣, 月舘敏栄, 山口裕史(2014), 「岩手県太平洋沿岸における応急仮設住宅の雪寒対策の課題」『雪氷研究大会講演要旨集』日本雪氷学会, p.107.

36) 高橋儀平, 野口祐子(2012), 「応急仮設住宅における居住問題とまちづくり」『福祉のまちづくり研究』Vol. 14 No. 1, 福祉のまちづくり研究所, pp.26-32.

37) 水野史規, 長野裕美, 三浦研, 小林正美(1997), 「阪神大震災後のグループホームケア

꾀하게 된 것이다. 이는 한신・아와지대지진 때에 겪었던 문제로서, 특히 응급가설주택 거주자들의 생활이 장기화되고, 생활 재건이 이루어지지 않았던 것을 새롭게 재인식하게 되었다. 그리하여 그 재건이라는 말이 사전 부흥이나 사전 부흥 계획의 부재로 연결시키고자 하는 것이었다.[38]

2011년 발생한 동일본대지진 이후 다시 가설주택은 다시 생활환경과 주민의 건강 문제가 인지되었다. 특히 가설주택의 구조적 문제를 재고하게 되었다. 동일본대지진 이후에도 장기사용에 대한 문제가 발생하고, 장기거주가 실제로 발생하게 된 상황에서 응급가설주택의 단지 관리 방식이나 생활환경, 건강 상태, 부흥 단계의 생활 재건과 연결되어 나타나게 된 것이었다.

그리하여 동일본대지진 이후에는 응급가설주택의 다양함을 제언하는 목소리가 등장했다.[39] 예를 들면, 스티로폴 활용론[40], 간벌재(間伐材)를 활용한 응급가설주택[41] 등등 지역 자원을 활용하는 방법론을 구성하고 있다.[42] 또한 형태적으로도 안장형 형식의 조기 설치

事業型応急仮設住宅に関する調査研究: 建築環境・施設サービスの実態と入居者意識の分析を通して」『日本建築学会近畿支部研究報告集』第37號, 日本建築学会近畿支部, pp.181-184.

38) 三木直美(2001), 「災害時における保健婦活動-避難所・応急仮設住宅・恒久住宅入居者へのかかわりを通して」『都市政策』102, 神戸都市問題研究所, pp.38-64.

39) 佐藤慶一, 塚越功(2002),「大規模災害後の応急住宅供給の多様化について」『日本建築学会大会学術講演梗概集』日本建築学会, pp.237-238.

40) 蛭田暁, 小西敏正, 枡田佳寛, 中村成春, 糸井規雄(2005),「発泡スチロールを使用した応急仮設住宅の開発に関する研究」『日本建築学会大会学術講演梗概集』日本建築学会, pp.781-782.

41) 茅岡彰人, 藤田香織(2007),「間伐材を利用した応急仮設住宅に関する研究: 文献調査に基づく考察」『日本建築学会大会学術講演梗概集』日本建築学会, pp.697-698.

42) 小島裕貴, 岩佐明彦 「地域資源を活かした応急仮設住宅支援: 越沖地震仮設住宅におけるケーススタディ」『人間・環境学会誌』Vol. 11 No.2, 人間・環境学会, 2008

형[43], 기둥 그리드(grid) 방식[44], 뱀부 하우스(Bamboo House) 개발[45] 등등이 제언되고 있는 실정이다.

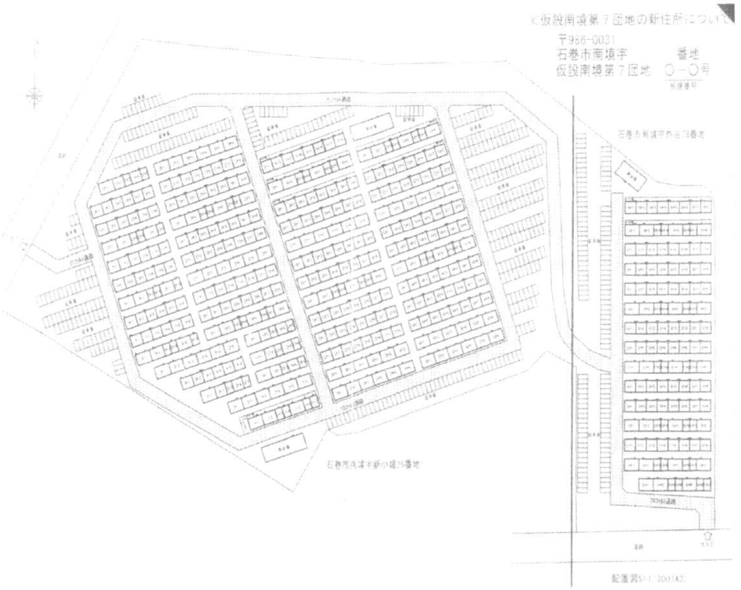

<그림 4> 동일본대지진의 가설주택 배치도의 예(일반적으로 횡렬적인 형태가 주류임)(필자 직접복사)

年, p.48.

43) 岡村精二, 三浦房紀, 村上ひとみ(2009), 「「戸建てシェルター」の居住性に関する検討と新規試作品の開発:大災害を想定した組立て方式による早期設置型「戸建てシェルター」の開発」『日本建築学会計画系論文集』Vol.74No.645, pp.2425-2433.

44) 太田直希, 矢吹信喜, 福田知弘(2009), 「柱グリッド方式を用いた大災害後の応急仮設住宅に関する研究」『日本建築学会近畿支部研究報告集』49, pp.193-196.

45) 山崎健太郎外(2010), 「災害時における応急仮設住宅の提案とその評価についての研究: Bamboo Houseの開発とその検証を通じて」『日本建築学会大会学術講演梗概集』日本建築学会, pp.935-936.

이러한 것은 제언에 그친 것이 아니라, 동일본대지진 이후에는 가설주택의 변화를 통한 부흥의 일면을 볼 수 있다. 즉, 목조 가설주택 구축[46]이었다. 그리고 고령자나 장애자의 고립을 막기 위해[47] 협동형 커뮤니티 지원을 위한 방식[48]이 강구되기도 했다. 생활환경에 대한 지원이 의식적으로 나타난 것이다. 그것은 개인 서비스와 병행하여 서로 협력할 수 있는 방안들로 나타나고 있었다.

잘 알려진 것처럼, 한신・아와지대지진 이후 응급가설주택에 고령자 층이나 사회적 약자 층이 존재한다는 점이었다. 이를 감안하여 '응급가설주택의 고독사'가 문제나 사회적 약자라고 불리는 사람들이 가설주택에서 생활을 어떻게 해결할 것인가에 대한 대답이 절실히 요구되었다.

그 대안으로서 커뮤니티 케어 형식 가설주택의 제안이 이루어진 것이다. 즉, 응급가설 주택에 커뮤니티 형식으로 입주하는 형태이다. 그것은 새로운 형태의 주거 형식 즉 6평, 9평, 12평이라는 고정된 형태가 아니라, 6평과 이웃해서 9평을 연결, 만약에 가족 구성이 조

---

46) 安藤邦廣(2011), 「災害応急仮設住宅を木造でつくれ:田中文男棟梁の遺言」『住宅建築』428号, 建築資料研究社, pp.47-49. 中村昇(2011), 「災害時における木造応急仮設住宅(1)応急仮設住宅の変遷」『木材情報』243, 日本木材総合情報センター, pp.1-10. 安藤邦廣(2011), 「木で震災復興をはかれ:板倉構法による応急仮設住宅」『森林技術』No.835, 日本森林技術協会, pp.2-7. 佐藤英明(2011), 「岩手県における応急仮設住宅の建設事業者公募及び木造仮設住宅」『木材情報』246, 日本木材総合情報センター, pp.1-4. 柴崎恭秀(2012), 「木造応急仮設住宅の類型に関する研究」『会津大学短期大学部研究年報』69号, 会津大学短期大学部, pp.113-132. 鈴木浩(2012), 「東日本大震災と木造応急仮設住宅の展開」『都市計画』Vol.61 No.2, 日本都市計画学会, pp.72-73.

47) 冨安亮輔―他(2013), 「コミュニティケア型仮設住宅の提案と実践」『日本建築学会技術報告集』第19巻第42号, 日本建築学会, pp.671-676.

48) 古山周太郎, 奈良朋彦, 木村直紀(2012), 「応急仮設住宅団地における協働型コミュニティ支援に関する研究:岩手県気仙郡住田町の仮設支援協議会を中心とした支援活動より」『都市計画論文集』Vol.47No.3, 日本都市計画学会, pp.361-366.

부모, 부부, 손자인 경우 12평에 입주했지만, 이를 두 개로 나누는 형식 즉 6평의 조부모, 바로 이웃해서 9평에 부부와 손자가 거주하는 형식을 취하는 방법이었다.

그리고 반드시 케어 존을 설치하여, 그 곳에서 상호간에 대면 공간이 발생하도록 구조 변화를 시도한 것이다.[49] 이것은 '종래 형식+동서남북의 축'을 통로로 서로 병합하는 주거 인식을 반영한 것이며, 일상적 커뮤니티 공간의 인위적인 설정을 건축 구조에 삽입하는 방식이 등장한 것이다.

그리고 피난생활 문제 중 생활 속의 스트레스, 소음 문제[50]에 대한 반성으로서, 건물 자체가 가진 방음성능의 부족도 보완하는 방법을 강구하게 되었다. 동일본대지진의 가설주택은 쓰나미의 피해도 있었기 때문에 높은 지역을 찾아서 가설주택을 지었다. 앞서 언급한 것처럼 한신·아와지 대지진때는 교통 소음이었는데, 이번에는 이웃집 소음이 문제가 된 것이다. 실제로 소음이 원인이 되어서 트러블이 발생하고 있었다.

소음 문제에 대한 기술적 대응 강구하기 위해 연구나 조사 결과를 보면, 인간관계나 당사자의 심리 상태와 연결되는 문제로도 확대되

---

49) 菅野拓(2012),「仙台市の応急仮設住宅入居者への伴走型サポートの始動: パーソナルサポートセンター　安心見守り協働事業」『ホームレスと社会』Vol.5, 明石書店, pp.49-52.

50) 永幡幸司(2014),「震災避難所における音環境の問題とその対策例」『音響技術』Vol.43 No.1, 日本音響材料協会, pp.1-7. 平光厚雄, 星和磨, 上田麻理(2014),「避難所におけるパーティションを利用した音環境改善の検討例」『音響技術』Vol.43No.1, 日本音響材料協会, pp.8-12. 渡辺茂幸(2014),「応急仮設住宅の遮音性能: 岩手県の事例」『音響技術』Vol.43No.1, 日本音響材料協会, p.33-38. 橋本典久(2014),「応急仮設住宅における近隣騒音問題に関する調査結果」『音響技術』Vol.43No.1, 日本音響材料協会, pp.39-44.

고 있다. 즉, 소리의 문제를 소음과 번음(煩音)으로 나누어 생각할 필요성까지는 논의되는 단계에 이르렀다. 후자의 번음은 새로운 조어(造語)로서 음량의 문제가 아니라 상대와의 인간관계나 자기 자신의 심리적 상태에 의해 시끄럽다고 느끼는 소리인 것이다.[51]

다시 말해서 고독사 문제 자체에서 개인이 심리적 고독에서 오는 문제와 연결하여, 풀어내려는 방법인 것이다.

いわて 東日本大震災

第26部 被災地の宗教と信仰5

心のケア続ける僧侶

仮設訪ね苦悩を共有

「聴く」活動 地域と連携

復興最前線

<그림 5> 『岩手日報』 2014년 1월 20일

이처럼 응급가설주택 생활에서 오는 불만, 생활 스트레스, 고독감, 불안감, 권태감, 주위와의 연대감, 커뮤니티 의식 즉 모임이나 행사에 참가하는 의식, 소음 등등의 문제가 사후적 응급가설주택의 문제로서 등장하고 대책이 강구되어야 했던 것이다. 이는 특히 주거 환

51) 橋本典久(2013), 「東日本大震災の応急仮設住宅における近隣騒音問題に関する調査研究」 『日本建築学会環境系論文集』第78巻第693号, 日本建築学会, p.901.

避難所 夜も光で安心
旧閖上小にLED照明
名取
いのちと地域を守る
風力と太陽光で蓄電
仙台高専復興事業

<그림 6> 「避難所夜も光で安心」
『河北新報』 2014년 1월 20일

경 개선으로 연결되는데, 이는 건축물과 관련한 보건 위생에 대한 문제를 새롭게 인지하게 되었다.[52] 건강성과 쾌적성 향상에 대한 대응방식으로 나타난다. 즉 가설주택의 실내 화학오염에 관한 문제도 대두되었다.[53]

이러한 문제들은 현재, 기술과 인간의 융합을 어떻게 지속가능한 형태로 링크할 것인가에 문제로 변형되고 있음을 시사하는 것이다. 과학기술과 인간의 문화를 융합하는 것을 테마로 삼은 방향이다. 달리 말

52) 大澤元毅, 鈴木晃, 小林健一(2011), 「震災を踏まえた建築衛生研究のあり方」『保健医療科学』Vol.60 No.6, 国立保健医療科学院, pp.477-483, 柳宇, 吉野博, 長谷川兼一, 東賢一, 大澤元毅, 鍵直樹(2016), 「仙台市内の応急仮設住宅における室内真菌汚染の実態」『日本建築学会技術報告集』Vol.22No.51, 日本建築学会, pp.615-620.

53) 柳宇(2013), 「応急仮設住宅における室内真菌汚染の実態」『日本雪工学会誌』Vol.29No.1, 日本雪工学会, pp.62-65. 鍵直樹 「応急仮設住宅における冬期の室内化学汚染の実態」『日本雪工学会誌』Vol.29No.1, 日本雪工学会, pp.66-69. 小野田知矢他(2013), 「震災関連住宅における温熱・空気環境に関する調査: 応急仮設住宅における住まい方と断熱水準の提案」『日本建築学会東北支部研究報告集』76号, 日本建築学会東北支部, pp.37-40. 柳宇, 吉野博, 長谷川兼一, 鍵直樹(2013), 「応急仮設住宅における室内真菌汚染の実態」『日本建築学会東北支部研究報告集』76号, 日本建築学会東北支部, pp.18-24, 鍵直樹, 吉野博, 長谷川兼一他(2013), 「応急仮設住宅における化学物質汚染の実態」『日本建築学会東北支部研究報告集』76号, 日本建築学会東北支部, pp.25-29.

하자면, 인간의 감성의 표현 기술을 융합하는 일이기도 한 것이다.

생활문화의 새로운 부흥을 엿볼 수 있는 측면이다. 인간의 생존이 이러한 가설주택에서 나타난다거나 가설주택이 아닌 곳에서 현재 발생하는 문제가 단순하게 가설주택에 대입시켜 환경개선을 실시하는 것이 아니다. 동시적으로 도시만들기, 도시사회 환경이 작용하고 있으며, 사회 안에 응급가설주택이 분리되거나 또는 가설주택에만 인간 환경 문제를 지속적으로 보장해야 한다는 것도 아니듯이 말이다.

그것이 바로 생체리듬을 고려한 조명의 문제라던가, 복지만을 강조하여 고독사를 방지하는 것이 아니라 음악이나 예술을 연대시켜 새로운 코라보레이션을 만들어 내는 방향으로 나아가고 있는 것이다.[54] 특히 심리적 건강의 문제가 응급가설주택이 갖는 구조적 특징과 환경적과제로서 중대하게 다루지는, 즉 외적환경과 실내환경의 실태 과제로 등장한 것이다.

특히 동일본대지진이후에는 폐용증후군(廃用症候群)이라는 새로운 고찰 시도가 이루어졌다. 그동안에는 응급가설주택 생활자의 폐용증후군이라는 시점에서 파악된 연구가 없었지만, 응급가설주택 생활자들의 생활 활동량이 갖는 문제점을 지적하게 된 것이다.[55]

가설주택이라는 좁은 생활거주공간에서 생활하는 제약적인 문제를 고독사나 스트레스를 넘어, 병이 발생하는 논리를 좀 더 인식론적으로 추급한 것이다. 폐용증후군은 일상생활의 행동범위가 협소화(狭小化)하여, 움직임이 제약되는 것으로 인해 발생하는 폐용성

---

54) 古賀俊策他(2012), 「技術の人間化に基づいたサステナブルデザイン」『神戸芸術大学紀要「技術工学2012」』神戸芸術大学, pp.1-4.

55) 山本喜文, 小野田修一(2014), 「南相馬市応急仮設住宅居住者における廃用症候群の実態調査」『理学療法学(2013)』日本理学療法学会, p.1527.

위축증후군(Disuse Atrophy Syndrome)을 가리키는 것으로, 정신력이나 사회적 활동과도 연결되는 문제를 포함하기 때문이다.56)

新居「広い」「おしゃれ」
一戸建て公営住宅内覧

山元町

山元町が浅生原地区に整備中の一戸建てタイプの災害公営住宅（25戸）を対象とした初の現地内覧会が18日にあり、被災者ら約90人が外観や内装を確認した。同町の災害公営住宅は連棟式の50戸が既に完成し、入居している。

一戸建ては木造平屋の2LDK（約65平方㍍、車いす対応約70平方㍍）と、木造2階の3LDK（約80平方㍍）があり、敷地面積は約200平方㍍。内覧会では各タイプの3戸を公開した。

住宅は天井が高く、窓から日差しがよく入るよう設計されている。2LDKには屋根裏に収納スペースがあり、3LDKのリビングは吹き抜け構造となっている。

参加者は町職員の案内で室内を見て回り、「広いね」「立派だ」と感想を語っていた。長女（9）と来場した同町の看護師佐藤由香里さん（37）は「一戸建ての方がプライバシーを保て、きょうだいが来ても狭く感じない。思ったより奇麗でおしゃれ」と気に入った様子だった。

町は来月にも入居者の募集を始め、4月1日の入居開始を目指す。町は一戸建て、連棟式の災害公営住宅を計487戸整備する予定。

町職員の説明に耳を傾けながら、一戸建てタイプの外観を見て回る参加者

<그림 7> 「新居「広い」「おしゃれ」
『河北新報』 2014년 1월 19일

폐용증후군 신체적, 정신적 기능의 저하를 막기 위하여 지속적이고 적절한 활동의 참여가 요구되어지는 것이다. 이를 위한 방편으로서 응급가설주택에서도 생체 리듬을 고려한 쾌적 조명의 디자인을 설치하는 대응이 나타났다.

기존에는 공간의 쾌적성, 조명은 실온도 환경이나 소리 환경과 함께 중요한 환경요인이다. 조명은 명시성이라는 관점에만 관심이 있었다. 또한 심리평가와 연결되어 조명 쾌적성 연구가 성행하게 되었다. 다시 말해서 빛의 파장과 생체 리듬에 관한 연구도 등장, 조명환경의 구축과 조명설계 디자인도 추가된 것이다.57)

---

56) 奈良勲, 山崎俊明, 木林勉, 神戸晃男(2014), 『理学療法から診る廃用症候群―基礎・予防・介入』文光堂, pp.1-254. 永田晟, 内山靖(1997), 「関節可動域と運動技術」『日本運動生理学雑誌』第4巻第2号, 日本体育学会, p.149.

57) 古賀俊策他(2012), 「技術の人間化に基づいたサステナブルデザイン」『神戸芸術工科大学紀要芸術工学2012』神戸芸術工科大学, p.2.

현재적 도시 생태학 논리가 이 응급가설주택에도 반영되는 것이다. 다시말해서 응급가설주택에 새롭게 도입되는 조명 환경론 이론은, 부흥도시만들기의 한 전형적인 예인 것이다.

이론적으로 논의되는, 도시생태학 즉 건물 환경이나 사회 환경이라는 인공물이 존재 그 환경에서 영향을 받으면서 다시 인공물을 변화시키고, 다시 변화된 인공물은 사회 환경을 바꾸어주는 등 왕환운동을 고려하는 것이 도시생태학의 중요성이 다시 한번 강조되면서, 부흥 도시만들기가 실천되고 있는 것이다.

5. 도시생태학으로서의 사전부흥론

이상으로 본 장에서는 재해로부터 일상을 회복하기 위한 논리로서 필요한 개념인 사전부흥계획이라는 용어의 개념적 변용 과정을 살펴보았다. 그리고 그 구체적인 예로서 응급가설주택의 사전부흥계획에 대해 다루어 보았다. 사전 부흥 계획이라는 용어의 탄생이 감재와 방재 그리고 사후 실시되는 복구나 리질리언스와의 관련성 속에서 잉태된 개념으로서 현재적임을 알 수 있었다.

사전부흥 계획은 그 지역이 가진 취약성(脆弱性)을 인지하고, 리질리언스를 위해 지혜를 미리 강구한다는 의미이기도 하다. 그런데 이 사전부흥계획이란 용어는 모순된 개념으로 보일 수도 있다. 사전이라는 말은 아직 재해가 발생하기 이전인데, 어떻게 재해 이후에 리질리언스와 연결시켜 부활/부흥이라고 표현할 수 있는가라는 점이다.

사전부흥계획은 도시부흥과 생활부흥으로 나누어 준비하면서 동시에 상호 공조적으로 진행되는 것을 상정한다. 도시부흥은 주택, 도로, 공원, 라이프라인, 하천 등이 복구라는 기반정비의 회복을 가리킨다.

그리고 생활부흥이란, 주택이나 의료, 복지, 보건, 학교교육, 문화, 산업 등등을 가리키는 것이다. 물론 이러한 도시부흥과 생활부흥은 서로 깊게 연결되어 있기 때문에, 이를 관통하는 부흥 계획 매뉴얼에서는 응급대응, 복구, 부흥의 세단계로 나누어 각각을 세분화 했다. 이는 도시 기능과 생활 기능의 부흥이라는 것은, '옛 상태의 수준을 넘는 새로운 가치나 질이 부가된 도시공간을 낳는 것'이었다.

그렇기 때문에, 사전부흥 계획이 포함하는 것은 재해가 발생한 후 재해 발생 이전 상태로 복구되는 것뿐만 아니라, 재해 이전 상태를 넘어 새로운 시대적 감성과 이론을 도입하여 도시만들기 이론과 연결시키는 새로운 지평을 열어주는 것이다. 즉 새로운 도시만들기에 도입시키는 논리로서, 사전에 취약성을 개선하고, 만약 재해가 발생했을 경우 그 회복의 실효성과 즉흥성을 적용하면서, 현재 사회가 갖고 있는 새로운 지식이나 기술을 도입하여, 그 마을이나 도시를 새로 복구/부흥하는 것이 부흥도시론이며 사전부흥 도시만들기인 것이다.

구체적으로 재해가 발생할 경우 피난처로 이동한 후 다시 원래적 주택으로 돌아가거나 새로 마련된 부흥주택으로 이주하기 이전에 응급적으로 살 곳을 제공받아 생활하게 되는 공간이 응급가설주택이다. 본 장에서는 피난과 영구 주택 이주 사이에 존재하는 응급가설주택을 사전부흥 계획과 연결하여 살펴본 것이다. 즉 건축이라는 도시생활과 생활공간으로서 주거지의 내부에서 일어나는 인간적인 문제가 무엇인지를 동시에 다루어, 사전부흥 계획에 이를 어떻게 반영할 것인지를 제언하는 것이었다. 특히 응급가설주택이라는 생활 재건 과정에서 밑바닥으로부터의 재생을 의미하는 것으로, 그 응급가설주택에서 발생하는 문제점이 주체적으로 반영된 도시만들기를 위한 제언이기도 한 것이다.

응급가설주택은 말 그대로 응급적으로 대처하는 임시주택이었기 때문에 많은 문제점이 존재했다. 특히 응급가설주택의 구조법과 그 변천을 참고로 하면서도, 현재에 존재하는 기본적으로 구조적 문제가 지속된다는 점이다. 특히 재해 지역이 갖는 기후적 특성을 고려해야 한다는 점이다. 동시에 여름철과 겨울철의 가설주택 생활이 다르다는 점을 고려해야 하며 동시에 특히 실내온도나 실내 환경에 대한 문제가 나타났다는 점이다. 이를 해결하기 위한 제언으로서, 응급가설주택이기는 하지만, 그 건축양식이나 주택의 다양함을 제언하는 목소리가 등장했다. 특히 초(超)고령자 사회형 재해 가주지역을 만들어야 한다는 것이다.

또한 응급가설주택에 존재하는 소음문제와 환경문제이다. 전자의 소음문제는 도시형 인프라로 인한 소음과 층간(이웃집) 소음의 문제이다. 이는 일반적 소음의 문제와 개인 내부에서 자기 자신의 심리적 상태에 의해 시끄럽다고 느끼는 소리의 문제까지도 고려하는 해결 방법의 모색이다. 즉, 개인의 심리적 고독에서 오는 문제이기도 하면서, 응급가설주택 생활에서 오는 불만, 생활 스트레스, 불안감, 권태감, 주위와의 연대감 부족, 커뮤니티 의식의 결여 등등의 문제가 연동해서 등장하고 있다는 점이다.

그리고 인간환경 문제를 모색하는 의견으로서, 인간의 생체리듬을 고려한 조명을 설치하는 조명 환경론 이론을 도입하고 있다. 그리고 일본에서는 동일본대지진 이후 폐용증후군이 등장하기도 하면서, 응급가설주택에서 발생하는 현대적 인간의 문제 해결을 모색하고 있다. 이는 응급적으로 설치한 응급가설주택이 결국 부흥도시 만들기의 한 전형적인 사전부흥계획인 것으로, 이론적으로 논의되어야 하는 점이다.

도시생태학과 환경 생태학의 상호성을 고려한 사전부흥계획의 도입이라는 것이다. 즉 건물 환경이나 사회 환경이라는 도시 건축이라는 인공물의 존재 그것의 영향을 받으면서 다시 인공물을 변화시키고, 다시 변화된 인공물로 사회 환경을 바꾸어주는 상호부조, 공조적인 운동을 고려하는 것이 '도시생태학'으로 등장한 것이다.

제9장

'인간 부흥학'과 사전부흥의 재고 - 가설주택 피난자 스토리를 중심으로

1. 벼랑 끝의 경험과 부흥으로의 길

아래 사례 두 편을 읽는 것으로 시작하자.

사례①: 어머니와 딸 3명 가족이다. 재일한국인 2세이다. 그러나 재일한국인이라는 것을 가설주택에서는 밝히고 싶지 않다. 부인과는 이혼했다. (이혼 이유는 프라이버시라서 밝힐 수 가 없다) 지진 이후 쇼크가 너무 커서 심신이 피로해졌다. 게다가 돌보지 않으면 안 되는 어머니와 딸이 있다. 그렇지만 생사를 확인했고, 살아 남아있다는 것에 감사하게 생각하고, 함께 생활을 재건하기 위해 노력하고 있다. 무엇 때문인지는 모르지만 하루라도 헤어져서는 못 살 것 같은 감정이 솟아났다. 모든 것을 잃었지만 가족이 살아있다는 것에서 세 명 가족을 지켜가지 않으면 안 된다고 생각하게 되었다. 그리고 같은 입장에 처한 이웃 사람들도 돕지 않으면 안 된다고 생각했다. 우리 세 명 가족만을, 우리 가족만을 지켜가려고 생각했지만, 비참한 가족을 보면 내 가족 같아 도우려는 마음이 생겨났다. 그것은 지진이 계기였다. (T씨, 1997년 2월 시모나카지마<下中島>공원 응급가설주택에서 인터뷰)

사례②: 남편과 둘이 살았다. 나이는 70세이다. 원전이 있으면 원전의 무서움을 머릿속에 갖고 있어야한다. 그런 위험한 것이 있으면 '사고가 날 것이 당연할 것이다'라고 생각하고 생활하지 않으면 안 된다. 사고나 나서 피난지시명령이 나오고, 피난을 가지만 무슨 일이 발생할지 불안해하지 않을 수 없었다. 나중에 알았지만 방사능 누출이라는 것을 알았을 때는 왜 그런 정보를 알려주지 않았는가를 원망했다. 방사능 대비 비상 비닐이나 식량이라도 가지고 피난했을텐데 말이다. 이런 이야기를 하면 친척이나 다른 지역 주민은 '모두가 패닉(panic)상태에 빠지면 피난할 때 곤란하기 때문에 알려주지 않았다' 말하기도 한다. 원전추진파의견도 중요하지만, 반대하는 사람의 인식이 절충되지 않으면 해 나갈 수 없다. 아들이 후쿠시마원전에서 일한다. (2014년 1월 와카미야마에<若宮前>응급가설주택에서 인터뷰)

사례①은 한신・아와지대지진 때의 피해주민과의 인터뷰 기사이다. 그리고 사례②는 동일본대지진으로 인해 후쿠시마 원전 방사능 유출로 인해 이주를 강요당한 도미오카마치(富岡町) 주민과의 인터뷰이다. 시대적인 배경의 차이와 이주 원인, 상황은 다르지만 아주 중대한 '문제'를 자각하게 해 준다. 사례①은 재일한국인으로서 한신・아와지대지진을 겪었다는 의미에서 '눈에 보이는 약자' 다시말해서 일본 내부의 '이방인'으로 재해를 겪었을 때 느끼게 되는 감정이 표출되는 방식을 말해주고 있다.

재해를 만났을 때 겪게된 '비국민'의 경험이 그것이다. 일본인이 중심이라는 주변인으로서 겪는 '부흥'의 의미는 달랐을 것이다. 그리고 사례②는 후쿠시마 원전이 가진 위험성을 논하면서, 후쿠시마 원전의 '양상'에 대한 의견이다. 후쿠시마 덕분에 '자본주의적' 혜택을 받지만, 그 위험성에 대해서는 각성해야 한다는 입장인 것이다. 이러한 모순 속에는 '근대의 문제'와 '피해자 혹은 가해자'의 문제를 함축적으로 보여주는 것이라고 본다.

원전 방사능 누출 때문에 원커뮤니티를 떠나야하는 피해자의 입장과 근대적 '자본주의' 혜택자의 입장이라는 '사회적 위치'가 상충되는 입장이기도 한 것이다. 대지진 피해는 '피해자의 입장에 대한 정의, 근대적 원전의 혜택에 대한 갈들, 지역의 재생과 커뮤니티의 재구성 문제'를 표출했으며, 이것은 우연성이라는 단독의 문제가 아니라 주민의 '일상 사회' 속에 잠재되어 있는 배제와 사회적 문제를 재구축하기 위한 이론으로 다시 재구성되어야 할 숙제를 제시한 것이다.

동일본대지진은 잘 알려진 것처럼, 지진, 쓰나미, 원전사고라는 동시다발적 '복합재해'였었다. '부흥'을 내걸고 동일본대지진의 상처로부터 '일상'을 회복하려는 노력이 이루어지고 있다. 인간부흥의 이론, 즉 인간 부흥은 과연 어떤 모습일까를 생각하지 않으면 안 된다. 지진과 쓰나미 피해지역 부흥의 모습 즉 후쿠시마 원전 방사능 누출문제에 의한 부흥의 모습이 드러나야만 할 것이다. 특히 창조적 부흥의 구체적 내용도 드러나야만 한다.

본 논고에서는 '부흥재해'라고 칭한다. 부흥재해란 창조적 부흥이 가진 문제점을 확인하는 작업의 일환으로서 부흥이라고 내건 슬로건 속에 함의된 모순을 제시한다는 의미이다. 특히 부흥을 둘러싸고 지역사회학, 재해사회학 시점에서 지역의 취약성(vulnerability)을 응시한 복원=회복력 강화 이론이 필요하다는 제안도 있었다.[1)]

그렇지만 지역의 의미나, 재해사회가 가진 논리를 구체적 사례로서 풀어내기 보다는, 이론적 해석에 치우친 것은 아닌가 하는 생각이 들었다. 필자는 그러한 선행연구에서 제안된 문제점들을 '현장적'

---

1) 가마타 가오루(鎌田薫)편, 전성곤역(2013), 『재해에 강한 사회를 만들기 위하여』고려대학교출판부, p.27.

시점에서 다시, 전지적 작가 시점으로 옮겨가는 그 문턱을 제안하고 싶은 것이다. 물론 기존 선행 연구들이 가진 새로운 문제점을 찾았다는 것도 중요하지만, 앞에 나온 이야기들의 문제점이나 사실을 근거로 한 실제성을 확인하는 작업도 중요하다고 본다.[2)]

본 장에서는 복구와 부흥의 현상태와 과제에서의 '주거'의 문제를 중점적으로 다룬다. 가설주택의 경향으로서 '지진・쓰나미에 의한 응급가설주택 피난자의 경우'와 방사능 누출에 따른 '피난구역 및 경계구역' 피난자의 경우를 대상으로 한다. 주거 문제 중에 응급가설주택에 초점을 맞추어 개선이 필요한 문제를 다룬다.

문제는 지진과 쓰나미 피해에 의해 제공된 응급가설주택과 후쿠시마 제1원전 방사능누출에 의한 피해주민의 응급가설주택을 직접 조사하여, 그곳에서 발생하는 문제점들을 제시하는 것이다. 특히 응급가설첫째 개인의 이동경로 분석을 통한, 응급피난 가설주택의 현재 상황과 속성을 제시한다. 그리고 그러한 응급가설주택의 현실에서 발견되는 문제점을 통해 '거주'와 일상의 문제가 무엇인지를 밝혀낸다. 동시에 응급가설주택에서 '새롭게 구축되는 커뮤니티 만들기'의 문제 등을 제시하면서 재구성되는 지역 개념을 통해 '창조적 부흥'의 내적 의미를 다시 재고하는 계기로 삼고자 한다. 이를 통해 부흥의 의미, 인간 부흥이 의미하는 '정의'와 '윤리'의 문제와 연결하여 고찰해 보기로 한다.

---

2) 거시적 시점에서 제시된 선행연구는 ①부흥의 정의와 윤리의 문제, ②원전재해의 문제, ③복구와 부흥의 현상태와 과제로 나누어지는데, 특히 ③복구와 부흥의 현상태와 과제는 제염(除染), 폐기물처리, 주거, 산업부흥 TPP, 의료, 개호, 볼런티어(volunteer)의 문제로 구분되고 제시된다. 塩崎賢明・西川栄一・出口俊一・兵庫県震災復興研究センター編(2012), 『東日本大震災 復興の正義と倫理』クリエイツかもがわ, pp.4-7.

2. 가설주택의 탄생 변용속의 콘플릭트(conflict)

응급가설주택이 최초로 등장하는 사례는 1923년의 관동대지진이다. 그리고 커다란 분기점이 된 것은 1995년 1월 에 발생한 한신・아와지(阪神・淡路)대지진 때였다. 가설주택에 입주를 희망하는 전원에게 가설주택이 공급되게 되었고, 입주기간도 2년을 넘게 되었다. 가설주택의 공급대상은 '스스로의 자력(資力)으로 주택을 확보하지 못한 자'를 대상으로 해 왔는데, 운젠・후겐(雲仙・普賢)산악 분화재해(1991년) 이후에는 피해자 전원이 대상화 되었다. 또한 한신・아와지대지진 때에는 응급가설주택에 입주하지 않고, 스스로 가설주택을 건설하는 피해자도 나타난다. 공비(公費)로 가설주택을 세워주기를 희망하였지만 국가가 거절하였고, 자력으로 응급가설주택을 확보한 경우도 생겨났다.[3)]

이처럼 가설주택은 반복하지만, '응급가설주택'은 위급한 사태에 대응하여 간소하게 임시적으로 만든 주택이며 '스스로의 자력(資力)으로 주택을 확보하지 못한 자'를 대상으로 한 말 그대로 응급가설주택이었다.

응급가설주택은 후생노동성이 '가설주택 등의 설치에 관한 자치

3) 古関良行(2013), 「仮設住宅史を繙く-関東大震災から東日本大震災九〇年後の今」東北学院大学『震災学』vol.3, 荒蝦夷, pp.81-83. 가장 규모가 컸던 배럭크(barracks)는 우에노(上野)공원과 히비야(日比谷)공원이었다. 이후 후생성(厚生省)이 제시한 응급가설주택이 등장하는 것은, 1943년의 돗토리(鳥取)지진 때이다. 돗토리시 대화재(1952년), 니가타(新潟)시 대화재(1955년), 이세(伊勢)연안 태풍피해(1959년) 때에도 가설주택이 제공되었다. 1960년대에는 가설주택이 슬럼화하는 경향이 나타나자 정부는 가설주택건설에 소극적이게 되었고, 강(河)근처나 벽지 쪽으로 장소를 설정하기도 했다. 이후 운젠・후겐(雲仙・普賢)산악 분화재해(1991년), 홋카이도남서연안지진(1993년)이었다.

단체에 통지'를 통해 지속적으로 설치 및 운용을 권고했다.[4] 그런데 문제는 피해지역 관할 현(縣)에 가설주택에 입주하는 것이 아니라, 타 자치제에 건설된 응급가설주택에 입주하지 않으면 안 되는 문제가 발생한다. 이것은 다시 말해서 피해지역의 지역적 특성이 반영된 특징으로 나타난다. 항만이었던 지역이거나, 구릉지에 조성할 필요가 생겨난 지역이 있다. 부지가 부족한 지역도 생겨났다. 지역 커뮤니티 유지를 위한 배려로 이루어지기도 한다.

이처럼 행정적 측면에서 실시되는 가설주택 건설과 착공, 공급이 이루어지면서 응급가설주택 입주가 이루어졌다는 결론이다. 그러나 한편으로는 현재 가설주택에서 2년 이상을 생활하고 있는 주민들의 입장에서 보면, 그 행정적 측면과 현실적 일상의 고통 괴리는 지속되고 있다. '피난소'에서 '가설주택'으로라는 경로는 파괴된 일상에서 일상 되찾기 과정으로 보이지만, 그 속에는 '잠재적 약자 창출'과정의 일환이기도 했다.

3. 한신·아와지대지진 가설주택과 '잠재적 약자' 창출

1995년 1월 17일에 발생한 한신·아와지대지진 때에도 가설주택이 설치되고 공급되었다. 가설주택의 공급 상황을 보면, 앞에서 언

4) 사원촐발(社援総発)0506제1호, 2011년 5월 6일, 各都道府県災害救助担当主管部(局)長殿, 「東日本大震災に係わる災害救助法の弾力運用について(その7)」와 社援総発0530第1号, 2011년 5월 30일, 各都道府県災害救助担当主管部(局)長殿, 「東日本大震災に係わる災害救助法の弾力運用について(その8)」를 통해, 응급가설주택에 대한 경비에 대한운용을 지시하고 있다. http://www.mlit.go.jp/report/daisinsai_kasetu.html

급한 것처럼 1947년 제정된 재해구조법 제23조에 근거하여 한신・아와지대지진 때에도 전괴(全壊)・전소(全焼) 혹은 유실 세대를 대상으로 응급가설주택을 설치하고 공급했다. 설치 기간이 물론 2년으로 규정되어있었지만, 한신・아와지대지진 때에도 특별기준이 적용되면서, 연장하게 되었다.

1995년 1월 17일에 지진이 발생하고, 피난소가 바로 개설되어 피재민의 이동이 시작된다. 곧바로 1월 20일부터 응급가설주택이 건설되기 시작하고 부흥주택 공급계획이 세워진다. 물론 이것은 행정적 측면에서의 '제도적 부흥'의 일환이었다. 그렇지만 한신・아와지대지진은 시가지(市街地)에서 발생한 지진으로 가설주택을 세울 부지가 '도심'이라는 것 때문에 적당한 부지 찾기가 어려웠다. 서쪽은 하리마(播磨) 지역부터 동쪽으로는 오사카부(大阪府)까지 광역에 걸쳐 퍼져있었다.

필자는 한신・아와지대지진 이후 1997년 6월 22일 '피난자 실태조사 중간보고'를 실시했다. 피난자 실태조사는 스마(須磨)주변 지역 '커뮤니티 만들기' 활동의 일환으로 실시되었다. 이 조사는 7개의 가설주택 단지 전체 세대(戸)를 대상으로 했다. 7개의 가설주택은, 시모나카지마(下中島), 히가시스마(東須磨), 묘호지(妙法寺), 다카토리에키마에(鷹取駅前), 다카구라다이이치(高倉台第1), 쓰바키타니(椿谷), 도모가다이(友が台)이다. 조사 실시기간은 1997년 2월부터 3월에 걸쳐 매주 일요일에 지원자 개별 방문을 실시했다. 그 조사결과를 발표한 것이다.[5)]

---

5) 스마지역 커뮤니티 만들기의 경위를 보면, 1. 1996년 6월 '스마구 피재자 간담회' 발족, 월1회 회합(7개의 공원피난소, 가설주택자치회)2. 1996년 8월말에 스마피재

한신・아와지대지진을 계기로 '가족' 형태의 변화나 가설주택에 거주하는 주민들의 양상을 보면, 일본 사회의 독자성과 일본이 가진 사회문제들을 파악하는 논리로도 연결될 수 있을 것이다. 한신・아와지대지진은 일본 사회의 사회문제를 노출시키고 그 리얼리티를 나타내는 축소판이었다.

「한신・아와지대지진 지역 스마・피난자 생활을 지원하는 모임」에 소속되어 가설주택의 설문조사에 관여하면서 그곳에서 얻은 사실정보를 분석해 가면 그곳에는 가족의 이산(離散), 독거노인의 증가, 정신적 불안정 등의 문제들이 나타났다. 이처럼 가설주택 주민들의 의견을 종합해 가면서, 일본사회 내부가 가진 문제점들이 체현되는 과정을 살펴볼 수 있었던 것이다.

가설주택 상황을 먼저 살펴보면, 한신・아와지대지진으로부터 2년이 지난 상황에서 제3차 부흥주택 응모가 실시되고 있지만, 지금까지 공영주택에 입주가 추첨으로 당첨된 주민, 자택 재건이 가능하게 된 주민들이 가설주택에서 나가면서, 빈 집이 눈에 띠기 시작했다. 행정의 부흥정책과 피재자의 일상생활 부흥은 자력재건이 곤란한 피난자를 고립으로 내몰고 있었다.

이러한 상황 속에서 피재자 주민 자신들이 주민자신들의 손으로 피난생활에서 벗어나 생활 재건을 위한 과제를 공유하기 위한 조직을 스마구 공원 피난소에서 시작했다.

이 공원에는 7세대 13명이 피난생활을 보내고 있는데, 공원 주민이 중심이 되어 주변 지역 10개의 가설주택과 연합한 자치회나 주

자 교류센타 「신겐치(しんげんち)」건설 개시. 10조(帖)의 컨테이너 조립식(프리패브, prefabrication) 2동, 조리장등의 확장 공사. 3. 10월 6일 '스마・피난자 생활을 지원하는 모임' 발족.

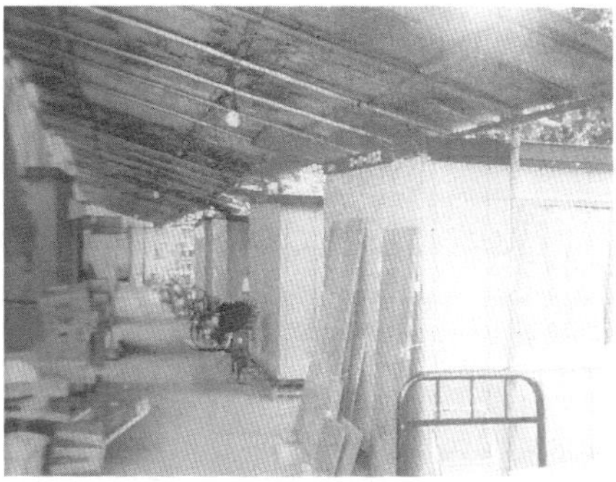

<사진 47> 스마구의 가설주택 안쪽 모습.
1997년 1월 필자 촬영.

<사진 48> 가설주택 내부 모습.
1997년 1월 필자 촬영

<사진 49> '신겐치' 가설주택 피재민을 위한 라쿠고가(落語家)의 보란티아 공연.
1997년 7월 필자 촬영

민 간 네트워크를 만들고 (스마구 피재자 간담회), 피재자들 만남의 장소를 만들었던 것이다.

이러한 가설주택에서의 조사는 세대와 세대구성원에 대한 조사를 기본적 틀로 구성했는데, 다음 두 가지에 착목했다. 먼저 거주자의 특성 중 취업, 수입상황, 건강, 생활공간에 대한 일상 공간 레벨에서 가설주택 주민의 생활실태를 파악하는 것이었다. 둘째는 그 분석을 근거로 하여, 거주 의식과 문제점 등을 일본 사회 내적 재해부흥의 문제와 연결하여 해석해 본다. 단순하게 거주 부흥 주택의 주택시설에 관한 문제점만이 아니라 생활재건과 가설주택 거주자의 생활 재건 프로그램에 대한 실태를 제시하기로 한다. 특히 피난생활에 있었던 이동 이주후의 지역 커뮤니티의 양상을 포함한 피해자 주체의 유효한 재건 수법의 확립을 위한 노력들을 제시하고자 한다.

조사상황을 밝혀두자면, 97년 2월부터 3월에 걸쳐 실시한 가설주택 주민들의 청취조사결과이다. 3월말(당시) 시점에서 7개 가설주택 단지였고, 조사대상 세대는 398세대(가설 후수는 535), 회수는 237세대 즉 59.5%였고 조사거부는 12세대였다.(그리고 미회수 세대는 입원중이거나 너무 고령이어서 불가능한 경우, 언어장애 등등의 이유가 28세대 있었다)

가설 주택 주민 세대 구성은 고령자, 독거세대(独居世帯), 그리고 장애자 세대를 포함해 심각한 문제를 내포하고 있었다. 직장도 없고, 건강상태도 나쁜 상황에서 '국가의 원조'를 필요로 하는 세대가 많았다. 특히 이러한 상황에도 불구하고 충분한 복지 서비스를 활용하지 못하고 있는 실태가 드러났다. 한편으로는 진재 후 몇 번이나 이주를 강요당한 가설주택 주민의 모습이 보였다. 피재자의 정신적 혹은 육체적 스트레스를 낳는 커다란 요인이기도 했다. 이것에 진재후의 별거세대가 많은 것이 눈에 띄었다.

거주자의 의식을 보면, '원래 살던 곳으로 돌아가고 싶다'라는 의식이 지역 커뮤니티의 필요성을 환기시킴과 동시에 아직도 가설주택 주민의 생활재건 속에서 높은 우선권(priority)을 갖고 있었다. 그것은 '원래 생활하던 지역에 재해부흥공영주택'을 세워달라는 거주자의 바람이 단순하게 주택이라는 숫자만의 문제가 아님을 새삼 일깨워주는 답이 있었다. 이번 조사에서 나타난 가설주택 주민의 생활실태 문제는, 그 공간적 문제를 포함해 복층적(復層的)으로 복잡한 양상을 띠었다는 점과 개별적인 문제도 포함하고 있었다는 점이다.

가설주택 주민의 생활은 아주 심각한 상황에 빠져있었다. 그 문제는 바꾸어 말하면, '잠재적 약자' 문제라고 말할 수 있는 틀로 해석할 필요가 있는 문제였다. 예를 들어 이것은 어디까지나 정부 행정에 의해 제시된 주택부흥이나 사회복지 등의 제도적 시책의 문제이기도 하면서, 이를 유효하게 이용하지 못하는 '계층의 문제'로도 표출되었다. 가족이나 경제적 계층 문제와 남녀의 시점에서 새롭게 바라보아야 할 필요성이 대두된 것이다.

피재자의 문제를 잠재적 약자의 문제로 다루고 또한 지역 만들기 문제로 다룬다면, 피재자의 피해 문제는 '심적 스트레스'를 완화하는 '정리의 기회'를 위한 장소가 필요하며, 동시에 지역커뮤니티의 '정리 기회'가 필요하다고 말할 수 있을 것이다. 그리고 그 장소가 지역의 연대(紐帯)를 강화시키는 '근린(近隣)' 레벨의 계급적 부흥에 동반된 지역부흥거점의 적극적인 위치 매김이 필요하고, 주민의 자립적 행동 아래 그 특질을 창출해내는 다양성을 촉진하는 틀이 새롭게 필요하게 되었다.

당시 진행 중이었던 부흥계획이나 '도시만들기'와 가설주택을 비롯한 피난자 생활 문제를 연결하는 시스템, 그 수용 제도의 충실성이 요구된다.

가설주택이라는 '현재적' 리얼리티 속에서 시간의 경과와 함께 피재자들 사이에서도 개인적, 사회적 차이에 의한 문제점들이 심각해지고, 분단이 일어나고, 그 차이성을 가진 주민들이 어떻게 그 연결고리를 유지할 수 있을 것인가가 다시 문제로 부상하게 된 것이다.

날짜	자택	공원	시설(피난소)	친척, 지인	기타	자동차	대기소	가설	임대
95.1.17	35	8	220	114	35	4	2	7	4
95.1.31	6	1	47	30	6	0	0	1	0
95.2.28	4	0	11	11	0	0	0	0	2
95.3.31	2	0	1	3	2	0	0	0	0
95.5.31	3	1	25	9	4	0	0	1	0
95.7.31	1	0	27	12	7	0	0	0	0
95.9.30	2	2	48	14	6	0	0	2	1
95.12.31	3	2	23	20	5	0	0	0	0
96.3.31	1	1	3	3	4	0	0	2	0
96.6.30	0	0	3	0	0	0	0	0	0
96.9.30	0	0	0	0	2	0	0	1	0
97.3.31	0	1	1	1	1	0	0	0	0

<표 7> 피난자실태조사 자료를 바탕으로 필자 작성. 1997년 6월 22일.

먼저 구체적으로 현재 가설주택에서 생활하는 가설주택 주민의 피난 경로를 살펴보자. 이 피난 경위를 피난일, 피난횟수, 가족 특성, 피난 장소 등을 크로스로 집계를 내고, 특히 피난자의 개개인의 움

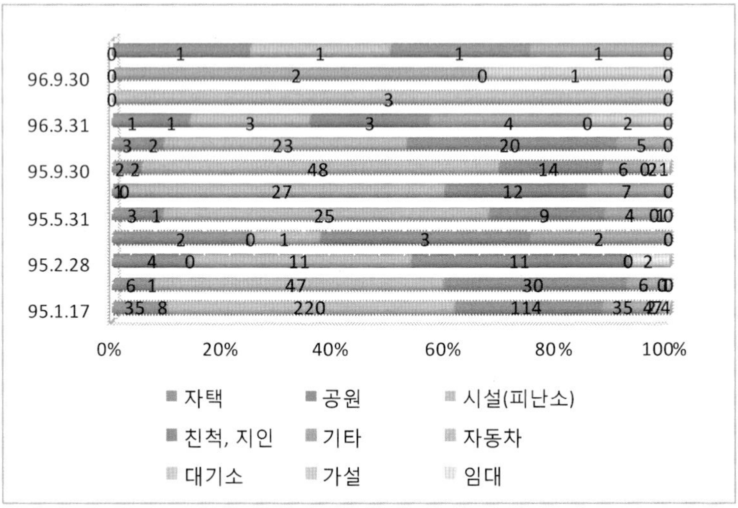

<그림 50> 피난자실태조사 자료를 바탕으로 필자 새로 작성.

직임을 포착해 보기로 한다. 피난 경위를 피난장소 이동에 대해서 살펴보면, 피난자는 몇 번에 걸친피난 경로를 거쳐 현재 가설주택으로 오게 되었는가를 알 수 있다.

53.7%가 2회 이상, 최대는 6번까지 피난생활을 강요당했다는 것을 알 수 있다. 피난 장소에서 피난소를 경유하고 있는 주민이 55.2%로 가장 많았고, 친척이나 지인의 집에 피난했던 것이 그 다음이다. 그리고 여기서 가족의 분할(分割, 별거세대의 존재)가 나타나게 된다. 이처럼 재해가 발생한 후에 생겨나는 피난 경로의 순차는 피난소이거나 친척 지인의 집이 무시할 수 없는 현실적 대응인 것이다.

그럼 각각의 가설주택마다 어떠한 상태에 있는 가에 초점을 맞추어 우선 가족 형태를 살펴보기로 하자. 지진 이전과 현재의 세대구성을 가설주택별로 나누어서 살펴보자. 단신 독거 비율을 보면, 어느 가설주택이나 독거 비율이 높음을 알 수 있다. 히가시스마(東須磨)와 도모가다이(友が台) 가설주택은 높은 비율을 차지하고 있다.

<표 8> 가족형태와 지역을 연계시켜 분석.

가족형태	시모나카지마(下中島)		히가시스마(東須磨),		묘호지(妙法寺)		다카토리에키마에(鷹取駅前)		다카구라다이치(高倉台第1),		쓰바키타니(椿谷)		도모가다이(友が台)	
	전	후	전	후	전	후	전	후	전	후	전	후	전	후
단신 독거	26.7	66.7	52.8	72.2	39	56.1	50.6	45.8	56	52	63.3	69.4	58.8	73.5
부부	13.3	20.2	13.9	5.6	12.2	9.8	20.8	20.8	20	24	22.4	18.4	5.9	2.9
모자	26.7	13.3	11.1	11.1	17.1	8.3	17.1	8.3	4	8	4.1	0	14.7	5.9
부자	6.7	0	2.8	0	2.4	4.9	2.4	0	8	4	2	0	2.9	0
부부+자식	13.7	0	8.3	5.6	19.5	9.8	0	8.3	4	8	0	2	0	0
부부+부모	6.7	0	0	0	2.4	0	0	4.2	0	0	0	0	0	0
형제자매	0	0	2.8	0	0	0	0	0	0	0	0	0	8.8	0
3세대 가족	0	0	5.6	0	0	0	0	4.2	0	0	2	2	0	2.9
형제자매+타 친척	0	0	0	0	4.9	0	0	4.2	0	0	0	0	2.9	2.9
불명	6.7	0	2.8	5.6	2.4	9.8	16.7	4.2	8	4	6.1	8.2	5.4	8.8

설문조사 자료를 근거로 1997년 6월 22일 필자 작성.

그 다음이 가설주택별 별거자 숫자인데, 원래 독거율은 높았다는 것을 알 수 있다. 단신 독거율이 동거에 포함되어 있었기 때문이다. 전체적으로 보면 별거율은 낮지만, 표를 살펴보면 그 별거자 68건 중에 자식과의 별거가 17건으로 다른 별거 패턴보다도 높은 비율임을 알 수 있다.6)

다음으로 가설주택별 연령 구성을 표로 보기로 하자. 전체 가설주택 현상은 잘 알려진 것처럼 65세 이상의 고령자 비율이 높다. 그리고 7가설 주택에서 65세 이상이 44%, 75세 이상이 28.5%라는 숫자가 확인 된다. 가설주택 주민의 2명-3명중 한 명은 65세 이상이고, 3명-5명 중 한 사람은 75세 이상인 것이 된다.

<표 9> 연령과 지역을 연계시켜 분석.

	시모나카지마	히가시스마	묘호지	다카토리에키마에	다카구라다이치	쓰바키타니	도모가다이
10세미만	0	0	4.4	2.2	6.3	0	0
10세-19세	0	0	13.2	4.3	0	2.6	5.4
20세-29세	0	1.6	13.2	0	6.3	6.5	0
30세-39세	5.7	7.8	9.9	2.2	10.4	2.6	1.8
40세-49세	8.6	7.8	16.5	4.3	16.7	9.1	5.4
50세-54세	8.6	3.1	5.5	8.7	10.4	16.9	7.1
55세-64세	25.7	20.3	17.6	13	14.6	36.4	5.5
65세-74세	5.7	23.4	7.7	23.9	12.5	13	23.2
75세이상	45.7	35.9	12.1	41.3	22.9	13	51.8

설문조사 자료를 근거로 1997년 6월 22일 필자 작성.

위의 표에서도 알 수 있듯이, 전체 고령자에 비하면 별거자 주민

6) 숫자상으로는 매우 적지만, 현장에서 얻은 청취조사에 의하면, 그 외에 배우자와 자식, 배우자와 부모, 형제자매의 별거가 있다. 배우자와 자식의 별거에 대해서는 아내와 자식이 따로 나간 경우가 눈에 띈다. 그리고 숫자적으로는 한 건이지만, 배우자 별거도 보인다.

의 연령을 따로 보면, 54세 이하의 연령자가 높은 비율을 차지함을 알 수 있다. 별거가 가족 멤버 구성의 해체를 의미하고 있다고 해석할 수 도 있을 것이다. 그렇지만 전체적으로 보면 그 숫자는 적은데, 가족이 동거를 하게 된 경우도 있으며 반드시 해체라고만 말할 수 없는 상황도 존재한다. 가족 내부의 '심각한 문제' 즉 노부모와 자식의 관계에서 오는 갈등과 긴장은 표현하기 어렵지만, 그 관계성에 문제가 존재하고 있음을 읽어낼 수 도 있다.

그러나 시대의 흐름 속에서 부모와 자식 간의 관계성 현상을 갈등으로 파악하는 것으로 사회 정책에 관한 가족 욕구도 변화하고 있다는 것을 인식하여, 이에 근거를 둔 새로운 시대적 노인 복지 정책이 세워져야 한다는 점이 나타난다고 본다. 여기서 이것을 실례로 살펴보기 위해 다양한 동거와 별거의 양상을 들어보기로 하자.

사례③: 205동. 여성. 80세 별거. 세대 구성원 수 3명에서 후세대 구성원 수 1명으로 변화.
오픈 의견: 남편이 지진으로 돌아가셨다. 딸(50세)은 아직 독신이다. 지진 이전에는 함께 살았지만, 지진 이후에는 일시적으로 함께 살았지만, 좁은 집에서 함께 생활하면 정신적 스트레스로 견딜 수 가 없었다. 그래서 별거를 선택하게 되었다. 딸은 직장 일을 마치면 돌아가는 길에 가설주택에 들러 여러가지를 챙겨주고 니시카미(西神) 가설주택으로 돌아간다.

사례④: 104동. 남성, 59세. 별거. 전세대 구성원 수 5명에서 후세대 구성원 수 1인으로 변화.
오픈 의견: 부부와 아들 3명이 생활하던 중에 지진을 만났다. 방이 좁기 때문에 별거를 선택했다. 근무처가 긴페이초(金平町)의 가나가와(金川)조선소이어서 통근이 가능한 범위에서 생활하고 싶다. 저녁은 가능하면 가족 모두가 모여서 이 방에서 먹는다.

사례⑤: 205동. 남성. 82세, 별거. 전세대 구성원 수 4명에서 후세대 구성원 수 1명으로 변화.
오픈 의견: 다카무라마치(高倉町) 가든 하이츠 맨션을 구입했다. 아내와 딸은 새로 구입한 맨션에서 살고 있다. 구입한 맨션이 언덕 위에 있기 때문에 나는 혼자서 가설주택에 사는 것이 편하다.

사례⑥: 102동. 남녀, 63세·60세, 동거. 전세대구성원 수 2명에서 후세대구성원 수 2명으로 변화.
오픈 의견: 남편이 지병이 있어 많은 돈을 치료비에 썼다. 고령이어서 직장도 없다. 금요일 '차 모임(お茶会)'에 가는 것이 유일한 자아표현 활동으로 여긴다. 적극적으로 나간다.

사례⑦: 106동. 남성, 50세, 별거. 전세대구성원 수 4명에서 후세대구성원 수 1명으로 변화.
오픈 의견: 지진이 발생했을 때 병원에 있었다. 그 후 퇴원했는데 이 가설주택에 들어오게 되었다. 아직 허리와 다리가 아프고, 귀도 잘 안 들린다. 가족은 좀 먼 곳에 산다. 그래서 돌보러 오지를 못한다. 입욕(入浴)이나 생활 개호(介護)는 아직 가끔 아들이 와서 해 주는데, 본인 생활도 바빠서 개호에는 한계가 있다. 복지 서비스를 이용할 수 있으면 안심이겠다.

이처럼 가설주택의 생활상은 다양하다. 여기서 고려되어야 하는 것은 다음과 같은 것들이다. 사례③과 사례④는 가족의 내부적인 갈등을 해결하기 위해 '별거'라는 형태를 취하고 있는 것이다. 이것은 가족이 다시 시작하기위해 일시적으로 취한 방편이라고도 볼 수 있을 것이다. 즉 이것은 '별거'의 형태를 빌린 '동거'의 형태라고 볼 수 있을 것이다. 그리고 사례⑤는 별거 속에서 딸과 부인이 함께 집을 나간 형태의 사례일지도 모른다. 사례⑥은 고령자 부부가 험난한 현실을 견디며 살기 위해 노력하는 모습이기도 하다.

그것은 집안에서만 갇혀 있기 보다는 열심히 지역 커뮤니티에도 참가하려는 것에서 읽어낼 수 있을 것이다. 사례 ⑦은 노부모를 부양하는 것이 아들에게 책임이 있는 듯한 의식은 변화하고 있지만, 행정대책으로는 아직 손이 부족하고 구조적인 변화에 효과적인 사회적 대책을 강구하지 않으면 안 되는 것을 일깨워주고 있다고 여겨진다. 그리고 별거자의 이동 장소를 생각해 보면, 전체 가설주택에서는 진재 후 임대와 시내가설로 이동한 주민이 눈에 띄고, 별거 이유로서는 집이 좁다거나 직장관계로 혹은 고립이라는 대답 케이스가 많았다.

그럼 좀 더 가설주택의 생활 속에 나타나는 원조(개호)의 필요성을 살펴보기로 하자.

<표 10> 개호 역할자와 개호 종류를 연계시켜 분석.

	가사	옥외 보행	옥내 이동	옷 갈아입기	배설	입욕	식사	자세 교환	계
가족	9	6	5	6	4	8	5	1	44
친척	1	1	0	0	0	1	0	0	3
지인	3	1	0	1	0	1	0	0	6
홈 헬퍼	11	2	1	0	0	6	1	0	21
돌봄이 없음	3	1	0	0	0	2	1	0	7
불명	1	1	0	0	0	0	0	0	2
계	28	12	6	7	4	18	7	1	83

설문조사 자료를 근거로 1997년 6월 22일 필자 작성.

개호를 필요로 하고 있는 83명 중 그 내용과 개호자는 누구인가에 초점을 맞추어 살펴보자. 어떠한 형태로든 원조(개호)를 필요로 하는 사람이 전체(416명) 중 약20%를 차지하고 있다. 그 개호 내용을 보면, 아주 다양・복잡함을 알 수 있다. 다시 말해서 개호 요구사항이 다양하다는 것을 의미한다.

그리고 원조자(개호자)에 대해서 알아보면 실제로는 '가족'이 과

반수를 차지하고, 그 다음으로 홈 헬퍼(home helper) 순서이다. 이는 다시 개호자의 차이에 의해 개호 내용도 달라지고 있었다. 홈 헬퍼의 개호 내용을 보면, 가사, 옥외보행, 입욕 등이 대부분이고, 가옥 내 이동, 옷 갈아입기, 배설, 식사, 누워있는 자세 바꾸기 등은 담당하지 않는 것을 알 수 있다. 홈 헬퍼가 감당하기 어려운 것은 '가족'이 돌보고 있다는 것을 알 수 있는데, 이는 달리표현하면, 가족에게 집중되어 있다는 것을 의미하기도 한 것이다.

비교적 무거운 개호 내용은 가족이 대응하고 있음을 알 수 있다. 이것은 금후 복지서비스의 부족 문제와 연결되는 것이다. 돌봐주는 사람이 없는 경우도 7%에 달하는 것을 보면, 홈 헬퍼의 필요성 또한 중요한 포인트가 된다.

홈 헬퍼 파견은 보건소 담당 공무원이 한 사람 한 사람 호별 방문하여 건강상태를 확인하고, 주민 센터나 시·구청에 신청하여 허가를 받아야 한다. 이것은 꽤 많은 시간이 걸리는 시스템이다. 그리고 대부분이 등록 헬퍼(흔히 말하는 파트 타임 헬퍼)로서, 개호 항목은 식사준비나 청소에 그치고 있다. 이러한 현실을 고려할 때 역시 가설주택에서도 가족에게 의지할 수밖에 없는 것이었다.

물론 가설주택에 거주하는 주민은, 모두가 개호를 필요로 하는 것은 아니다. 일할 수 있는 주민도 있고 생활 재건을 위해서는 직장을 가져야 하는 경우도 있다. 가설주택에서 불편한 생활을 보내면서도, 재건을 위해 취직을 한다고 해도 일자리를 선택할 수 없는 현실이고, 거리가 먼 곳도 마다하지 않고 일을 하기도 한다. 그렇지만, 젊은 층의 주민도 직장에서 돌아오면 고령자 부모를 돌봐야 하는 부담감이 있어, 체력적으로도 정신적으로 커다란 부담감을 안고 있는 것을 알 수 있다.

진재라는 커다란 '사고' 앞에 부딪친 현실은 '회복과 복원력'에 커다란 취약성을 가진 것임을 알 수 있다. 이러한 문제는 일본 사회가 끌어 앉게 된 '고령화' 사회의 축소판인 셈이다. 가족 구성원의 해체와 부모와 자식이 함께 살지 못하는 사회의 '케어' 문제가 급부상한 것이다. 가설주택이라는 특별한 지역에서의 소규모 현상이라고 볼 수 있는 측면도 있지만, 심각한 고령화 사회의 '잠재적 약자' 부흥의 문제는 '사회 전체 현상'으로서 확대되고 현현하게 될 문제인 것이다.

이것은 지진 재해라는 특수한 상황이 생활 상의 문제로 한꺼번에 '사회'외부로 표출된 것이기도 하다. 그렇지만 이는 일본 국가 내부의 '사회적 문제'를 노정한 문제로서, 현재 진행 중에 있는 고령화 사회에 대한 대처 방법을 일찍이 문제 제기한 케이스인 것이다. 그리고 동시에 노후 생활에 대한 현실적 대안 방법도 고민하지 않을 수 없게 하는 것이다.

압도적인 다수가 국가의 공적 연금에 의존하는 '연금생활'이라는 점이다. 그러나 고령자라고 하지만, 직업을 갖기를 희망하는 고령자는 많다. 현실은 고령이라는 이유로 일할 만한 곳은 적다. 이것은 금후 고령자 고용의 확대 대책과도 연결되는 문제점으로 고령자 개인을 위한 '생활을 위한, 개인의 삶의 보람'을 위한 직업과 사회생활의 장소를 제공해야 한다는 점을 보여주는 사례인 것이다.

이는 가설 주택에서 가조 형태 표에서 본 것처럼, 60세 이상의 고령자들이 단신독거, 부부 둘 만의 생활 주민 세대 비율이 높다는 것을 통해서도 다시 한번 재고되어야 함을 말해주는 부분이다. 이러한 현실적 경향에 맞게, 시설이나 행정 서비스 또한 개선되고 재정비되어야 한다는 점이다.

또한 가설주택 개호 내용에서 본 것처럼 개호가 필요할 때에는 헬퍼에 의지하고 있는데, 그 가장 큰 이유를 보면, 남성은 '그것을 사양하겠다는 마음'이나 '수치심, 비참함' 등등의 감정적 관념을 앞세워 개호를 받아들이지 않거나, 심리적인 면에서 당혹스러워하는 경향이 있다. 그리고 여성의 경우는 신체적 이유로 여성에 의한 개호를 원하는데, 그러한 의식을 존중해 줄 필요가 있다. 물론 이러한 문제는 볼런티어나 홈 헬퍼에 남성들도 기용되기도 하면서, 개호 서비스의 중심적 역할자인 개호자에 '성별역할의 전통과 해체' 의식이 나타나는 '개호학'의 역할도 제안되고 있는 실정이다.

4. 동일본대지진과 후쿠시마 원전피해주민의 가설주택

피해를 입은 지역의 경우에는 그 지역에 어떠한 형태로 인프라를 정비할 것인가, 어떠한 지역사회 구축을 염두에 두고, 그것을 위해 어떠한 지역적 지원이 필요한가 등, 피해 지역의 지역 내부에서도 피해지역간에도, 또한 국가레벨에 이르기까지 피해 지역을 넘어선 레벨까지도 이해와 합의가 필요한 것은 말할 것도 없을 것이다.

원자력발전소 피해와 원전과 관련된 사고로 인해 발생한 방사선피폭 영향에 대해서는 지역 주민 입장에서 볼 경우 방사능피폭의 위험인지(안전 경계범위)나 오염제거의 가능성과 방법 등의 판단 적절성에 관한 문제가 발생했다. 귀환이 불가능한 기간에 대한 대응 방책, 귀환이 가능한 조건에 대한 판단의 불규칙성, 또한 이것들과 깊게 관련되어 있는 배상책임과 배상기준을 둘러싼 갖가지 감정 등 일련의 사항들이 나타났다.

구체적으로 후쿠시마 현(福島県)의 특성을 보면, 후쿠시마 현은 동서로 길게 늘어진 형상을 하고 있으며, 두 개의 산지에 의해 아이즈(会津), 나카도오리(中通り), 하마도오리(浜通り) 등 세 개의 지역으로 나누어져있다. 인구는 2013년 12월 1일 현재 총인구는 1,946,526명(아이즈 281,149명, 나카도오리 1,157,617명, 하마도오리 507,760명)이다.7)

<그림 1> 동일본대지진이 발생한 동북지역 3개현의 위치. 필자 작성.

<그림 2> 도미오카마치의 위치와 후쿠시마제1원전사고에 의한 피난구역 사진. 2014년 1월 필자 촬영.

7) 아이즈(会津)는, 기타카타(喜多方)광역행정권으로 기타카타시(喜多方市), 야마군(耶麻郡), 아이즈와카마쓰(会津若松)광역행정권은 아이즈와카마쓰시(会津若松市), 야마군(耶麻郡)이다. 미나미아이즈(南会津)광역행정권은, 미나미아이즈군(南会津郡)이다. 나카도오리(中通り)는 후쿠시마(福島)광역행정권으로 후쿠시마시(福島市)(현청소재지), 다테 시(伊達市), 다테군(伊達郡)으로 구성되어 있고, 아타(安達)광역행정권은 니혼마쓰 시(二本松市), 모토미야 시(本宮市), 아타군(安達郡), 고오리야마(郡山) 광역행정권은 고오리야마 시(郡山市), 스카가와 시(須賀川市), 다무라 시(田村市), 다무라군(田村郡), 이와세군(岩瀬郡), 이시카와군(石川郡)이다. 시라카와(白河)광역행정권은 시라카와시(白河市), 니시시라카와군(西白河郡), 히가시시라카와군(東白川郡)으로 되어있다. 하마도오리(浜通り)는, 소마(相馬)광역행정권으로 소마 시(相馬市), 미나미소마 시(南相馬市), 소마군(相馬郡)이며, 후타바(双葉)광역행정권으로는 후타바군(双葉郡), 이와키 시(いわき市)로 구성되어 있다. 그리고 후쿠시마 현의 군(郡)은 다테군(伊達郡), 야마군(耶麻郡), 가와누마군(河沼郡), 오누마군(大沼郡), 니시시라카와군(西白河郡), 히가시시라카와군(東白川郡), 이시카와군(石川郡), 다무라군(田村郡), 후타바군(双葉郡), 소마군(相馬郡)이 있다.

이 중 하마도오리에 속하는 후타바군(双葉郡)은 히로노마치(広野町), 나라하마치(楢葉町), 도미오카마치(富岡町), 오쿠마마치(大熊町), 후타바마치(双葉町), 나미에마치(浪江町), 가와우치무라(川内村), 가쓰라오무라(葛尾村)로 나누어져 있다.

후쿠시마 제1원자력발전소가 위치한 곳이 바로 후타바군(双葉郡) 오구마초이고, 후쿠시마 제2원자력발전소는 후타바군(双葉郡) 나라하마치(楢葉町)(일부는 도미오카마치)에 있다. 물론 후쿠시마 원전사고를 미리 막지못한 문제에 대한 분석이나 후쿠시마 원전사고의 진상을 분석하고 제시하는 연구도 중요하다고 본다.[8] 또한 탈원전에 대한 아젠다 문제는 '신생 에너지' 개발의 과제를 남긴 채 토론이 계속되고 있다.[9] 이러한 문제들도 중요하지만, 문제는 오히려 후쿠시마 원전사고에 의해 피난생활을 지속하고 있는, 피재 주민의 생활을 통해 후쿠시마 원전사고

8) NHKスペシャル 『メルトダウン』取材班 『メルトダウン連鎖の真相』講談社, 2013年, pp.14-17.

9) 市田良彦『脱原発「異論」』作品社, 2011年, pp.8-208. 주요 논점을 보면, 반원전과 탈원전의 내실적 문제, 반원전과 사회운동, 반원전과 부흥의 문제, 반원전과 반자본주의에 대한 기대 등등을 다루고 있다.

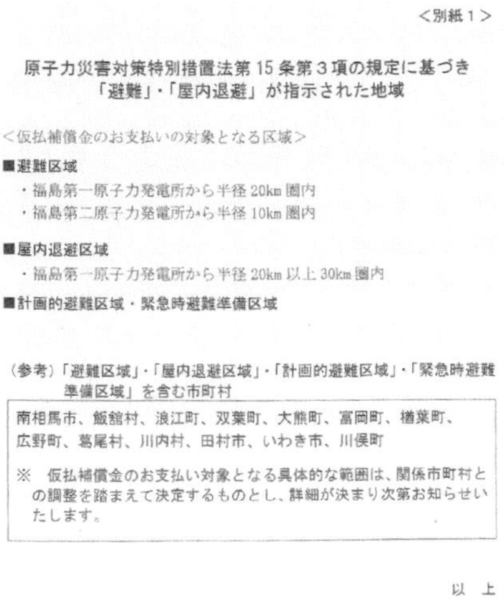
＜別紙1＞

原子力災害対策特別措置法第15条第3項の規定に基づき
「避難」・「屋内退避」が指示された地域

＜仮払補償金のお支払いの対象となる区域＞

■避難区域
・福島第一原子力発電所から半径20km圏内
・福島第二原子力発電所から半径10km圏内

■屋内退避区域
・福島第一原子力発電所から半径20km以上30km圏内

■計画的避難区域・緊急時避難準備区域

（参考）「避難区域」・「屋内退避区域」・「計画的避難区域」・「緊急時避難準備区域」を含む市町村

南相馬市、飯舘村、浪江町、双葉町、大熊町、富岡町、楢葉町、広野町、葛尾村、川内村、田村市、いわき市、川俣町

※ 仮払補償金のお支払い対象となる具体的な範囲は、関係市町村との調整を踏まえて決定するものとし、詳細が決まり次第お知らせいたします。

以 上

<그림 2> 일본 경제산업성 발표 동일본대지진 관련정보 홈페이지에서 인용.
http://www.meti.go.jp/

가 가진 문제점을 재고하고, 이를 통해 원자력 발전소의 '리스크 가시화'문제를 고려하는 것이 중요하다고 여겨진다.

잘 알려진 것처럼 3.11 동일본대지진의 영향으로 후쿠시마 제1원전의 멜트다운 사고로 대규모의 오염지대를 만든 방사능은 2011년 3월12일 제1회 수소폭발, 14일 제2회 수소폭발을 거치면서[10], 방사선 누출 사고가 발생했다. 3월11일 밤 제1원전에서 사고가 발생하자, 정부는 원전에서 3km 권역 내에 대해 피난지시를 내렸다. 3월12일 아침 정부는 다시 10km 권역 내의 주민 피난을 지시했고, 오후에 반경 20km 권역으로 확대시켰다. 3월15일에는 20km-30km 권역 내의 주민에 대한 대피지시가 내려졌다.[11] 이처럼 도쿄전력의 후쿠시마 제1원전 사고는 인류사상의 최초로 원전 4기(基)가 연속해서 손괴를 입은 치명적인 '동시다발적 과혹사고(severe accident)'였다. 주변 지역이 대량의 방사성 물질이 비산(飛散)되면서[12] 피난을 강요당했다.

10) 烏賀陽弘道 『原発難民』PHP新書, 2012年, pp.23-25.

11) 다케나카 헤이조·후나바시 요이치편, 김영근역 『일본 대재해의 교훈』도서출판 문, 2012년, p.85.

12) 塩谷喜雄 『「原発事故報告書」の真実とウソ』文春新書, 2013年, pp.3-4.

물론 원자력 피해자에 대한 대응이나 향후 대응 로드맵을 제시하고, 원자력발전소 사고 경제 피해 대응팀 관계각료회합을 통해, 원자력재해피해자에 대한 긴급지원조치(임시지원금)을 결정하고, 피난에 의한 손해 '임시보상금' 지불을 2011년 4월 15일 도쿄전력주식회사 이름으로 제시한다. '원자력재해대책특별조치법' 제15조 제3항 규정에 근거하여 '피난・가옥 내 퇴피(退避)'가 지시된 지역을 보면, 즉 임시보상금 지불 대상이 된 구역은 피난구역이 후쿠시마 제1원자력발전소로부터 반경 10km-20km 권내, 옥내 퇴난(退難)구역은 후쿠시마 원자력발전소로부터 반경 20km이상 30km 권내이다. 이러한 기준에 의해 미나미소마, 이다테무라, 나미에무라, 후타바마치, 오구마초, 도미오카마치, 나라하마차, 히로노마치, 가쓰라오무라(葛尾村), 가와우치무라, 다무라마치, 이와키시, 가와마타마치(川俣町)로 대상이 되는 구체적인 범위는 조정 중이라고 적고 있다.

이처럼 정부차원의 행정적 측면에서는 부흥을 향한 노력도 인정할 만 하지만, 후쿠시마 원전 사고 당시의 대처방법과 현재 피난생활을 강요당하고 있는 '응급가설주택 주민 당사자'의 입장사이에는 괴리가 존재한다.

특히 이러한 문제는 <국가적 차원의 리스크 가시화>의 의무와 지역 자치제 및 지역주민들 간의 리스크 인지에 대한 '준비' 작업도 동시에 진행되어야 한다. 바로 이러한 문제점을 재고하지 않으면, 원전재해의 대한 '교훈'의 내적 의미가 달라질 것이다. 물론 원전에 대한 정보의 충실성이나 매뉴얼 정비가 필요하지만, 역시 '전문 지식'에 대한 사회적 인지, 이에 대한 안정성 이해와 판단이 병행되어야 한다.

이를 위해서는 발생할 수 있는 리스크를 가시화하고, '가시화된 것을 해독하는 방법'을 주민 레벨에서 키우고, 공유 대처 방식으로 육성하는 과정이 필요했다. 이번 후쿠시마 지진에서는 '방사능 피폭 위험도'에 대한 담론의 제시 부분에서는 '리스크 가시화' 작업이 결여되었었다. 다시 말해서 위험 담론을 받아들이는 경황 자체가 없었던 것이다. 그렇기 때문에 리스크에 대한 대응방법도 판단할 수가 없는 상황이 발생했던 것이다.

그렇지만, 일본 정부는 후쿠시마 원전에서 방사능이 누출된 것이 가진 리스크를 공개하지 않았다. 흔히 말하는 위험 내포 사실을 공개하지 않음으로서, 원전의 리스크 정의나 지역 내의 리스크 대비 문제를 고민조차도 하지 못했던 것이다. 다시 후쿠시마 원전 방사능 유출문제에 대한 대응 방식에 대해 논의하기 위해, 피난생활을 계속하고 있는 응급가설주택의 주민에 대해 알아보기로 하자.

1) 후쿠시마 원전 사고와 피난

도쿄전력(東京電力) 후쿠시마 제1원자력발전소 사고에 의해 피난 지시 구역으로 지정되고, 방사선량에 따라 귀환곤란구역(帰還困難区域), 거주제한구역 및 피난 지시 해제 준비 구역으로 구분되어 있다. 거주제한구역 및 피난 지시 해제 준비 구역에 대해서는 출입이 해제되었지만, 숙박은 불가능하다. 귀환곤란구역은 원칙적으로 출입이 금지되어있다.

그렇지만, 안전과 위험, '방능의 영향이 있다' 혹은 '영향이 없다', '오염되었다' 혹은 '오염되지 않았다'라는 규정의 경계가 확실하지 않고, 그 선긋기는 애매했다. 동시에 오염이나 차별, 청정, 위험이라는 개념은 상호간에 관련성을 가지는 것이면서, 피폭에 대한 편견 등이 발생하기 때문이다. 사고가 일어난 원전이 후쿠시마현에 있기 때문에 방사성물질확산 영향에 대해 '후쿠시마는 위험하다'는 인식이 퍼졌다. 그리고 후쿠시마는 동북지방에 있는데 이는 '동북지방은 위험하다'라는 것처럼 현(縣)과 지방의 경계선 개념이 셋트가 되어 오염범위가 설정되고 퍼져나갔다.[13)]

톰 길(Tom Gill)은 '고향주의'가 사람들 마음속의 저변에 깔려있는 감정을 나타내는 것인지 아니면 이데올로기는 실제 사람들의 마음과는 동떨어진 것인가를 제안하면서 원전피해가 가져온 '일상에서 생각하지 않아도 되는 것을 생각하게 되는 계기'가 되었다고 밝혔다. 중요한 것은, '원전사고'로 인해 발생한 의식의 자각에 대한 '틈새'를 지적한다는 점이다.

또한 이다테무라(飯館村)의 나가도로(長泥) 주민과 술자리에서 나온 후쿠시마 원전이 위치한 오쿠마초(大熊町)와 후타바마치(双葉町)를 비판한 논리를 제시한다. 이지역 주민이 도쿄전력으로부터 원전 건립 때부터 거액의 보조금을 받았기 때문에 원전이 들어선 것으로, 후쿠시마 원전 사고의 비극이 초래된 것이라는 의견이다. 그러니까 후쿠시마원전이라고 이름에 붙여져서 후쿠시마라는 이름이 훼손되었고 현 주민들이 피해를 입고 있다며, '오쿠마 후타바 원전'이라고 해야 한다고 주장한 것을 제시한다.[14)] 이러한 톰 길 교수의 날카로

---

13) 池田陽子「「汚染」と「安全」-原発事故後のリスク概念の構築と福島復興の力」『東日本大震災の人類学-津波, 原発事故と被災者たちの「その後」』人文書院, 2013年, p.166, p.183, p.190

14) トム・ギル(2013),「場所と人の関係が絶たれたとき-福島第一原発事故と「故郷」の

운 현장 조사 의견에는 '주민의 분단과 원전 문제의 심각성'을 함의한 지적이다.

다시 말해서 '귀환 곤란 지역', '거주 제한 구역', '피난 지시 해제 준비 구역'으로 나누어지는 피재지역의 주민이 응급가설주택에서 겪는 '비일상적' 생활은, 피해자와 혜택자의 논리를 재구성하게 만들고 있었다.

2) 피난 경위와 도미오카마치 현장

도미오카마치는 지진과 쓰나미의 피해 그리고 후쿠시마 원전사고가 동시에 발생한 '복합재해구역'이었다. 다시 말해서 지진, 쓰나미, 원전 문제라는 개별적이거나 구체적인 논리로는 문제해결이 안 되는 재해였다. 특히 중요한 것은, 정부가 긴급 상황 시 처한 대응 방식을 보면, 인재(人災)적 성격이 농후함을 알 수 있다.

후쿠시마 원전사고 이후 피난 지시에 따른 행정적 대응에는 '형태적' 문제와 '정보'공개에 대한 미비성이라는 '구조적' 측면의 문제로서, 국가의 위기 대처 '거버넌스 문화 의식'도 동시에 나타났다.

다시 말해서 일본의 '거버넌스 문화 인식 구조의 문제'는 후쿠시마 원전사고 피난민에 대한 대응에서 '국가 폭력이라는 개인 희생병(犠牲病)'이라는 상황을 만들어냈다. 역으로 우수한 국가의 '이데올로기 장치 구조'를 발동시킨 것이다.

도미오카마치는 현재 후쿠시마 현 후타바군 도미오카마치(富岡町) 오라가하마(小良ヶ浜) 주변은 경계구역으로 지정되어 있고, 고하마

意味」東日本大震災の人類学-津波, 原発事故と被災者たちの「その後」』人文書院, p.203.

(小浜) 주변과 가미테오카(上手岡)는 거주제한 구역으로 분리되어 있다. 그리고 가미코오리야마(上郡山)나 시모코오리야마(下郡山) 게가야(毛萱)는 피난지시 해제 준비 구역으로 지정되었다.

그렇지만, 이러한 구분은 실제 모순으로 가득 차 있다. 방사능이 공기 중에 바람의 풍향 등등에 의해 이동하는 것이 '일상'인데, 20km를 설정하고 그 선의 내부는 출입금지이고, 그 선 밖은 해제지역이라고 설정하는 것 자체가 설명부족인 것이다.

이 도미오카마치 주민들과 가와우치무라(川内村) 주민들은 고오리야마 시(郡山市)의 미나미(南)와 와카미야마에(若宮前)에 준비된 응급 가설주택에서 거주하고 있다. 도미오카마치 주민과 도미오카마치 주민이 3월에는 빅 팔레트(Big Palette FUKUSHIMA)에 약 2500명이 피난했는데, 8월 17일 날짜로는 152명으로 확인되었다. 가설주택이 완료되면서 이 빌 팔레트 후쿠시마는 폐쇄하기로 결정된 것이다.[15)]

그래서 빅 팔레트 주변 미나미(南) 가설주택과 와카미야마에 가설주택으로 이동한 것이다. 가설주택은 '평등주의'를 내세우고 있기 때문에 추첨이나 '점수제도'에 의해 가설주택 입주 순번이 결정되는데, 한번 입주하면 이동하는 것이 제한되어 있었다.

3) 피난 경위에서 본 가설주택 실태

먼저 지진발생 후 피난 지시가 내려지고 도미오카마치와 가와우치무라 주민이 이동한 곳은 '서쪽'이었다. 서쪽은 고오리야마 쪽만을 의미하는 것은 아니었다. 가와우치무라 행정사무소에서는 도미오

---

15) 「郡山・ビッグパレットふくしまの避難所」『福島民報』 2011년 8월 19일.

카마치와의 합동재해 대책 본부를 세웠지만, 가와우치무라 또한 13일에 발표된 20km지역 피난지역 확대한다는 에다노 관방장관(당시)의 피난지시에 따라 일부 가와우치무라 주민들도 피난했지만 결국 3월 16일 3시경에는 전체 주민에게 피난지시가 내려졌다.[16)]

목적지는 후쿠시마 현 나카도오리로 가와우치무라에서 약 60키로 떨어진 고오리야마 시 남쪽에 위치한 대규모 이벤트 홀인 '빅 팔레트 후쿠시마'였다. 빅 팔레트 후쿠시마에서 우선 방사선 물질에 의한 오염 유무를 검사받고, 들어갔다. 이 빅 팔레트 후쿠시마는 이미 가와우치무라와 도미오카마치에서 피난 온 사람들로 붐볐다. 피난소 생활이 시작된 것이다.

빅 팔레트 후쿠시마에 근무하는 산업진흥센터 오쓰 유키나리(大津幸成) 과장의 인터뷰에 의하면, 처음에 피난소에서 생활하던 주민들이, 프라이버시나 목욕, 추위, 소음 등의 문제가 발생했다고 한다. 특히 프라이버시의 문제를 해결하기 위해 종이박스로 칸막이(仕切り)를 하며 겨우 유지했다고 한다. 그리고 자위대의 지원에 의해 목욕시설이 겨우 갖추어지기도 했다.

16) 相川祐里那奈(2013), 『避難弱者』東洋経済新報社, pp.30-32.

그리고 도미오카마치와 가와우치무라 주민센터가 설치되고, 대응에 나섰다. 피난 때문에 정지되었던 행정업무를 재개한 것이다. 피난소 내부 속에서 곧바로 주민센터를 설치하면서 '현장'에서 대응한 사례인 것이다. 이와 동시에 주민들 스스로가 밥을 지어 나누어 먹는 다키다시(炊き出し)가 실시되고, 의류 건조기대를 설치 및 여성들의 전용 공간이 확보되게 이르렀다. 이것은 바로 현장의 목소리에 의해 점차 시간이 지나면서 생겨나게 된 '일상의 회복'이기도 했다.

현재적 시각으로 본다면, 이러한 '일상생활'이 비일상 속에서 일상으로 의식되는 순간이기도 했던 것이다. 그리고 도미오카마치의 볼런티어 센터였던 '오타가이사마(お互い様) 센터'를 운영하기에 이르렀다. 오타가이사마라는 일본어는 한국어로 직역하면 '피차일반'이라고 해석할 수 있다. 다시말해서 피재를 당한 사람들끼리 '입장을 이해하고, 서로 폐를 끼치지 않으려는 발상이 내포되어 있는 표현인 것이다.

그리고 자체 피난자들의 정보 전달을 위해 '라디오 방송국'을 운영하기도 했다. 피난 주민들의 정보를 제공하기도 하면서, 주민들에게 격려와 용기를 주기위한 활동이기도 했다. 또한 피난소의 스케줄표를 살펴보면, 어린이 참가형 음악 이벤트라든가, 헤어 컷, 민요공연 등등이 눈에 띈다.

이러한 생활은 6개월만에 막을 내리고, 가설주택으로 주민들은 이동하게 된다. 도미오카마치와 가와우치무라 주민은 '분산'시킨 것이 아니라, 가와우치무라 주민은 고오리야마 시 미나미잇초메(南1丁目) 가설주택에 입주하고, 도미오카무라 주민은 와카미야마에의 가설주택에 입주했다.

물론 가설주택 입주 상황에 의해 와카미야마에 가설주택에도 가와우치무라 주민들은 입주해있다. 그리고 고오리야마에서 20분정도 떨어진 지역에서의 가설주택 양상을 보면, 표와 같다.[17)]

실제 가설주택 안내도를 보면, 그 호수가 많지 않았다. 이러한 가설주택의 공통점은, 모두 공동집합소에 '공중전화'가 설치되어 있다

---

17) 가설주택이 고오리야마시뿐만아니라 미하루마치(三春市), 오타마무라(大玉村), 이와키 시(いわき市), 다무라 시(田村市)에도 퍼져있다.

가설주택 명칭	주소
마에야마(前山) 응급가설주택	이와세군 가가미이시마치 오카노우치(岡ノ内)
사쿠라오카(桜岡) 응급가설주택	이와세군 가가미이시마치 사쿠라오카(桜岡)
아사히마치(旭町) 응급가설주택	이와세군 가가미이시마치 아사히마치(旭町)
나리타(成田) 응급가설주택	이와세군 가가미이시마치 나리타(成田)

는 것이다. 그 이유에 대해 물어보니, 핸드폰을 사용할 줄 모르는 고령자가 많아 '동전으로 걸 수 있는 응급 공중 전화'를 설치했다고 한다. 이는 다시 생각해 보면 고령자들이 거주하는 가설주택임을 추측할 수 있다.

4) 피난소에서 가설주택으로

피난소에서 와카미야마에 가설주택으로 입주한 도미오카마치 주민의 상황을 파악하기 위해 빅 팔레트 후쿠시마에서 2011년 12월 19일에 오쓰키마치(大槻町)에 개소한 주민센터를 찾았다.[18] 실제 행정 상의 업무를 살펴보면, 민간임대주택으로 이주하는 주민들을 제외하고, 공영주택에 입주하는 주민들 숫자를 보면 아직도 공영주택 입주는 요원한 상황이다.

<표 12> 가설주택 입주자 상황(2014년 1월14일 현재). 후쿠시마현 고오리야마시 오쓰키마치(大槻町) 생활지원과 주택지원계 담당자의 자료를 근거로 필자 작성.

시정촌명칭	단지 명칭	건설지역	입주자 호수(号数)	입주 자 수	입주 일자	퇴거 호수(号数)
도미오카마치(富岡町)	응급가설주택 A 공구	와카미야마에(若宮前) 32	200	307	2011년 6월 15일	13
	응급가설주택 B 공구	와카미야마에(若宮前) 32	67	112	2011년 6월 15일	2

그리고 실제로 공여주택에 입주한 사례를 보면, 고오리야마 시보다도 이와키 시 쪽의 공여주택으로 입주한 경우가 대다수임을 알 수

18) 도미오카마치 주민센터에 생활지원과 주택지원계 담당자 산페 히데후미(三瓶秀文) 주임으로부터 가설주택의 전체적 상황과 응급가설주택, 민간임대주택, 공영주택에 입주한 주민들의 정보를 얻을 수 있었다.

있다.[19] 문제는 가설주택 생활을 유지하지 않으면 안 되는 현실에서 맞부딪치는 문제들에 대한 해결방안인 것이다. 먼저 와카미야마에의 가설주택을 보면, 전체가 '조립식 건축(프리패브, prefabrication)'이다. 이 가설주택을 살펴보면, 지면에 거의 붙은 형태로 바로 건설했기 때문에, 추위나 더위에 견디지 못하는 치명적 단점을 갖고 있다. 그리고 벽이 얇아 난방 문제뿐 만이 아니라, 방음의 문제도 지적된다.[20]

그러나 역시 한신・아와지대지진의 경험에서 인지 아니면 이번에는 후쿠시마 원전 사고라는 '인재' 처리 방법에 의한 우연한 대책인지는 불분명하지만, 와카미야마에의 가설주택은 가와우치무라 일부 주민과 도미오카마치 주민이 대부분이다. 거의 도미오카마치 주민들의 집합장소였다.

그것은 한신・아와지대지진때에 발생한 '고독사' 문제가 하나의 경험이었는지도 모른다. 다시 말해서 가설주택 입주의 평등주의 논리에 따라 추첨이나 '조건 입주'가 실시되는 바람에 원 커뮤니티가 해체되면서 가설주택에 거주하는 주민들이 서로 알지 못하는 상황에 놓이게 되면서, 고독사가 증가했다는 것이 커다란 문제점으로 지적된 바 있었다.

여하튼 이번 와카미야마에 가설주택은 도미오카마치 주민들로 구성되었고, 또 하나 특이할만한 것은 빅 플레트 후쿠시마 피난소에서 만들어진 지원센터 '오타가이사마센터'가 그대로 '가설주택' 부지내로 들어와 지원활동을 계속하고 있었다는 점이다.

---

19) 도미오카마치나 가와우치무라 주민의 가설주택과 이와키시 주민의 가설주택 상황에 대해서는 다음 원고를 기대한다.

20) 塩崎賢明, 西川栄一, 出口俊一, 兵庫県震災復興研究センター編(2012), 『復興の50正義と倫理』クリエイツかもがわ, pp.98-99.

이 오타가이사마센터에서는 사회복지법인(도미오카마치 사회복지협의회) 소속의 직원들이 파견형식으로 나와 근무하고 있었다. 사회복지협의회 근무자들은 가설주택 주민들을 위한 말 그대로 지원업무였다. 그 내용을 보면, 재해에 관해 이야기하는 역할, 종이 접기, FM방송, 공방(工房), 현내(県内) 교류・현외(県外) 교류, 밭일하기, 물건만들기, 어린이 광장, 생애학습 등등 많은 활동을 지원하고 있었다.

<사진 60> 고오리야마 도미타(富田町) 와카미야마에 가설주택. 2014년 1월 필자 촬영.

<그림 61> 와카미야마에 가설 주택의 모습. 실제 K씨가 집안을 공개해 주었다. 2014년 1월 필자 촬영.

실제로 가설주택 내부를 공개해 준 'K씨'의 집안으로 들어가 보면, 사진에서 보는 바와 같다. K씨는 도미오카마치에서 피난소를 거쳐 이곳 와카미야마에 가설주택에 입주한 부부였다. 70세의 고령임에도 불구하고, 아직도 직장을 갖고 싶어 할 정도로 건강했다. 그렇지만 실제 일상은 TV를 시청하며 하루하루를 보내는 것 같았다. 그리고 방범대원으로 자원해서 한 번씩 순찰업무를 하는 것이 보람이라고 했다. 아직 개호를 받을 정도는 아니었지만, 70세 이상인 고령

자임에는 분명했다. 그리고 K씨 여성은 '재해 이후 인식이 바뀐 일상'에 대해 '자아 책임과 재해 의식의 명확성 필요'를 주장했다. 국가의 책임도 중요하지만, 그러한 위험 기구가 실제 일상에서 공존했다는 것은 '동시책임'이라는 입장이었다. 국가와 개인의 책임 부분을 명확하게 하자는 것이었다. 안전신화를 믿어서도 안 되지만, 위험 리스크는 항상 각성하고 있었어야 한다는 점이었다.

그리고 더욱더 중요한 것은, 남성 쪽보다 여성 쪽에 의식변화가 일어났다고 해석할 만한 부분이 존재한다는 점이다. 진재 이전이나 진재 이후나 남편은 '동일'하다는 것이다. 어느 점에서 동일한가하면, 식사준비는 여성이라는 남녀역할에 대한 관념이 동일하다는 것이다. 그러나 여성은 '당신 혼자만 재해를 당한 것이 아닌데, 왜 재해 이전처럼 동일하게 식사준비는 여성이 담당해야 하는가'라는 문제를 제안한 것이다. 남녀 공동 책임론이라고도 해석할 수 있는 부분이다. 개개인의 문제로 환원하면 기존 가치관의 연장선상에서 생활하려는 남성과 기존 가치관으로는 현실의 무게를 극복할 수 없다는 여성의 의견으로 인한 충돌이 일어난 것이다.

이것 또한 역할에 대한 전통성 유지 입장과 전통이라고 불리던 역할 분담 개념에 대한 해체 요구가 '중첩되어' 나타난다고 볼 수 있을 것이다. 혼란 리스크에 대한 가치 전환도 새롭게 대두된 현실인 것이다. 전통적인 가치관이 보수적이고, 역할 분담에 대한 이의 제기가 진보적이라는 의미가 아니라, 재해를 겪은 현실 속에서 이를 극복하기 위한 '회복' 방편으로 '새로운 가치관을 모색'하는 혼란 합체 현상이라고 보아야 할 것이다. 이러한 의미에서 주체성에 대한 '재구성' 문제가 떠오른다. 가정에서의 역할 분담이라는 공존 역할

문제와 개인적 자립의 정의가 지적되는 것이다.

산업화된 노동사회, 기업사회에서는 스스로를 억제하거나 가정의 행복을 위해 자아를 희생하고 역할에 충실한 것이 미덕이었지만, 재해를 겪으면서 새롭게 생겨난 자아 존중감은 개인주의라고 치부할 수 없는 탈 '공동의식'과도 같은 것이다. 스스로의 입장과 의사를 존중하고 새로운 사회 집단에 소속되어, 자아를 실현해 보려는 K씨 여성의 '개인' 가치 존중성은 소비사회의 개인주의와는 위상이 다른 것으로 보인다.

더 나아가 필자가 방문한 2014년 1월의 예정표를 보면 플라밍고 댄스 교실, 전체연수회 모임, 110번의 날 이벤트, 차 마시는 모임, 노인 클럽, 사교댄스, 어린이 광장 등등 개인의 입장에서 참가하는 다수의 인간적 접촉 '시스템'을 운용하고 있었다. 이것은 도미오카 마치라는 동일한 커뮤니티에서 생활하던 주민들이기 때문에 그 활동이 적극적인 것이라고 볼 수 있을지 어려운 부분이 있지만, 새로운 사회 시스템을 구축하고 있는 것은 분명했다. 매일 매일의 일상이 무미건조한 가설주택 생활을 어떻게든 '사교적 공간'을 성립시켜 보려는 '정신의 빈곤'을 탈피하려는 노력일 것이다. 이것은 '전체주의'에서 새롭게 재구성되는 '개인주의적 전체주의'의 생활공간 창출이라고 볼 수 있을 것이다. 그러한 이러한 새로운 사회 구축에 도전하는 것은, 대체적으로 4분의 3이 고령자 여성들이었다는 점에 주목할 만한 특징이 있다.

자립적 생활 구축이 '공통 가치관'을 유지하면서도, 세상 사람들과 동일한 사회 생활을 희구하는 '일상'을 회복하려는 회복=재생, 부흥을 문화적 일상과 연결시키면서, 기존에 없었던 새로운 '문화적 특성'에 자발적으로 가담하고 있는 부분이 존재한다는 점이다. 이것이 바로 회복력이며 인간적 부흥으로 새로운 '미래'을 개척하기 위해 '과거' 이론에 우롱당하지 않는 개인의 자립과 사회적 공생을 위한 새로운 시스템을 구성하면서 구축해 가고 있는 것으로 여겨진다.

5. 위기 속의 '인간부흥학' 재인식

이상으로 본 논고에서는 한신・아와지대지진의 가설주택과 동일본대지진의 가설주택을 주요 대상으로 삼아 분석해 보았다. 가설주택에서 벌어지는 '일상'에 대한 회복, 복원의 문제는 '근대, 지역, 국가'의 문제와 연관되어 있음이 드러난 것이다.

특히 가설주택이나 개호 서비스에 대한 문제는 '국가 거버넌스'의 제도적 정비나 행정 업무의 일환이기도 한 방면, 실제 피난소 생활이나 가설주택에서의 생활 속에서는 '개개인의 주체적 행동'에 의한 커뮤니티 재구성의 논리도 대두됨을 알 수 있었다.

특히 한신・아와지대지진을 겪은 이후 2년이 지난 시점에서 필자가 조사한 가설주택 상황에서도(당시의 의견이지만) '일상과 사회, 그리고 국가의 문제'로 '부흥'의 문제가 제시된 것을 알 수 있었다. 그렇지만, 한신・아와지대지진 이후의 가설주택 생활은 '지진 이후 피난소에서 가설 주택으로의 이동' 과정 속에는 '보이지 않는 국가의 히에라르키 시스템'이 작동했음을 깨닫게 해 주는 계기였다. 다시 말해서 지진 이후 제1차 피난부터 두번 세번 이동을 강요당하면서 결국 정착하게 되는 가설 주택은 '잠재적 약자'를 걸러내는 프로세스였다. 그렇지만, 그 가설주택에서 발생하는 케어나 가족 구성원의 일상생활은 일본 사회를 그대로 반영하는 하나의 축소판이었다. 그 후 19년이 지난(동일본대지진은 2011년 3월 11일이어서, 한신・아와지대지진으로부터 17년이지만 필자가 동일본대지진 이후 현지 조사를 실시한 것은 2014년 1월 12일이기 때문에) 이후 가설주택의 모습은 '이전과는 다른 진화된 모습'이었다.

그렇지만 그 진화된 모습이란 '하드 부분'이었다. 피난소를 설정하는 방식이나 '특수조례'를 내걸고 가설주택 부지를 설정한다거나 가설주택 건립 부분에서 발 빠르게 대응한 부분, 볼런티어의 다양화 등은 '진화된 행정 능력'을 보여주었다. 그렇지만, 그것은 표면적인 학습결과에 그치고 말았다. 한신・아와지대지진에서 겪은 도심형 지진과 과학의 안전 신화에 빠졌던 '원전 사고'로 인한 피난상황, 가설주택 건설과 주민생활에는 '사회 구조적' 문제나 재해 취약성 패러다임을 창출하지 못한채 차이를 가진 반복이라는 이름으로 '피난소와 가설주택 문제와 잠재적 약자를 창출'하는 프로세스를 만들어 내고 말았다. 재해 발생 후에는 누구나 자택→공원→시설(피난소)→친척이나 지인(知人) 집(호텔이나 민박, 자동차, 대기소, 불특정장소, 기타)→가설주택→임대주택의 순서로 이동한 패턴이 도출된다.

이것은 동일본대지진에서도 비슷한 상황으로 전개되었고, 역시 가설주택에서의 가족 구성원의 문제, 개호의 문제, 고령자의 생활문제, 가설주택이 가진 환경 등등의 문제를 '회복력이나 부흥이 가진 내용적 의미'를 재고하게 만드는 것이기도 했다. 특히 가설주택의 경우는 '방 구조의 문제'에 대한 재고가 필요하다. 그리고 가건물 형태로 지어지는 가설주택이 가진 '추위의 문제'와 '더위의 문제'에 대한 구체적 대안이 필요하다. 동시에 가설주택 주민들을 위한 볼런티어의 다양함, 개호의 다양함 또한 부각되었고, 재해 피해라는 위기 상황에서 '회복=부흥'을 위한 시스템적 인식론적 사회적 연결고리가 새로운 동원력으로 등장했음도 드러났다.

이는 국가와 지역, 지역과 개인, 개인과 개인의 문제로도 나누어질 수 있지만, 이를 '국가와 지역'과 '지역과 지역', '국가와 개인', '지역과 개인'의 문제라는 4개의 축이 함께 돌아가고 있음을 응시한 인간 부흥론을 창출해야 함을 가르쳐주는 '가설주택' 실상이었던 것이다.

위기에서 벗어나는 논리를 국가 시스템이나 국가 의존형태에서가 아니라 개인의 주체적 자립과 개인의 회복=복원력 창출을 통한 취약성 극복도 동시에 병행되어야 할 일인지도 모른다. 위기 속에 등장하는 가족문제, 개인 문제, 개호 문제는 '안전신화'를 해체하고, 가치관의 혼란이 아니라 새로운 혼란 리스크를 인지하는 능력을 축적하는 전환 프로세스를 말해주는 것이다.

전통적 가치관과 새로운 가치관의 중층성, 진보적 세계관과 전근대적 공동체 유지 논리가 '혼성적'으로 합체되면서, 진행되고 있음을 알 수 있다. 개인주의에 한계와 국가주도형 국가주의의 왕복운동 사이에서 개인의 행복과 타인의 행복 조건에 대해 새롭게 직면한 '일상, 지역, 국가' 이론이 말 그대로 '사회의 재구축' 논리로 나타난 것이다. 자립성과 공존성이라는 문제를 통해 '국가와 사회, 개인의 삶'을 시스템 속에 매몰되지 않는 '개인'의 의미를 묻고 있는 것이다.

제10장

기억 내러티브가 가진 이중성과 사전 부흥 – 동일본대지진의 '역사화'의 의미

1. 재해 피해 당사자와 '당사자 인식'의 사이에서

본 장에서 '동북지방=태평양연안'에서 2011년 3월 11일에 발생한 '동일본대지진'의 경험과 기억의 '내러티브' 분석을 통해 기억의 역사화 문제를 다루었다. 특히 당사자의 경험이 내러티브와 연결되는 프로세스를 검토한다. 그를 통해 내러티브가 형성되는 구조와 동시에 그 내러티브를 듣는 청취자와의 관계가 어떤 의미를 갖는지를 살펴 보고자 한다.

태평양연안의 쓰나미, 원전 피해, 지진으로 기억되는 '동일본대지진'은 대지진 이후 많은 '동일본대지진 내러티브(narrative)'를 양산해 냈다. 그 과정에서 사실로서의 '동일본대지진'과 '내러티브로 회자되는 동일본대지진' 사이에는 역설적으로 '사실과 허구의 경계를 넘어 사실(史實)'에 대한 의문을 낳았다. 문제는 그 사실의 경계를 구분하는 것이 아니라, '동일본대지진'과 '내러티브화 된 동일본대지진' 사이에 존재하는 차이를 넘어 무엇을 역사화 할 것인지에 있다고 본다.

동일본대지진은 무엇보다도 '지역 개념'과 '사물(事物) 이미지'에 대한 패러다임을 전환시켰다. 다시 말해서 재해 경험이나 기억들이 기술되면서 지역 개념과 사물에 대한 개념들이 재편되고 재(再) 기억화 되었다. 특히 일본이 근대화를 추구하면서 일궈낸 동북지방의 마을이나 도시, 바다, 그리고 원전(原電)이라는 '사물'에 대한 인식에 대해 의문점이 제시되기도 했다.

즉 사물들의 재현 방식에 의해 기억이 '가변성/불가변성'을 동시에 갖는다는 사실을 발견하게 되었다. 특히 사물들은 근대 일본의 근간을 이루는 요소들로서 동일본대지진 이전에는 '일상' 그 자체였다. 그렇지만 동일본대지진 이후에는 그 근대화의 논리 위에서 만들어진 일상이 재구성 되었고, 기억을 만들어 낸 것들임이 '이야기'를 통해 '재현'되는 양상을 통해 인지하게 되었다. 이는 역설적으로 근대화 논리로 사회나 국가가 만들어 놓은 '일상'이 기억에 의해 지배되고 있었다는 것을 보여주는 계기가 되었다. 이를 극단적으로 보여준 것이 '내러티브화 된 동일본대지진'이었다.

지금까지 일반적으로 역사 혹은 역사적 기록은 실증적 자료나 증언을 토대로 객관화된 사실을 축적하는 것으로만 알려져 있었다. 그렇지만 역사적 기록은 공식문서나 문헌이 오히려 한 개인의 기억이나 직접적인 체험이 역사적 사실에 가깝다고 여겨지는 논리가 등장했다. 극단적으로는 개인의 기억만을 중시하는 태도로서 수정주의 역사관이 제시되기도 한다.

그렇지만 문제는 역사와 개인의 기억은 대립하는 것이 아니라 상보적인 것으로, 개인의 기억을 청취하고 그것을 '객관적인 역사적 기억'으로 기록하는 작업이 필요하다는 것을 주창하게 되었다. 문제는 그 프로세스 속에 존재하는 기억이 갖는 '정치성' 문제를 간파해야 한다는 점에 있었다.

이 러한 논리를 바탕으로 본 논고에서 주목하는 것은 재해 내러티브와 재해 기억이다. 특히 재해 내러티브에 관여한 민화(民話) 이야기꾼의 내러티브에 초점을 맞추어, 재해 기억이 재현될 때 나타나는 '근대 물질세계'에 갇히게 되는 인식과 기억의 정치성 문제이다. 원래 민화란 민중적이고, 비정치적인 것, 권력에 저항적인 것으로 사회적 차별구조를 '자각'하게 하려는 의도에서 출발했다.

그런데 그 민화에 나타나는 기술 수법이 시스템적으로 일원적인 구조적 패턴으로 수렴되어 그 원초적 성격을 잃게 되는 경우가 있다. 그런 의미에서 '정형화'된 시스템 재현이 갖는 논리에 내재된 '인식의 재현'이 갖는 의미도 함께 살펴보고자 한다. 그것은 동시에 재해를 직접 경험하지 않은 비당사자가 '당사자'의 내러티브 속에서 청취자의 '인식론적 맥락=사회적 맥락'이 다시 취사선택되어[1] 즉 청취자의 주관성, 역사성, 정치성에 의해 '번역/해석'되면서 재해 내러티브가 재현된다는 점을 상기시킨다.

달리 말하자면 재해 경험/기억 당사자인 발화자와 그것을 청취하고 읽는 비당사자 사이에는 상호 간에 '선택적=파편적' 재현이라는 '상대주의적 내재 인식=상호 주관성의 문제'가 작동하고 있다는 것

---

1) 특히 본 논고에서 집필자는 선택 개념을 아주 중요한 개념으로 사용했는데, 이는 이바 다카시(井庭崇), 나루세 미유코(成瀬美悠子)의 학회 발표 논고에서 시사를 받았다. 완전한 논고가 아니라 학회발표 원고인데, 중요한 개념을 제시하고 있다. 즉 「선택 개념은 사회시스템 이론에 있어서 정식화(定式化)와 마찬가지로 생물(주체)의 의식에 의한 것이 아니라 가능성이나 복합성의 축감(縮減)이라는 사태를 가리킨다. 선택 개념은 말하자면 '주체가 결여된' 개념」이라고 기술했다. 井庭崇・成瀬美悠子(2008), 「オートポイエティック・システムとしての生態系」『社会・経済システム学会第27回大会発表集』社会・経済システム学会, p.3.

이다. 특히 발화자의 주체는 정치성이 동반되고 동시에 청취자 또한 청취자 정치성이 불식할 수 없는 '상호 주체의 정치성' 극복이라는 자아 재편의 논리가 작동한다는 점이 중요하다.

그런 의미에서 '동일본대지진'과 '동일본대지진의 기억/경험의 내러티브' 연구를 통해 주체는 '의식된 또는 의식화 되지 못한' 주체들/비주체들의 '인식'을 통한 제3의 '주체화=자각화=역사화'라는 신패러다임 구축 가능성이 존재한다는 점이다.

한걸음 더 나아가 국가적 거대 이야기 속으로 재편되지 않고, 개인의 인식이나 주체적 자각을 깨우쳐주는 것이라고 여겨진다. 일방적 국가의 거대담론으로 수렴된 기존의 문헌적 역사를 흔들 수 있다는 기억의 사물성(事物性)을 자각하는 것이며, 그것이야말로 '내러티브'의 재현이 갖는 의의일 것이다.

그러한 자각된 '주체성'을 청취자가 이해하고, 청취자 또한 비(非)경험 속에 경험 부분을 자신의 인식 속에서 재해석했다는 것을 통해 비주체적 자아, 즉 주체 내부의 타자성을 자각함으로써 새로운 차원의 주체가 발견되고 구축될 수 있는 것이다. 특히 본 장에서 전개하는 논리들의 양상과 구도를 그림으로 표현해 보면 아래와 같다.

<표 1> 내러티브의 논리 전개를 통해 본 부흥론과 역사화

			개인적 역사/언어적 문맥/상황/생산자/연출자				
			당사자/화자		비당사자/청취자		
과거로부터 존재하여 현재에 나타나는 사실로 해석	객관적이고 단선적인 진보적 진화 생성론	⇨	재해 내러티브 + 민화 내러티브	내러티브 텍스트	비경험 내러티브 + 타자 내러티브	⇨	내러티브 텍스트의 전회
				⇩			⇩
이야기, 스토리(story), 디스코스(Discourse)				표현 빈도가 높은 단어, 어휘들 분석			자아 내부의 '타자의 존재'를 의식
⇳				**<의미화>**			⇩
현재적 인식에 의해 기억이 재편된다는 논리	선택적으로 재구성된 복수적 상대적 구축론			자연적/인공적			주체 소통 / 역사화
				⇧			
모노가타루와 내러티브(narritive)				사실적/허구적			사전(事前)부흥
				텍스트 마이닝(Text mining) + 오토포에이시스(autopoiesis)			

2. 재해부흥과 내러티브 · 내러티브와 재해부흥

역사화란 "실증의 증거, 즉 자료나 증언 혹은 관찰에 근거하여 확실하다고 여겨지는 사실들을 축적해 가는 작업"[2]이라고 정의하기도 한다. 이러한 척도는 '관찰'에 근거한다는 내용에 대한 설명도 없이 증거나 자료의 실증성이 어떻게 사실화되어 가는지에 대한 물음을

2) 友沢悠季(2015), 「「なかったこと」にさせない思いをつなぐ営みとしての歴史叙述」『歴史学研究』No.935, 青木書店, p.29.

소거시킨 채 시간상의 진화에 의한 축적을 중시하는 입장임을 알 수 있다.

특히 역사화와 연관하여 이 관찰이라는 단어가 따라붙는 한 분명히 관찰도 역사화를 진행시키는 데 있어서 중요한 핵심 키 워드이기도 하다. 즉 관찰이라는 행위가 역사화를 만드는 데 있어 담당하는 역할이 중요하며, 관찰이라는 행위에 내장된 방법론적 내실(内実)을 고민할 필요성이 대두되는 것이다.

거대 흐름의 문맥에서 보면 '역사'라는 것도 그것이 역사화되는 하나의 역사를 갖고 있다. 이때 근대적 방법론으로 중시된 것이 실증주의와 역사주의라는 입장이었고, 그러한 문맥에서 역사화가 유래된 것이기도 하다. 그렇게 본다면 그것 또한 역사를 다루는 하나의 방법론이었다.[3] 특히 텍스트 세계를 실증주의와 연결시킨 기법이었는데, 그것도 시대적 산물의 하나로서 역사를 기술하는데 한계를 드러냈다.

그것은 바로 개인의 일상이나 개인의 기억이 반영되지 않았고, 오히려 개인의 경험이나 기억이 텍스트 역사가 기술하지 못한 사실을 '이야기'해 준다는 측면을 자각하게 되었다. 그래서 개인의 경험이나 기억이 새로운 증언이 기존에 공식화되고 국가 차원에서 역사화된 '거대 역사'와 대립되는 개념으로 등장하였다가 현재는 상호 융합에 대한 새로운 지평을 열게 되었다.

포스트모던(postmodern)의 역사가들은 사건(出来事)을 직접 체험

3) 安川晴基(2008), 「「記憶」と「歴史」ー集合的記憶論における一つのトポスー」『芸文研究』vol.94, 慶応義塾大学芸文学会, p.69.

> 한 개인의 증언이나 지금까지 억압되었던 약자나 마이너리티의 목소리, 즉 달리 표현하자면 '작은 담론'으로서의 기억을 역사에 반영하려는 것을 중시했다. 그러나 '거대 담론'의 역사를 제쳐내고 개인의 '기억(記憶)'만을 중시하는 태도는, 역사라는 것이 수많은 과거의 '이야기(物語)' 중 하나의 버전(version)에 지나지 않는 것이며, 역사 서술에 있어서 사실과 허구의 구별이 없다는 극단적인 수정주의적 역사관을 형성하는 데 기여하게 되었다. 이러한 흐름을 수용하여 현재 '기억'과 '역사'가 다시 접근을 시도하고 있으며, 두 개념은 대립하는 것이 아니라 서로 상보하는 것이라고 이해하게 되었다.[4]

즉, 거대 담론의 역사 논리 속에서 배제되고 소외되었던 약자나 마이너리티의 목소리를 역사에 반영하려는 노력이 이루어지고 있었다. 그것은 극단적인 수정주의적 역사관에 빠져서는 안 되지만, 사실과 허구의 경계를 넘기 위해 기억과 역사의 '접근'이 시도되는 것은 새로운 역사 쓰기의 시도와 맞물려 상보적 기법으로 등장하게 된 것이다. 그렇지만, 바로 여기서 개인의 기억이라는 새로운 '증거나 자료'를 역사화의 매개로 활용하면서, 과거를 현재에서 재구성하는 프로세스 속에서 기억이나 경험을 어떻게 다룰 것인가에 대한 새로운 문제가 발생한다.

여기서는 두 가지를 고려해 볼 수 있다. 그 첫째가, 기억이나 경험을 단순하게 하나의 증거나 자료로 관찰하여 기존의 거대 텍스트로만 기록되는 역사를 벗어나 일률적인 역사화에 대한 차이를 갖는 의미로서의 역사화 작업으로 심화시켜 가는 방법이다. 이것 또한 역사화 작업에 연장선상에서 필요한 또 다른 역사화 방식일 것이다.

---

4) 小田桃子(2014), 『W.G.ゼーバルト『アウステルリッツ』におけるコレクション: <歴史>と<記憶>のはざまで」『DA』１０, 神戸大学ドイツ文学会, p.47.

두 번째는 과거를 재현해 내는 작업이 어떤 증거나 사실에서 실제성을 찾는 것이 아니라, 현재의 관찰 시좌에 의해 과거가 재구성된다는 것이다. 중요한 것은 후자 쪽인데, 개인의 기억이나 경험이 자연스럽게 생성되는 것처럼 보이지만, 오히려 관찰에 의해 사실이나 진실이 구축된다는 것이다. 즉 기억이나 경험은 선택되고 사회적 인식에 의해 재편된다는 뜻이다.

특히, 개인의 기억과 경험이 그동안 실증적 자료로서 인정받지 못하고 역사화에 대립되는 '개념'으로 간주된 기억과 경험을 '관찰'에 근거하여 전자의 측면에서 일어나는 방향을 보면, 실증성이나 사실성을 판단하는 데 있어서 중요한 항목이라는 점을 다시 상기할 필요가 있다.

특히, 역사화와 관찰에 대한 시각이 가진 문제점에 대해서는 '관찰자와 당사자' 사이의 '거리'에 대한 문제가 지적된다. 기억이나 경험에 대한 사실성이나 진실성에 대한 것도 결국 관찰자의 사고나 시대정신이 반영되는 것이며, 무의식 속에서나 의식 속에서 '해석'되어 버린다는 논리와도 연결된다.

그렇지만 반대로 관찰자와 당사자 사이의 해석 논리를 극복하기 위해서는 다시 개인의 경험이나 기억에 대해 동시적 재고가 요구된다.

이때 개인의 경험과 기억을 '이야기'하는 것은 여러 가지 표현으로 제시된다. 즉 이야기는 디스코스(discourse), 즉 담론으로 표현되기도 한다. 디스코스란 "어떠한 방식으로든 특정한 방식을 통해 정리되어 사건의 특정 버전을 낳는 의미, 메타포, 표상, 이미지, 스토리, 진술"[5])이기도 하다. 또한 일본어의 '이야기하다'는 의미인 '가타

리(語り)'는 '내러티브(narrative)'의 번역어라고 하는 입장이 존재하고, 이를 '스토리'나 '디스코스'와 구분한다.

특히 스토리는 두 개 이상의 사건을 내용 줄거리로 엮어내는 행위라고 정의하면서[6] 진행 과정을 중시한 생성학(生成学)이라는 관점을 제시했다. 스토리를 하나의 생성학이라는 입장으로 본다는 입장이 중요한데, 그것은 다른 논리들과도 구별된다. 즉 "내러티브는 동사적 개념으로 이야기하는 행위의 수행적 개념이고 스토리는 시작과 끝을 가진 완결된 구조적 체계를 가리키는 명사적 개념"[7]이라고 하듯이, 스토리와 내러티브는 '이야기하는 행위' 자체가 가진 의미에 따라 구분되기도 한다.

이렇게 보면 '생성학'적인 측면에서 보는 스토리나 디스코스는 앞서 언급한 '지방사 자료의 역사화'가 의미하는 내용과 동일하게 여겨진다. 문제는 앞서 언급한 것처럼 "객관적 역사적 사실이라는 것이 증거나 자료로서 존재하여 나타나는 것이 아니라, 현재의 상기(想起) 방식이 역사적 사실로 등장하는 경우가 존재한다"[8]는 측면에서 이야기가 내러티브로 전환되는 과정에 초점을 맞출 필요성이 대두된다.

일본어에서 '이야기'를 '가타리(語り)', '가타루(語る)'라고 했는데, 명사적으로 이야기는 '모노가타리(物語り)'라고 하거나 '모노가타루(物語る)'라 일컫는다. 특히 "일본어의 모노가타리나 모노가타루는

---

5) Vivien Burr, 田中一彦訳(1997), 『社会的構築主義への招待』川島書店, p.74.

6) やまだようこ(2000), 「人生を物語ることの意味「『教育心理学年報』39, 日本教育心理学会, p.147.

7) やまだようこ(2000), 상게 잡지, p.152.

8) 野家啓一(1996), 『物語の哲学ー柳田国男と歴史の発見』岩波書店, p.127.

일본 문화에 깊게 뿌리를 내린 흥미로운 일상어이다. 일본어의 모노가타루란 본래 사물(事物), 즉 영(霊), 넋(鬼) 혼(魂), 정신을 형상화, 즉 표상(表象), 재현(represent)하는 행위였다. 또한 가타루는 단순한 일상회화와는 달리 가타루(騙る), 즉 속이는 행위이기도 하며, 개인으로서 페르소나(persona)를 이중화하여 과거 차원을 현재에 환기시키는 연기적(演技的) 행위"[9]라고 한다. 모노가타리나 모노가타루는 스토리나 디스코스와 달리 '사물의 표상과 재현 행위'이며, 또한 '가타루(語る)는 가타루(騙る), 즉 속이는 행위'로도 볼 수 있다는 것이다. 특히 과거를 현재에 환기시키는 연기적 행위라고 제시한 부분은 아주 중요한 시사성을 갖는다.

이러한 논리에서 후술하는 내러티브와 상통하는 공통분모가 존재한다. 현재에 환기시키는 연기적 행위라는 의미를 내포하는 모노가타리나 모노가타루라는 것은 과거를 현재로 재현시키는 연기라는 것인데, 여기에는 '표상'의 의미도 있지만, 비당사자를 '속이는 행위'로서의 연기라는 점도 혼효되어 있다는 양면성을 읽어낼 수 있다. 이렇게 정의되는 모노가타리나 모노가타루라는 행위가 영어의 내러티브(narrative)의 번역어로 융합되어 간다.

일본어의 모노가타리나 모노가타루가 특히 "구술(口述)된 것, 이야기된 것, 쓰인 것, 비주얼(visual)적으로 표현된 것 등등 형식을 따지지 않고 내러티브에 대한 관심은 높아지고, 근래에는 내러티브 턴(narrative turn), 즉 이야기적 전회(転回)라고 불리며 커다란 반향을 창조"[10]한다고 보며, 내러티브의 의미와 합체된 것이 증명되었다.

---

9) やまだようこ(2000), 전게 잡지, p.153.

10) 保坂裕子(2014), 「ナラティヴ研究の可能性を探るための一考察」『兵庫県立大学環

내러티브적 턴 혹은 이야기의 전회라는 의미는 내러티브가 개인의 경험이나 기억이 생성학적인 진행으로서 객관적 사실을 만들어 내는 것이 아니라, 현재의 인식을 통해 과거의 기억이 재편되는 '형식'이라는 점에 있다는 것에 주목할 필요가 있다.

> 내러티브(narrative)란 영어 그대로 내러티브로 표기하는데, 화자(話者)에 의해 이야기된 것=모노가타리와 이야기하는 행위 자체를 포함하여 일본어에서는 모노가타리라고 표기하는 경우가 많다. 질적 연구에서 활용되는 내러티브는 단순하게 무엇인가가 일어났다는 것을 기술하는 것에 그치지 않고, 화자의 감정, 태도, 신념, 해석을 나타내며, 사건이나 경험을 의미를 부여하여 줄거리를 엮어내는 행위로서, 그곳에서 도출되는 의미에 착목하게 된다.[11]

이처럼 내러티브가 단순하게 무엇인가가 일어났다는 것을 기술하는 것에 그치지 않고, 화자의 감정, 태도, 신념, 해석을 나타내며, 사건이나 경험에 의미가 부여되면서 줄거리를 엮어내는 행위로서 그것에서 도출되는 의미에 착목한다는 지적은, 사건이나 경험이 의미화 된다는 것을 증명한 것이다.

내러티브라는 행위는 과거나 과거의 기억과 경험을 재현시키고 의미를 부여한다는 '정치성'을 내포하고 있음을 알게 된다. 특히 이러한 내러티브 논리를 기존의 역사관이나 역사철학에 투명시켜 본다면, 역사 속에는 기억과 경험을 현재적 기억으로 재편한 것인데, 중요한 점은 그 현재적 인식을 구성하는 것들이 무엇인가라는 그 현재적 구성 요소의 중대성을 발견할 수 있다. 필연적으로 역사적 사

境人間学部研究報告』第16号, p.1.

11) 保坂裕子(2014), 상게 잡지, p.2.

실은 개개인의 내러티브를 어떻게 받아들일까라는 문제, 즉 현재 어떠한 문제로서 해석되는가라는 문제로 연결된다.[12)]

그러한 측면에서 본다면, 역사화의 논리가 객관적 사실로서 존재했던 기억의 기술인지 아니면 현재적 구축물인지에 대한 양면성인지 고찰하는 데 있어 내러티브 분석 방법론은 새로운 이론적 가치로서 역사를 기술하는 데 있어 시사점을 준다.

즉 개관적 사실로서 기억을 받아들여 역사적 사실을 믿는 본질론적 입장이든 역사적 사실로 기록되는 것은 특정 사회의 시점에 의해 과거가 재구성된 것이 역사라고 보든 입장이든, 결국은 사건이나 경험이 내러티브화가 된다는 점에서는 공통적이라는 의미에서 역사화를 위한 새로운 방법론으로서 내러티브와 '역사', 역사와 '내러티브'는 공동성을 띠고 있다는 것이다.

3. '동일본대지진'과 '동일본대지진 내러티브' 사이

내러티브가 화자나 관찰자 '사이'에 의해 재현되는 세계라고 볼 수 있는데, 먼저 재해를 경험하고 그것을 기억하는 고유의 내적 세계를 갖는 당사자 개인을 중시한다.[13)] 그래서 직접 재해를 겪지 않은 타인에게 재해 경험을 이야기할 때 경험자와 비경험자는 거리/차이의 문제가 발생한다.

12) 安川晴基(2008), 「「記憶」と「歴史」ー集合的記憶論における一つのトポスー」『芸文研究』vol.94, 慶応義塾大学芸文学会, pp.71-72.

13) 佐々原正樹(2014), 「「読み」の語り直しと「言論の場」」『広島大学大学院教育学研究科紀要』第63集, pp.88-90.

개인 레벨에서의 온도차는 물론이거니와 이해의 폭도 다르다. 더군다나 국가 레벨로 올라가면 그 거리는 더욱 커질 것이다. 그렇지만 국가적 레벨에서는 부흥 논리를 통해 피해자와의 거리를 좁히려 하고, 피해 경험에 다가가려 한다.

개인의 재해 경험과 기억이 국가적 사건으로서 경험이고 기억으로 연결되고, 국가는 재건과 부흥 슬로건을 통해 재해 극복을 위해 노력한다. 물론 그러한 의미에서 개인의 재해 경험과 기억은 국가의 부흥 이론과 맞물리고, 비경험자로서 등장하기도 한다. 즉 재해를 직접적으로 겪은 피해 당사자의 경험과 기억은 재해를 직접 경험하지 않은 타인과 부흥이라는 논리로 다가오는 국가가 타자로 등장하는 것이다.

비당사자나 국가가 부흥이라는 슬로건을 내세우는 타자로서 '외부'에 위치하게 된다. 외부라는 의미는 피해자의 아픔이나 부담을 사회 전체가 어떻게 공유하고 역사화 할 수 있는가라는 문제로 다루어지는 것이 아니라, 외부자로서 자신의 기득권을 유지하려는 입장을 지키려 하는 태도를 가리킨다.[14]

이것은 당사자의 경험이나 기억이 내러티브로서 역사에 무엇을 기록해야 하는가라는 문제에 답을 찾는 데 있어 커다란 의미를 던져준다. 비당사자로서 타자가 외부자로서 기득권을 유지하려는 입장은 역설적으로 앞서 언급한 것처럼 모노가타리나 모노가타루가 가질 수 있는 '가타루(騙る)', 즉 재해 경험자적 입장을 견지하려는 입장에서 재현하는 경험이나 기억일 수 있다는 상대적 내러티브가 내포하는 위험성의 탈출일 것이다.

14) 磯前順一(2015), 『死者のざわめき: 被災地信仰論』河出書房新社, p.120.

그러한 의미에서 내러티브가 경험이나 기억을 사실적으로 관찰하는 모노가타리라는 것을 설명할 필요가 있을 것이다. 외부자로서 존재하려고 하는 타자로서의 비당사자나 국가와의 관계를 새롭게 구축할 수 있어야 할 것이다. 그것은 당사자의 당사자성이 갖는 내러티브의 양면성을 정치성의 문제와 연결시켜 재고할 필요가 있고, 외부자로서 국가가 내러티브를 국가 레벨의 역사로 수렴시켜 갈 정치성의 문제가 중첩되어 있다.

먼저 내러티브에 함의될 수 있는 경험과 기억의 사실성과 속임 혹은 자아 중심적 이야기 전개가 가진 양의성(両義性)의 문제를 고려할 필요가 있다. 그렇지만 "내러티브만으로는 그것이 사실인지 공상(空想)으로서 만들어낸 이야기인지 판단할 수 없다. 오히려 내러티브 어프로치는 사실인가 허구인가라는 판단을 일단 제쳐두고 화자(話者)가 내러티브를 통해 어떤 체험의 세계를 거기에서 작동시키는가에 귀를 기울여야 한다"[15]는 지적처럼 내러티브에는 자신이나 타자에게 '경험과 기억을 재현'하면서 전달하려고 하는 '세계'가 존재한다. 내러티브가 사실인지 허구인지의 문제를 떠나 당사자 내러티브에 내포된 세계성이 무엇인지를 '듣는 것'이라는 것이다.

> 자신과 타자의 모노가타리는 단순한 사실의 나열이 아니라, 함께 현재적 화자의 목적(의도)을 따라가면서 사건이 선택되고 청취자가 납득할 수 있도록 배열하는 텍스트이며, 다른 사건을 배제하고 편집하는 과정에서 성립된 텍스트이다. 이것은 두 개의 모노가타리인데, 하나는 화자의 눈을 통해 나타난 하나의 모노가타리에 지

15) 森岡正芳(2013), 「現場から理論をどう立ち上げるか: 臨床ナラティヴアポローチを手がかりに」『神戸大学大学院人間発達環境学研究科研究紀要』6巻3号(特集号), 神戸大学大学院人間発達環境学研究科, p.9.

나지 않고, 다른 또 하나의 모노가타리 가능성<별개의 가타리(語り)>를 항상 갖고 있어 화자와 청취자에 의해 다시 이야기될 수 있는 텍스트라는 것을 의미한다.[16)]

사사하라 마사키(佐々原正樹)가 지적하듯이, 당사자의 내러티브 속에는 '경험과 기억 속의 사건이 선택되고 배열'이 변화할 수 있다. 그렇기 때문에 내러티브 속에는 목적이나 의도에 따라 사건이 선택적으로 배열될 수 있다는 것에 착안했다. 즉 화자의 눈에 나타난 내러티브는 동시에 그것과 별개의 내러티브를 가질 수 있고, 청취자가 듣는 귀의 내러티브 또한 마찬가지인 것이다.

그렇기때문에 그 내러티브는 결국 하나의 텍스트가 되고, 그것은 당사자인 화자와 비당사자인 청취자에 의해 다시 '이야기'되는 제3의 텍스트로 나타난다는 것이다. 내러티브가 단순하게 당사자의 경험이나 기억을 형상화하거나 표상 또는 재현하는 행위에 그치는 것이 아니라, 목적이나 의도에 따라 과거의 경험이나 기억이 선택되면서 배열되는 텍스트라고 볼 수 있다.

내러티브는 목소리를 통해 감정, 태도, 신념들이 표출되고, 그것을 청취자가 관찰하고 해석하면서 그 사건이나 경험, 기억에 의미가 부여된다고 했는데, 그 내러티브에 함의될 수 있는 자기조직화(seif-organization)와 자기제작(autopoiesis)이라는 의식이다.[17)]

---

16) 佐々原正樹(2014), 「「読み」の語り直しと「言論の場」」『広島大学大学院教育学研究科紀要』第63集, p.90.

17) H.R. マトゥラーナ・F.J. ヴァレラ, 河本英夫訳(1991),『オートポイエーシス— 生命システムとは何か』国文社, pp.70-71. あぼえいじ(2007), 「オートポイエーシスとは何か」『ロジスティック ビジネス』(7月号), ライノス・パブリケーションズ, pp.69-70.

내러티브 속에 당사자의 자기산출 가능성이 존재하는데, 이는 설정된 구도 속에서도 재생산되도록 훈련되는 의미와 반대로 새로움을 생산하고 산출한다는 의미를 동시에 함의하고 있다. 내러티브가 공상의 이야기로 산출되기도 하면서 자아의 새로움을 창출하는 구조를 가질 수 있다는 논리이기도 하다.

그것은 과거의 경험과 기억을 현재에 환기시키거나 의미를 부여하게 되는 것이며, 청취자와의 관계 속에서 새롭게 태어나는 텍스트일 수 있다고 볼 수 있다. 내러티브 속에서 자아가 의식적으로 형성되는 논리와 그것을 청취하는 비경험자가 그것을 함께 이야기할 때 또 다른 내러티브가 형성된다는 의미이다. 화자와 청취자 사이에 새로운 자아 내러티브가 발생하고, 그 사이에서 새롭게 텍스트가 발생한다는 상호 구축론이 제시되는 것이다. 그렇지만 또 하나 고려해야 하는 것이 국가가 개입하는 또 다른 재해 내러티브 텍스트이다.

이러한 텍스트들이 경합하는 과정, 즉 '재해 내러티브'는 텍스트로서 역사를 만들어가는 프로세스 속에는 사회적/공공적 시점에 의해 경험이나 기억이 표준화되고, 일률적인 스토리로 제도화되어 가면서 국가적 차원으로 수렴되어 가는 논리가 무엇인지에 대해서도 주의를 기울일 필요가 있다.

특히 국가와 관련된 부분에서 나타날 수 있는 제도화의 논리와 연관하여 내러티브를 재고한다는 의미에 초점을 맞출 필요가 있다. 또한 '동일본대지진'과 '동일본대지진 내러티브'를 역사화하기 위한 시도로서 '재해 내러티브'가 어떻게 개입되는지를 돌아볼 필요가 있다.

잘 알려진 것처럼 동일본대지진은 '지진', '쓰나미', '원전 문제'를 포함하는 재해였다. 그러한 의미에서 단순하게 자연재해와 인재(人災)가 동반된 '복합 재해'였다는 점에서 '부흥'에 대한 새로운 '인식'이 필요하다는 것을 일깨워주었다. 즉 이러한 '복합 재해'가 일깨워준 것은 기존 재해 논리와 다른 새로운 세계관으로서 취약성이 갖는 '근대 사회의 총체적' 문제점이었다. 이것은 동일본대지진이 동북지방이라는 '변경'의 문제로서 치부될 것이 아니라, 근대 과학이나 이성으로만 믿었던 개념이나 기계에 대한 문제 전체에 내포된 취약성의 문제를 노출시킨 것이다.

이러한 문제들은 대중화되고 생활양식이 균질화 된 안정된 근대 사회라고 인지하고 고향이나 국가에 대해 특별한 거리두기가 없었는데, 재해라는 커다란 '위기 상황'에서는 일상의 전화(轉化)가 발생하게 된다. 그리고 그러한 개인의 재해 경험이나 기억은 일상이나 국가와 대치되는 개념으로 나타나게 된다. 좀 형이상학적인 논리로 들릴 수 있지만, 동일본대지진을 경험하고 그 경험과 기억과 동일본대지진 이후에 이야기하는 것 속에서 '일상', '개인', '국가'와의 관계에서 취약성이 드러나게 된다.

특히 개인의 경험과 기억이 거대 담론의 역사로 수렴되어 갈 가능성이 내포되고 그 변형에 대해 무비판적일 수 있는 상황도 생겨난다. 이것이 무엇을 의미하는지는 동일본대지진을 경험한 당사자의 동일본대지진 내러티브를 살펴보면서 설명하기로 한다.

동일본대지진은 객관적 역사적 사실이었다. 그 동일본대지진 속에는 앞서 언급한 것처럼 지진, 쓰나미, 원전 피해로 인한 경험의 차이와 지역성이나 상황에 따라 다르게 기억되고, 역사화 되고 있다.

그 가운데 본 논고에서 사례로서 다루는 것은, 2011년 8월 21일과 22일에 개최된 '제7회 미야기(みやぎ) 민화(民話) 모임편'[18]에서 이야기된 내러티브 내용이다. 이것은 DVD로 촬영하였는데, 그 기획 의도는 '그날의 체험을 다시 이야기하고, 영상으로 남기기 위해서' 라고 했다[19]. 이처럼 영상 기록의 취지에서 밝히고 있듯이 미야기현(宮城縣)의 '미야기(みやぎ) 민화(民話) 모임'의 멤버 중에 동일본대지진을 체험한 당사자들이 화자로서, 즉 동일본대지진 내러티브 기억이었다.[20]

먼저 내러티브의 내용들을 살펴보기 이전에 그 내러티브를 전체적으로 보면, 어떤 시간상 흐름의 구조적 특징을 발견할 수 있다. 그 내용을 표로 정리하면 다음과 같다.

전체적인 내러티브의 특징을 보면, 먼저 공통 내레이션으로서 '그날 우리들은 말을 잃었다. 2011년 3월 11일. 정든 고향에 쓰나미가 덮쳐왔다'라는 메인 내래이션을 시작으로 피해자 당사자들의 이야기, 즉 내러티브를 순서대로 그려냈다. 그 영상은 피해 당사자들은 각각 자신이 경험한 기억인 현장에 다시 찾아가 '지금은 아무 건물도 없다. 그것이 가장 슬프다'고 그 지역 방언을 섞어가며 이야기한다.

18) みやぎ民話の会編(2012), 「2011.3.11大地震 大津波を語り継ぐために: 声なきものの声を聴 き形なきものの形を刻む」『みやぎ民話の会叢書』第13集, みやぎ民話の会, pp.1-253.

19) 小野和子(2012), 「3.11を語り継ぐために」『震災と語り』三弥井書店, pp.102－106.

20) 福田雄(2012), 「災禍を語ること / 語られることはいかにして可能か: 「第七回みやぎ民話の学校」における「3.11」津波の語りから」『KG社会学批評』創刊号, pp.57-63.

<표 2> 재해 경험 내용에서 도출된 내용들

도입 내레이션	주된 기술 내용				
	사례	지진/쓰나미 발생 당시	피난소의 생활	안정을 찾은 후의 기억	현재의 생활 내레이션 (삶의 보람)
2011년 3월 11일, 정든 고향, 쓰나미, 아무런 건물도 없음, 슬픔, 상실감, 망연자실, 기억, 미래, 전달	1	자택, 쓰나미, 아내, 유리아게(閖上) 중학교, 공장, 자동차, 제1차 피난소, 운동장, 지인(知人)	비상구, 모포, 체육관, 소학교, 장남, 며느리, 아내 사망	반야심경(般若心經) 낭독, 부쓰단(仏壇)	가설주택에서 독거생활, 가설주택 주민과 대화의 시간
	2	3.11, 손자 졸업식, 달력, 종자씨 놓기, 비닐하우스, 점심, 지진, 전화, 강아지, 텔레비전, 기도, 가구, 울음, 정원, 구급차, 이웃집, 자동차, 천국, 죽음	재목, 휴식처, 쓰레기더미, 자아를 찾음, 노아의 방주, 소각장	시간이 지나면서 정보를 얻음, 동료들의 죽음	잡지에 체험 기재, 사실, 공정, 납득, 민화 가타리(民話語り)
	3	건강교실, 2시 46분 지진, 집, 정원, 주차장, 강아지, 남편 경차 트럭	소학교, 지금 생각하면 몸이 움츠러듦, 남편과 재회, 쌀 창고, 주먹밥, 수도, 전기, 휴대폰,	자위대, 볼런티어 식사 배급, 쓰레기더미 정리, 친구부부 사망, 일기, 친척의 죽음, 피로감, 칠레 지진 기억, 생명, 부흥, 희생	집 밖의 경치가 옛날과 다름, 아픈 기억을 공정하게 전달하는 역할, 민화가타리
	4	야쿠르트 배달, 보험센터, 2시 46분 지진, 의자 밑, 오토바이, 해안도로, 쓰나미, 민생위원, 흑색쓰나미, 높은 지대로 이동, 집들이 떠내려가는 것을 봄	전기, 수도, 가스, 양말, 지원물자, 손자, 핸드폰, 라디오, 소학교(노인홈), 화장실, 체육관	자위대, 젊은이들, 간호사, 보육사, 지원활동, 물자도착, 외국인, 기즈나(絆)	민생위원 활동, 경험을 이야기함, 마을을 돌봄
	5	집에 손님이 왔음, 지진, 목조 건물, 가구,	식사 건빵, 자위대, 도로 정비, 밭,	해안가에서 1키로미터 떨어진	재해를 계기로 민화가타리(民話語り)를

		테이블, 정원, 방재 무선 울림, 쓰나미 예보, 피난 방송, 자동차, 도보	재목, 가설 주택, 볼런티어, 쓰레기더미 정리	곳이 집, 해수욕장이 유명, 어부, 어선,	재기, 하이쿠(俳句), 문화 축제 참가
	6	중학교 졸업식 참가, 귀가, 도시락, 텔레비전, 지진, 피난, 쓰나미 경보, 피난소(절)	이웃주민의 안부, 핸드폰, 라디오, 소방서 비상식량, 아들과 연락, 모포	집을 다시 찾아감, 칠레 지진 때 발생한 쓰나미와 비교해 봄, 쓰나미가 콘크리트 제방 넘음, 파괴된 건물들의 쓰레기더미, 도시로 이사	매일 산보, 민요를 부름, 민화가타리(民話語り)

그리고 공통 내레이션은 '깊은 슬픔과 마음을 자극하는 상실감, 망연자실한 날들이 이어졌다. 그러나 우리들은 한 발 한 발 앞으로 나아갔다. 이것을 전달하지 않으면 안 된다고 생각했다. 결코 잊어서는 안 되는 3.11의 기억을 미래를 위해 이야기해 두고 싶어졌다'고 이어진다. 그리고 각각의 동일본대지진 체험 당사자들이 각각의 이야기를 전개한다.[21)]

구체적으로 미야기 현(宮城県) 나토리 시(名取市)의 <사례 1>, 미야기 현(宮城県) 와타리군(亘理郡) 야마모토초(山元町)의 <사례 2>, 미야기 현(宮城県) 모토요시군(本吉郡) 미나미산리쿠(南三陸町)의 <사례 3>, 동일 지역인 미나미산리쿠의 <사례 4>, 후쿠시마 현(福島県) 소마군(相馬郡) 신치마치(新地町)의 <사례 5>, 사부사와지마(寒

21) 岩本由輝(2012), 「3.11大津波そこまでやって来た」『震災と語り』三弥井書店, pp.97－101. 野村敬子(2012), 「今語ること」『震災と語り』三弥井書店, pp.71－80. 庄司アイ(2013), 「宮城県亘理郡山元町の津波体験」『震災と民話』三弥井書店, pp.49－55. 小野和子(2013), 「映像と声と」『震災と民話』三弥井書店, pp.66－73. 島津信子(2013), 「失われたふるさとを民話の力で」『震災と民話』三弥井書店, pp.115－118.

風沢島)의 <사례 6>의 내러티브인데, 그 내용들은 각각 다른 상황이고 경험의 내용도 다르다.

그렇지만, 전체적인 이야기의 흐름은 유사한 구조를 갖고 전개된다. 즉, <①지진 발생 당시의 상황 → ②피난소 경험 → ③다시 원래의 집을 찾아 갔을 때의 기억 → ④현재 삶의 보람>의 순으로 이어진다. 그리고 구체적으로 당사자들 내러티브 속에는 '가족 구성원, 집, 주변 건물, 도로, 자동차, 바다, 피난소, 가설주택, 희망' 등이 나타난다. 그 내러티브의 구성에 나타는 단어나 표현 방식, 어휘에 공통성이 존재한다는 점이다.

그리고 재해 내러티브에 참가한 재해 당사자들은 민화 가타리베(語り部)들이었데, 그 민화 가타리베는 민화를 전문적으로 청중에게 이야기하는 '일종의 이야기 전문가'인 것이다. 민화 가타리베에 의한 동일본대지진의 경험과 기억은 전문가적 이야기로서 나타난 '새로운 텍스트'였고, 민화나 전설처럼 기억화/역사화를 시도한 것이었다.[22]

물론 민화 내러티브와 연결된 재해 경험과 기억을 역사로서 남기기 위해 이야기, 즉 내러티브화를 한다는 그 역할에 대해서는 그 중대함을 새삼 말할 필요도 없다. 가족, 친척, 동료, 이웃, 집, 논, 밭, 상점 등등을 잃어 삶에 대한 절망과 아픔을 이야기하고 역사로 남기는 것은 커다란 의의를 가질 것이다. 이를 위해 내러티브에 참가한 민화의 가타리쿠치(語り口)가 그것을 듣는 청취자들의 관심을 갖게 한다. 내러티브라는 것도 결국 민화와 마찬가지로 그 이야기의 재료

22) 松本孝三(2015),「災害を語る民間説話の世界」『伝承の創造力』三弥井書店, pp.217－242.

나 줄거리뿐만 아니라 가타리쿠치에 의해 지탱되는 것인데, 그 내러티브 자체가 하나의 문체가 되는 것이었다.

> 가타리쿠치라는 것은 문장으로 말한다면 문체인데, 여기서 문체라고 하는 것은 단순하게 표현기법이라고 하기보다는 조금 복잡한 내용을 가리킨다. 이야기를 좋아하는 노파가 민화를 이야기하는 것을 생각해 보면 좋을 것이다. 그녀의 목소리, 몸짓, 얼굴 모습, 눈의 모습, 이야기의 진행 방법, 이야기하다가 간격을 두는 방법 등등 이러한 것들 전체가 가타리쿠치의 재미를 만들어내는 것이다.[23]

이 가타리쿠치의 문체라는 것은 이야기를 전개하는 화자의 목소리, 몸짓, 얼굴 모습 등등을 동반하는 것으로, 그 실체적 이야기보다도 가타리쿠치의 '문체'에 의해 달라지는 것이었다. 이것은 앞선 언급했듯이 내러티브가 '사후(事後)-재현'이라는 점에서 내러티브 의식이라는 측면과 연결해서 생각해 볼 필요가 있다.

즉, 내러티브 재현 방식과 내러티브의 가타리쿠치에는 쓰나미에 의해 휩쓸려가 폐허가 된 현재의 현장을 방문하여, 그 기억을 이야기하는 방식으로 재현되어 하나의 범주적 구조를 띠게 된다.[24] 특히 앞서 언급한 것처럼 '전달하지 않으면 안 된다'라는 목적과 의도가 설정되면서, 역설적으로 무엇을 전달할 것인가라는 전달 내용이 설정되고 선택되고 있었다. 이것은 친(親)작위성과 비(非)선택성이 양립적으로 나타나는 내러티브로, 그것 또한 다른 재해내러티브의 텍

---

23) 大島廣志(2007),『民話－伝承の現実』三弥井書店, pp.141-143.

24) いとうたけひこ(2015),「テキストマイニングによる被災体験学への混合研究法アプローチ」『東西南北:和光大学総合文化研究所年報』和光大学総合文化研究所, p.107.

스트로서 체현된다는 것이다. 이 내러티브는 3.11의 교훈이나 미래에 대해 남겨둘 이야기로 구성되고, 그것으로 통일되어 간다.

그렇지만 여기서 따질 것은, 민화가 가진 아이덴티티의 문제이다. 민화는 원래「자기 자신을 둘러싼 문화적 상황을 무비판적으로 받아들이는 것이 일반적이다. 현실 생활에서 불합리함이나 모순을 간파하지 못하고, 특히 매스컴 등에 의한 이기주의적 사고방식의 영향을 받아, 상호 간의 부조(扶助)・연대감의 희박화가 생겨나고 있다.

상대 입장에 서서라든가 약자의 입장을 이해하고 함께 연대한다는 견해나 사고방식을 길러내기 위해 일상적 생활 배후에 감춰져 있는 진실에 눈을 돌리고, 인권존중의 정신에서 보는 문제를 파악할 수 있으며, 차별에 대해서도 자각하고, 그 본질을 간파하는 힘을 몸에 익히는 것이 중요하다. 민화를 통해 민중의 시점을 통해, 주인공의 삶의 방식에 감동하고 공감하는 것」[25]이라고 적고 있다.

다시 말하자면, 민중에 의해 민중에게 이야기되는 민화는, 신분제도라는 억압에 대한 차별을 간파하고, 불합리성을 인지하여 일상적 생활 속에 감춰져 있는 진실이 무엇인가를 깨닫는 것이었다. 그리고 일반적으로 본인 자신을 둘러싼 문화적 상황이 자아 속에 무비판적으로 수용되는 것을 비판적인 입장에서 자각적인 태도를 갖게 하고, 그를 통해 상대 입장에 서서라든가 약자의 입장을 이해하고 함께 연대한다는 견해나 사고방식을 길러내기 위해 일상적 생활 배후에 감춰져 있는 진실에 눈을 돌리게 할 수 있는 계기로서 민화의 역할이 존재했다.

25) 大橋忠雄(1985),『民話の中の被差別部落像』明石書店, p.13.

그러한 민화의 근원적 역할에 지초하면서, 재해 경험과 기억을 내레이터(narrator)가 전체 흐름을 이끌어주면서 당사자의 이야기가 합체되는 방식인데, 그 형식과 내용에는 통일성과 규칙성을 갖게 된다. 내용 자체 그것은 다르지만, 예를 들면 지진 피해인가, 쓰나미 피해인가 아니면 사망자가 누구인가 등등 차이가 있지만, 그 구조는 동일성을 띠며, 어떤 흐름의 형식적 통일성을 갖고 있다. 민화를 구성하는 플롯의 정형성이 어쩌면 재해 경험의 기억과 중첩되면서 교훈적 이야기, 무엇을 남겨야 하는가라는 의도에 맞추어져서 전개되는 '완결적 스토리'를 갖게 된다.

이것은 민화라는 방법론적 구조를 빌려오면서 형성하는 텍스트일 수 있는데, 이것에는 양의성이 존재한다. 첫째는 훈련에 의해 내러티브가 패턴화 되어 개인의 기억 재현이 규칙성을 띠게 되는 점이다. 그리고 다른 하나는 규범화하지 않기 위해 감정이나 자신의 해석이 가미되는 또 다른 비규범적 내용이다. 이러한 과정에서 내러티브 속에는 정형성을 빌려오는 제도적 틀과 중첩되는 부분과 그것을 벗어나서 새롭게 내러티브에 창조적으로 사실과 허구의 가미가 동시에 나타나게 된다.

그것은 앞서 언급한 것처럼 민화가 가진 특성으로서, 제도 속에서 억압에 대한 차별을 간파하고, 불합리성을 인지하여 일상적 생활 속에 감춰져 있는 진실이라는 것이 무엇인가를 깨닫는 것이었다. 그리고 일반적으로 본인 자신을 둘러싼 문화적 상황이 자아 속에 무비판적으로 수용되는 것을 비판적인 입장에서 자각적인 태도를 만들어내기 위한 방편이기도 하지만, 반대로 그 방법론 속에는 제도적 규범 속에 갇혀 버리는 내러티브일 가능성도 존재한다.

재해의 경험과 기억이 '민화=민중적 시각, 민중적 입장'에서 보는 제도의 모순성을 깨닫게 하는 방편이 되어야 하지만, 그것이 오히려 민화의 형식을 빌려와 민화적 내러티브의 정형 속에 갇혀 있는 '기계적 서술'이나 '분류형 내러티브'는 '자신을 둘러싼 문화 상황에 대해 무비판적인 수용' 논리를 그대로 받아들이는 결과를 낳을 수도 있다.

내러티브 속에는 사실과 진실만이 수집되고 배열된 기억이라고 보는 측면이 존재하는 것과 동시에 시간상의 배열에 차이점이 생기고 당사자의 개인적 상황 자체에 의해 이야기가 생략되거나 추가되는 양면성이 존재한다. 화자/당사자의 선택적 기억 배열이 갖는 사실과 진실의 양면성인 것이다. 이것은 다시 청취자에게 또 다른 해석을 낳게 하는 텍스트로 남게 되고, 그것은 다시 부흥 사업의 일환으로 반영되어 간다.

더 나아가 국가 차원의 부흥 문제에 대한 재해 기록으로 선택되어 간다. 그렇지만, <사례 3>의 내러티브 속에는 동일본대지진 이전에 일상에서 보던 남편과 재해 경험 후 살아서 다시 만나게 된 남편이 전혀 다른 남편으로 인지되었다는 것을, 과거 시간에 살던 일상 삶에 대해 새로운 자아를 인지하는 '자아의 재탄생'도 존재했다.

이것은 어떤 범주화의 형태도 아니고 훈육을 통한 내러티브의 정형성도 없었지만, 재해 경험과 그 기억을 되짚고, 그것을 재현하는 과정에서 현재의 자아가 새롭게 탄생하는 논리를 담고 있었다. 특히 재해 경험과 기억을 재현하는 과정에서 기억이라는 것이 현재의 자신의 생각을 중첩시키면서 미래의 자아를 이야기하는 형식이었다. 그렇기 때문에 그 경험과 기억은 과거의 경험과 기억이면서 현재적 경험과 기억으로 변용되고, 다시 미래의 경험과 기억으로 재창출되고 있었다.

4. 내적 체험의 공유와 사전 부흥

이처럼 동일본대지진이라는 사건과 그 사건으로서의 동일본대지진 경험이나 기억은 객관적 사실로서 나열되고 존재함과 동시에 현재의 자아 입장에 의해 이야기하고 싶은 부분들이 독자화 되거나 클로즈 업 되어 선택적으로 재현되는 것이다. 그것은 과거 경험으로부터 기계적 틀로 생성되고 나타는 것이 아니라, 현재의 관찰 의도에 따라 재구성되고 재현되는 것이었다.

그것은 바로 현재 사회의 사회적/문화적/국가적 내부의 상황에서 내면화했던 '인식'들이 과거의 기억 속에 투영되면서, 파편들의 선택에 의해 상기되고 강조되면서 내러티브화가 되어 가는 것이다. 또한 그와 동시에 내러티브 행위를 통해 주체가 가진 한계와 가능성을 새롭게 자아 속에서 발견해 내는 재현이기도 한 것이다.

그것은 새로운 현실을 만들어내고 내러티브를 청취하면서 비당사자와의 사이에 자아 탐구라는 새로운 세계를 공유하는 것이다. 즉 내러티브에 내포된 경험과 기억이 사실성을 동반하면서 자아 중심의 취사선택 내용이 전개되고, 사실인지 공상인지의 경계를 왕복운동하면서 만들어진다. 결국 화자(話者)가 재해 경험이나 기억의 세계를 자아 내부에서 작동시키는 논리가 존재한다는 것이다.

그 내러티브는 현재적 의도에 의한 재편이기도 하지만, 그것을 비당사자인 타자에게 전달하려고 하는 '세계'를 체현해낸다. 바로 그 세계성에 해당하는 부분이 내러티브가 사실인지 허구인지를 따지지 않고 그 세계성이 무엇인지를 자각하는 것에 있는 것이다.

그 세계성이란 앞서 사사하라 마사키가 언급한 것처럼, 현재의 화자가 어떤 목적이나 의도를 갖고 경험이나 기억이 선택되고, 그것을 청취자가 납득할 수 있도록 배열되는 텍스트라는 측면에 초점을 두고 듣는 청취자에 의해 그 텍스트가 재(再)텍스트화 되면서 공유되고 혹은 공유되지 못한다는 부분이다. 그것은 다시 역으로 청취자에게도 내러티브와 동일한 '세계성'이 존재한다는 것이다. 즉 청취자 또한 선택적이고 청취자의 인식 내부에서 해석되고 재편되고 재현되는 것이다.

그렇다면 어떤 세계를 공유해야만 하는 것일까. 이것은 내러티브와 만찬가지로 청취자의 관찰이라는 측면이 중요하다. 청취자 또한 내러티브 속에 그려지는 과거가 언어나 감정, 해석에 의해 '이루어지기 때문'이다. 즉 청취자의 관찰이 갖는 새로운 텍스트 창출이라는 것이다. 모리오카 마사요시(森岡正芳)는 관찰력에 대해 다음과 같이 피력했다.

> 관찰력은 현장(現場)에 있으면서 그 장소의 생기(生気)의 다면성을 읽어내는 힘이다. 관찰에는 자신의 심신(心身) 감정이나 장소의 분위기, 그 흐름의 변화 등이 중요한 계기를 얻는다.[26]

모리오카가 제시한 관찰력이란 현장력이 가진 힘의 중요성을 피력

26) 森岡正芳(2013), 「現場から理論をどう立ち上げるか: 臨床ナラティヴアポローチを手がかりに」 『神戸大学大学院人間発達環境学研究科研究紀要』6巻3号(特集号), 神戸大学大学院人間発達環境学研究科, p.10.

한 것인데, 여기서 강조된 것은 현장의 생기와 관찰자가 갖게 되는 청취자, 즉 관찰자의 심신이 느끼는 감정이나 분위기 그리고 그 흐름의 변화가 청취 내용의 이해에 중요한 계기들을 불러일으킨다는 것이다.

이것은 이미 민속학의 거두인 야나기타 구니오(柳田国男)가 『민간전승론(民間伝承論)』과 『향토생활 연구법(郷土生活の研究法)』이라는 저서에서 다루어졌다. 즉 관찰자는, 첫째로 생활의 외형, 눈의 채집, 여행자의 채집이라는 것이고, 두 번째는 생활 해설로 귀와 눈의 채집, 기우자(寄寓者)의 채집이며, 셋째는 생활의식, 마음의 채집, 동향인의 채집이라고 제시했다.[27]

다시 말해서 단순하게 현장을 귀와 눈으로 보고 감정을 느낀다는 것이 아니라 '인간의 상대화'와 논리의 구조적 분석을 입체화한다는 구상이었던 것이다.

이 연구 분야에서 오랫동안 연구해 온 이와모토 미치야(岩本通弥)는 관찰자의 인식 내부에 '새로운 인식의 체계화'가 일어나기 위한 프로세스를 설명해 주었다. 이를 위해 필요한 중요한 개념을 제시한 것이 내성(内省)이었는데, 이 내성은 동정이기도 하면서 '내관(内観, introspection)'이라고 했다. 즉 관찰 대상과의 자기 동일화 과정에서 생겨나는 추체험(追体験) 혹은 감정이입이라고 보았다. 바로 야나기타(柳田)가 사용한 사적(私的)인 내적 체험을, 그것이 잉태된 역사성이나 사회성과의 관계성 속에서 체험자가 강렬하게 내성하는 과정이 개재(介在)되어야 한다고 보았다.

그것은 자기를 스스로 대상화(対象化)하는 계기가 존재하고, 객관

27) 川田牧人(2005), 「<社会調査の社会学>目で見る方法序説:視覚の方法化もしくは考現学と民俗学」『先端社会研究』第2号, 関西学院大学出版会, p.89.

성은 그때 비로소 성립의 근거를 갖는다고 했다. 그것은 순차 의식적인 내면적 공간에서 그것을 더듬어 가는 과정으로, 무의식적으로 한 번에 도달할 수 있는 추리이기도 했다.[28]

물론 이것은 민속학적인 측면에서 제시된 이론이기도 하지만, 재해 내러티브를 관찰하는 논리에도 적용시킬 수 있다. 다시 말해서, 재해 경험자의 내러티브를 청취하면서 관찰자도 그것과 동일화를 이루게 되는 순간을 갖는 것이다. 그러한 추인 체험이라고 부르는데, 이러한 감정이입이라는 내적 체험을 통해 '새로운 인식의 체계'를 구축하여, 자기 자신을 스스로 대상화하는 계기를 찾는 점이다.

내러티브 속에 감춰진 작위성과 사실성 양면성을 인지하고, 그 내적 재편성은 개인의 사적 인식론에 의해 작위될 수 있다는 재편 텍스트로 청취하면서, 반대로 청취자는 그것이 역설적으로 관찰자의 내성, 즉 재해 경험이나 기억을 추인 체험하는 내적 체험을 통해 관찰자 자신을 대상화하고 자각을 찾아낼 수 있는 것이다. '일상에 매몰된 생활자의 갖가지 사태를 부각시키는 논리'[29]로 연결되어, 내레이터(narrator)도 청취자도 그것을 생활에서 재발견된 자아를 찾는다는 논리인 것이다.

이것은 경험과 기억의 내러티브 재현 과정에서 나타나고, 그것을 관찰하는 관찰자 사이에 동일한 방식으로 공유되는 것이다. 즉 "인간이 기억을 생각해내는 주체가 아니라, 기억에 생각되어지는 것이

---

28) 岩本通弥(1990), 「柳田国男の 「方法」について-綜観・内省・了解」『国立歴史民俗博物館研究報告』第27集, 国立歴史民俗博物館, pp.113-135.

29) 森岡正芳(2013), 「現場から理論をどう立ち上げるか: 臨床ナラティヴアポローチを手がかりに」『神戸大学大学院人間発達環境学研究科研究紀要』6巻3号(特集号), 神戸大学大学院人間発達環境学研究科, p.10.

다. 말하자면 기억은 객체가 되는 듯한 상기 방식이라는 것을 보여준다. 그 계기가 되는 사물은 어떤 역할을 갖고 있는가. 사물에 관한 기술이 다수 존재한다. 건축물에 대한 생각, 지식, 사진, 산, 바다 등등이 그것이다. 그들 사물은 기억으로 정리된 상태에서 이름으로 나열되고, 즉 사물의 상호 연관이 등장한다. 그 속에서 기억에 남는 사물로부터 과거의 사건을 자의적으로 끄집어내어 시계열(時系列)에 따라 정리하고 역사와 밀접한 관계를 갖는 것이다. 역사를 상징하는 사물을 통해 기억에 대한 어프로치가 시도된다. 다시 말해서 사물의 집합은 역사와 기억을 연결시키는 중요한 모티브”[30]라고 지적했다.

즉 인간의 기억은 사물에 관한 기술이 다수 존재한다. 건축물에 대한 생각, 지식, 사진, 산, 바다 등등이 그것이다. 그들 사물은 기억으로 정리된 상태에서 이름으로 나열되고, 즉 사물과의 상호 연관이 등장, 그 속에서 기억에 남는 사물로부터 과거의 사건을 자의적으로 꺼내어 시계열에 따라 정리하고 역사와 밀접한 관계를 갖는 것이라는 의미에서 인간은 기억의 주체가 아니라, 모노에 의해 기억이 기억화 된다는 점이다.

그리고 그러한 모노에 의해 기억이 재현되는 것은「사물은 그것 자체가 가진 유용성으로부터 따로 떨어져 나와 별개의 문맥에 놓이게 된다. 즉 시계열에 따라 모노를 배열하고 그것에 배치된 모노가 보여주는 시간의 흐름을 국가 역사로서 공개한다. 그것에 의해 역사는 사회에 공유되고, 사회적 기억으로 변환되고, 우리들의 시간은 질서화 되고 배치된다. 그 배치된 모노는 근대 국민국가의 질서에

---

30) 小田桃子(2014),「W.G.ゼーバルト『アウステルリッツ』におけるコレクション: <歴史>と<記憶>のはざまで」『DA』１０, 神戸大学ドイツ文学会, p.54.

의해 의미가 부여되고, 국민은 그것 속에서 나열된 '기호 유지물'로서 모노/사물이 재현해주는 국가의 역사라는 보이지 않는 커다란 역사를 눈에 보이는 형태로 공유하게 된다」[31]는 것이다.

바꾸어 말하자면 모노에 의해 기억이 재편된다는 논리이고, 모노에 의해 기억이 지배를 받는다는 논리인 것이다. 사물들에 의해 지배되는 근대 국가의 모순과, 역으로 사물들에 의해 인간의 인식을 지배해 온 국가 시스템을 폭로해 주는 것이었다. 결국 기억이 모노에 의해 재생되고, 단적으로 가설주택에 이주되면서 부여된 새로운 이름들은 수용소에 이송된 사람들 모임처럼 한곳에 집합되고 정렬되면서 자아 주체를 빼앗기고 국가 시스템 속으로 수렴되는 것이다. 그것이 바로 국가가 제도로서 역사화 하려는 국민의 부흥 기획이며, 그것이 거대한 역사로 기록되면서 개인의 재해 경험과 슬픔, 비참함의 기억은 은폐되는 것이다.

내러티브가 갖는 재현 방식에서 근대적 상징물들에 지배를 받는 것에 갇히게 되면, 근대라는 기계적 그물망에서 벗어나지 못하는 것이며, 동시에 비주체적인 사물로서 존재하게 된다. 국가와 일체화되는 경험과 기억으로 지배받는 것은, 정치적 자장에서 빠져나가지 못하게 개인 개인의 내면에 주술을 거는 것이다. 이러한 정치성이나 제도성이 내러티브와 기억에 함의된다는 것을 인지하게 되는 과정을 역설적으로 내러티브에 담아내고, 그 세계를 재현해낸다면, 그것이야말로 내러티브의 의미이며, 그것은 내러티브를 통한 새로운 패러다임의 산출이 되는 것이다.

그것은, 다시 청취자의 내성 속에서 '새로운 자아의 발견' 논리로

31) 小田桃子(2014), 상게 잡지, pp.55-57.

그 세계를 다가올 수 있는 것이다. 즉 "누군가에게 접촉하고 있다는 것, 누군가에게 응시되고 있다는 것, 누군가로부터 말을 건네받고 있다는 것, 이것들은 틀림없이 현실적인 경험 속에서 다시 말하면 '타자(他者)의 타자(他者)'로서 자신을 체험하는 것에서 시작하여 그 존재를 부여하는 차원이라는 것이 나에게는 있다. 나의 개성성은 여기에서 스스로가 부여할 수 있는 것이 아니라 타자에 의해 도출되는 것이다"32)라는 논리로 연결될 것이다.

이것은 비당사자인 청취자가 자아 내부에 감춰진 타자로서의 자아를 새롭게 인지하는 것이며, 그것은 바로 비경험자의 기억이 되는 것이다. 이것이 바로 재해를 경험하지 않더라도 일상을 '몰지각적'으로 사회나 문화에 갇힌 세계를 재구성해 내고, 비주체적 자아에 대한 '각성'으로 연결되는 것이다.

5. 재해피해 당사자와 비당사자를 넘는 인간부흥론

본 장에서는 내러티브와 역사, 역사와 내러티브의 관련성을 통해 새로운 '자아 재현'의 논리를 부각시켜 보았다. 특히 재해의 경험과 기억을 역사화 하는 과정에서 어떻게 자아와 타자와의 경계 넘기의 세계성 인식을 연결시킬까를 고찰해 보았다.

특히 재해를 직접 경험한 당사자 '내러티브'가 가진 의미를 재고하고, 목소리의 역사화를 위해 무엇을 고려해야 하는가라는 문제를 다루었다. 최근에는 역사화 과정에서 새로운 실증적 자료로 등장한 개

32) 鷲田清一(1999), 『「聴く」ことの力』TBSブリタニカ, pp.129-130.

인의 증언이나 경험 그리고 기억이라는 개인 내러티브가 새로운 주목을 받고 있다. 이 내러티브는 외래어를 그대로 사용하는데, 의미적으로는 일본어의 '모노가타루'가 가진 의미와 중첩되었다. 즉 모노가타루와 내러티브는 과거의 경험이나 기억이 재현되는 것인데, 그 '서사'는 현재적 인식에 의해 재편된 과거라는 뜻이 공유되고 있었다.

이를 근거로 재해의 경험이나 기억 '구조'는 객관적 사실로서 과거부터 존재하는 것이 아니라, 현재 인식에 내포된 '상황적/사회적/문화적' 맥락에 의해 재현되고 창출되는 것임을 읽어냈다. 그러한 재해 경험과 기억을 당사자에게서 듣는 청중도 청중이 가진 현재적 인식에 의해 재해 경험과 기억이 '수용되고 해석되어' 새로운 제3의 맥락의 텍스트를 산출한다는 것이다. 당사자와 비당사자 사이의 '거리'는 동일본대진과 동일본대지진 내러티브 사이의 거리를 만들었고, 그것이 지방적 역사 시설로 연대되어 나타나기도 했다.

그러나 지방적 사료들의 네트워크화도 중요하지만, 내러티브를 통해 전달하고자 하는 메시지가 개인의 재해 경험과 기억을 특수성을 넘어 새로운 국가 역사로서 보편화하기 위한 '신 패러다임이 역사 기록'이 무엇인가를 남기는 것도 필요한 것이다.

재해 내러티브에서는 '민화 가타리베'의 내러티브가 새롭게 나타났다. 물론 민화 개념의 재정의적 측면은 아니지만, 민화가 원래 '민중에 의한 민중의 목소리'로서 '당대 사회에 내장된 진리나 사실, 봉건성이나 차별', 즉 권력이나 사회적 부조리를 일깨우기 위한 방법의 하나로 기능했다. 그렇지만 재해 기억 내러티브 속에는 '민화 구조를 빌려'오면서, 구조에 끼워 맞춰진 패턴적 나열이라는 정형화 시스템에 구속된다는 문제를 갖게 되었다.

물론 그와 반대로 패턴이나 구조를 빌리지 않고서는 경험의 진리를 체현할 수 없다는 이중성을 갖지만, 그 구조 내부에서 발견되는 주체의식은 '민화의 역사성'을 살린 비극가적 내러티브여야만 했다. 다시 말해서, 경험과 기억은 체험의 사실들이 재현되는데, 재해 경험의 재현 프로세스에 나타난 시계열(時系列)적 구성에 보이는 구성물, 즉 도로・산・가옥 등의 '사물'이 '인식 속에서 이미지화되어 나타나는 것', 즉 의식 속에서 그것을 꺼내어 가족이나 주변 인물들과의 관련성이 주된 '내용'으로 나타난다.

이는 개인의 주체적 의식이나 개인의 신체가 사물이나 언어, 이동, 관련성 등이 그물망처럼 연결되어 있는 사물의 연쇄적 체현이기도 하다. 역설적으로 기억과 경험의 재현은 주체적으로 '이야기'되는 것이 아니라, 오히려 '사물들에게' 기억이라는 이름으로 지배당한 것, 즉 기억의 객체 상실이라는 문제가 드러난다. 이야기와 사물이 '사물로서의 성질'과 동떨어져 다른 문맥을 형성하면서 '기억/경험'이 배치되고 재편된다는 것이다.

기억이라는 이름의 인식론적 권력에 의해 구축된 것임을 나타내주는 것이기도 했다. 이를 자각적으로 재현하는 내러티브는, 그것을 듣는 청취자에게도 공유된다. 바로 새로운 역사화와 생활 자각사(自覺史)로 연결되는 부분인 것이다.

이것은 바로 재해를 만나기 이전에 '자아 속에서 주체적으로 각성'하고 있는 것이야말로 '사전 부흥'이며, 그것이 사상으로서 역사화 되어 전승되어야 할 것이라고 여겨진다. 이것이야 말로 동일본대지진을 역사화 하는 의미인 것이다.

참고문헌

제1장

김영근(2012), 「동일본대지진 이후의 일본경제와 통상정책: TPP정책을 중심으로(東日本大震災後の日本経済と通商政策: TPP政策を中心に)」『일본연구논총』Vol.35, 현대일본학회, pp.33-66.

김영근(2013a), 「대재해 이후 일본 경제정책의 변용: 간토, 한신・아와지, 동일본 대지진, 전후의 비교 분석」 김기석 엮음/김영근외 『동일본대지진과 일본의 진로: 일본 사회의 패러다임 변화』 한울, pp.90-126[김영근(2013), 「災害後日本経済政策の変容-関東・戦後・阪神淡路・東日本大震災の比較分析-」『일어일문학연구』제84집 2권, pp.375-406.

김영근외 옮김(2013b), 『동일본대지진으로부터의 부흥—지속가능한 경제사회의 구축을 위한 제언』 고려대학교출판부[伊藤滋・奥野正寛・大西隆・花崎正晴編(2011), 『東日本大震災 復興への提言—持続可能な経済社会の構築』東京大学出版会].

김영근 옮김(2013c), 『일본 원자력 정책의 실패: 후쿠시마 원전 사고 대응과정의 검증과 안전규제에 관한 제언』고려대학교출판부.

김영근외 옮김(2012), 『검증 3.11 동일본대지진』도서출판 문[関西大学社会安全学部編(2012) 『検証: 東日本大震災』 ミネルヴァ書房].

김영근 옮김(2012), 『일본대지진의 교훈』도서출판 문[竹中平蔵・船橋洋一編(2011) 『日本大災害の教訓:複合危機とリスク管理』 東洋経済新報社].

마쓰오카 순지(松岡俊二)(2012), 『フクシマ原発の失敗—事故対応過程の検証とこれからの安全規制(일본 원자력 정책의 실패)』 早稲田大学出版部[김영근 옮김(2013), 고려대학교출판부].

송완범(2012), 「'環東海지역'의 災難・安全으로 생각하는 '環東海學'」『아태연구』 19-3호, 경희대국제지역연구원.

양기호(2012), 「동일본대지진으로 본 복구와 부흥의 정치경제학」『동일본대지진과 일본의 진로: 일본 사회의 패러다임 변화』한울, pp.62-89.

최관・서승원 편(2012), 『저팬리뷰 2012: 3.11 동일본대지진과 일본』 (고려대학교 일본연구센터), 도서출판 문.

한영혜 엮음(2013), 『3.11 이후의 일본 사회: 현장에서 바라본 동일본대지진』

서울대학교 일본연구소..
伊藤滋・奥野正寛・大西隆・花崎正晴編(2011),『東日本大震災 復興への提言―持続可能な経済社会の構築』東京大学出版会[김영근 외 옮김(2013)『제언-동일본대지진: 지속가능한 부흥을 위하여』고려대학교출판부].
稲田義久(1999),「震災からの復興に影さす不況――震災4年目の兵庫県経済」藤本建夫編『阪神大震災と経済再建』勁草書房, pp.1-43.
岩田規久男(2011),『経済復興―大震災から立ち上がる』筑摩書房.
貝原俊民(1996),『大震災100日の記録―\兵庫県知事の手記』ぎょうせい.
関西学院大学COE災害復興制度研究会編(2005),『災害復興―阪神・淡路大震災から10年』関西学院大学出版会.
関西学院大学災害復興制度研究所・高麗大学校日本研究センター編(2013),『東日本大震災と日本―韓国からみた3.11』関西学院大学出版会.
関西大学社会安全学部編(2012),『検証: 東日本大震災』ミネルヴァ書房[김영근 외 옮김(2012)『검증 3.11 동일본대지진』도서출판 문].
北山俊哉(2011),『福祉国家の制度発展と地方政府』有斐閣.
越沢明(2011),『後藤新平:大震災と帝都復興』筑摩書房.
小林慶一郎(2011),「大震災に立ち向かう－大震災後の経済政策のあり方－」キャノングローバル戦略研究所, 2011년 3월 18일.
後藤新平(2011),『世紀の復興計画:後藤新平かく語りき』毎日ワンズ.
(財)国土技術研究センター(http://www.jice.or.jp/)資料.
竹中平蔵・船橋洋一編著/金暎根訳(2012),『日本大災害の教訓－複合危機とリスク管理』東洋経済新報社[김영근 옮김(2012),『일본대지진의 교훈』도서출판 문].
ティラッソ\ー(Nick Tiratsoo)・松村高夫・メイソ\ン(Tony Mason)・長谷川淳一『戦災復興の日英比較』知泉書館, 2006年.
中谷巌(2011),『日本経済の歴史的転換』東洋経済新報社, 1996年.
東日本大震災復興構想会議(2011),『復興への提言―悲惨のなかの希望』2011년 6월 25일.
二神壮吉・横山禎徳編(2011),『大震災復興ビジョン―先駆的地域社会の実現―』オーム社..
福田徳三著, 山中茂樹・井上琢智編(2012),『復興経済の原理及若干問題』(復刻版)関西学院大学出版会.

일본 국제전략실(国家戦略室) http://www.npu.go.jp
일본총리관저 긴급재해대책본부(緊急}災害対策本{部)
http://www.kantei.go.jp
일본경제재생본부 http://www.kantei.go.jp/jp/singi/keizaisaisei/
일본 도호쿠가쿠인(東北学院)대학 震災学(진재학)홈페이지
http://www.tohoku-gakuin.ac.jp/research/journal/shinsaigaku/

제2장

김영근(2015), 「일본의 재해부흥 문화에 관한 일고찰: 재난관리 체제 및 구호 제도・정책을 중심으로」, 『인문사회21』제6권4호, 아시아문화학술원, pp.1039-1060.
김영근(2014), 「韓国の震災学/災害(災難)学: 失われた災害ガバナンス20年『震災学』第5号, 荒蝦夷, pp.163-187.
김영근(2012), 「3.11 동일본대지진 이후 일본 경제와 동북아 경제협력의 진로: 환태평양경제동반자협정(TPP)을 중심으로」『저팬리뷰 2012: 3.11 동일본대지진과 일본』도서출판문.
김영근(2012), 「3.11 동일본대지진 이후 일본의 변화」『SBS 8시뉴스 인터뷰』, 2012년 11월 23일.
김영근외 옮김(2013), 『제언 동일본대지진: 지속 가능한 부흥을 위하여』고려대학교출판부.
김영근외 옮김(2013), 가쿠슈인여자대학편, 『동일본대지진-부흥을 위한 인문학적 모색-』고려대학교출판부.
김영근(2013), 「日 대지진 2주년, 다시 안전이다. 일본의 재해복구 현황과 한일 국제협력의 모색」<3.11 동일본대지진 2주년을 맞이하여」, 서울경제신문(A39면 오피니언), 2013년 3월 11일자.
김영근(2014), 「일본의 재해 거버넌스와 한국형 진재학 구축」『일본의 재해부흥: 3.11 동일본대지진과 인간』인문사, pp.225-248
김영근(2014), 「일본의 진재학과 재해부흥의 역(逆)이미지: 한국형 위기관리 모델의 시론」『한림일본학』제24집, 한림대학교일본학연구소, pp.141-166.
김영근(2014), 「재해 대응과 한국형 CSR 구축 과제」『자동차경제』제9월호, 한국자동차산업연구소(KARI), pp.2-3.
김영근(2014), 「전후(戦後)의 재해 거버넌스에 관한 한일 비교 분석」『한일군사문화연구』제17집, 한일군사문화학회, pp.33-60.

김영근(2015),「대재해 이후 일본 정치경제시스템의 변용: 간토・전후・한신・아와지・동일본대지진의 비교 분석」『진재(震災) 이후를 생각한다: 동일본대지진으로부터의 부흥을 위한 92인의 분석과 제언』와세다출판부, pp.981-1001.

간사이대학 사회안전학부편, 김영근외 옮김(2012),『검증 3.11 동일본대 지진』도서출판 문.

다케나카 헤이조, 후나바시 요이치편, 김영근(2012),『일본 대재해의 교훈: 복합위기와 리스크 관리』도서출판문<竹中平蔵・船橋洋一編著/金暎根訳(2012),『日本大災害の教訓－複合危機とリスク管理』東洋経済新報社>.

마쓰오카 순지저/김영근 옮김(2013),『일본 원자력 정책의 실패: 후쿠시마 원전사고 대응과정의 검증과 안전규제에 대한 제언』고려대학교출판부.

손우정 옮김(209.11),『교육개혁을 디자인한다: 교육의 공공성과 민주주의를 위하여』佐藤学(2000)『教育改革をデザインする』학이시습.

심성보외 옮김, 堀尾輝久(1994),『일본의 교육(日本の教育)』한림신서 일본학총서 8.

울리히벡(2014),『위험사회- 새로운 근대성을 향하여』새물결.

지진방재연구센터편(2013),『동일본대지진 이후 일본 재난관리 정책 변화』안전행정부 국립재난안전연구원.

최관・서승원 편저(2012),『저팬리뷰 2012: 3.11동일본대지진과 일본』도서출판문.

최호택・류상일(2006),「효율적 재난대응을 위한 지방정부 역할 개선방안: 미국, 일본과의 비교를 중심으로」『한국콘텐츠학회논문지』6(12), pp.235-243.

하연섭편(2015),『위험사회와 국가정책』박영사.

青木栄一編(2015),『復旧・復興へ向かう地域と学校』(大震災に学ぶ社会科学第6巻)東洋経済新報社.

関西学院大学災害復興制度研究所・高麗大学校日本研究センター編(2013),『東日本大震災と日本—韓国からみた3.11』関西学院大学出版会.

関西学院大学COE災害復興制度研究会編(2005), 『災害復興—阪神・淡路大震災から10年』関西学院大学出版会.

関西大学社会安全学部編(2012),『検証: 東日本大震災』ミネルヴァ書房<김영근외 옮김(2012),『검증 3.11 동일본대지진』도서출판 문>.

田中真理・川住隆一・菅井裕行編(2016),『東日本大震災と特別支援教育:共生社会にむけた防災教育を』慶應義塾大学出版会.

藤田英典(2001),『新時代の教育をどう構想するか-教育改革国民会議の残した課題』岩波ブックレット No.533.

문부과학성 http://www.mext.go.jp/
국립교육정책연구소 http://www.nier.go.jp/
교육과학연구회 http://member.nifty.ne.jp
일본교육법학회 http://jela1970.jp/
일본교육행정학회 http://wwwsoc.nii.ac.jp/jeas/
일본교육정책학회 http://www.jasep.jp/

제3장

Geertz, Clifford, 1980, Negara: the Theatre State in Nineteenth-century Bali, NewJersey : Princeton University Press.(小泉潤二訳(1990),『19世紀バリの劇場国家』みすず書房).
Gennep, Arnold van,1909, Les Rites de Passage, Paris:E.Nourry.(綾部恒雄, 綾部裕子訳(1995),『通過儀礼』弘文堂).
関西学院大学災害復興研究所(2005),『被災地協働 第一回全国交流集会から』関西学院大学出版会.
Levi-Strauss, C, 1958, Anthropologie Structurale, Paris:Plon.(荒川幾男, 生松敬三, 川田順造, 佐々木明, 田島節夫訳(1972),『構造人類学』みすず書房).
進藤卓也(2003),『奈落の舞台回し—前水俣市長 吉井正澄聞書』西日本新聞社.
Turner, Victor Witter,1969, The Ritual Process: Structure and Anti-structure, London: Routledge&K.Paul.(冨倉光雄訳(1996),『儀礼の過程』新思索社).
山泰幸(2002),「古墳と陵墓」荻野昌弘編『文化遺産の社会学—ルーヴル美術館から原爆ドームまで』新曜者, pp.241-259.

제4장

レベッカ・ソルニット著, 高月園子訳(2010),『災害ユートピアーなぜそのとき特別な共同体が立ちあがるのか』亜紀書房.
大野晃(2005),『山村環境社会学序説ー現代山村の限界集落化と流域共同管理』農文協. 山下祐介(2012).『限界集落の真実ー過疎の村は消えるか?』筑摩新書.
岡本真生(2011),「1社会の民俗 1村を運営する組織」『徳島県東みよし町 法市の民俗』,

岡田憲夫(2015),『ひとりから始める事起こしのすすめ－地域(マチ)復興のためのゼロからの挑戦と実践システム理論 鳥取県智重町三◯年の地域経営モデル』関西学院大学出版会.

岡田憲夫(2015),『ひとりから始める事起こしのすすめ－地域(マチ)復興のためのゼロからの挑戦と実践システム理論 鳥取県智重町三◯年の地域経営モデル』関西学院大学出版会.

宮本匠・渥美公秀(2009),「災害復興における物語と外部支援者の役割について－新潟県中越地震の事例から」『実験社会心理学研究』49号(１).

柳田国男(1998),「民間伝承論」『柳田国男全集』第8巻, 筑摩書房.

柳田国男(1998),「郷土生活研究法」『柳田国男全集』第8巻, 筑摩書房.

鳥越晧之(2012),『水と日本人』岩波書店.

浦野正樹(2007),「災害社会学の岐路－災害対応の合理的統御と地域の脆弱性の軽減」『災害社会学入門』弘文堂.

山泰幸(2006),「『象徴的復興』とは何か」『先端社会研究』5号.

山泰幸(2009),「遺跡化の論理」『文化遺産と現代』同成社.

山泰幸(2012),「祭り－大楠まつりは, なぜおこなわれるようになったのか?」『現代文化のフィールドワークス入門』ミネルヴァ書房.

山泰幸(2013),「中山間地における孤立集落の事前復興の取り組み－徳島県西部の事例から」『災害復興研究』5号.

市古太郎(2010),「まちづくりの視点からみたゼロ年代の事前復興まちづくり--練馬区でのケースレビュ」『都市科学研究』3号 参照.

寺谷篤志・平塚伸治編(2015),『「地方創生」から「地域経営」へ』仕事暮らしの研究所.

小川伸彦(2012),「文化の遺産化－『文化財』どこから来てどこへゆくのか」『現代文化のフィールドワークス入門』ミネルヴァ書房.

中林一樹(2012),「首都直下地震に備えた木造密集市街地の事前復興まちづくりを急げ」『建築ジャーナル』1200号, 参照.

中山茂樹(2009),「事前復興計画のススメ－この国の明日を紡ぐ」『災害復興研究』1号, 関西学院大学災害復興制度研究所 参照.

足立重和(2007),「盆踊り－その”にぎわい”をどのように考えることができるのか」『現代文化の社会学入門』ミネルヴァ書房.

제5장

Aldrich, Daniel. P. 2012. Building Resilience: Social Capital in Post-Disaster Recovery. Chicago : University of Chicago Press.

Howitt, Arnold M., and Herman B. Leonard (eds.). 2009. Managing Crises: Responses to Large-Scale Emergencies. Washington, DC: CQ Press, 2009.

Nakajo, Miwa, Jee-Kwang Park, and Yoshiharu Kobayashi. 2017. 「Do Voters Punish Local Governments for Natural Disasters?: Evidence from the 2015 Kinu River Flood in Japan,」 2017年度日本選挙学会報告論文.

Page, Lionel, David A. Savage, and Benno Torgler. 2014. 「Variation in Risk Seeking Behaviour Following Large Losses: A Natural Experiment,」 European Economic Review 71: 121-131.

Samuels, Richard J. 2013. 3.11 Disaster and Change in Japan. Ithaca: Cornell University Press. (リチャード・J・サミュエルズ [プレシ南日子・廣内かおり・藤井良江(訳)]. 2016.『3.11　震災は日本を変えたのか』英治出版.)

貝原俊民(1995),『震災100日の記録－兵庫県知事の手記』ぎょうせい.

長岡市災害対策本部編(2005),『中越大震災－自治体の危機管理は機能したか』ぎょうせい.

常総市水害対策検証委員会(2016),「平成27年常総市鬼怒川水害対応に関する検証報告書―わがこととして災害に備えるために」 http://www.city.joso.lg.jp/ikkrwebBrowse/material/files/group/6/kensyou_houkokusyo.pdf

大西裕編(2017a),『災害に立ち向かう自治体間連携－東日本大震災にみる協力的ガバナンスの実態』ミネルヴァ書房.

大西裕編(2017b),『災害に立ち向かう自治体間連携－東日本大震災にみる協力的ガバナンスの実態』ミネルヴァ書房.

飯塚智規(2013),『震災復興における被災地のガバナンス－被災自治体の復興課題と取り組み』芦書房.

福田充ほか(2017),「平成28年度日本大学理事長特別研究　危機管理学の構築とレジリエントな大学の想像のための総合的研究」.

広島市(2015),「平成26年8月20日の豪雨災害避難対策等に係る検証結果」 http://www.city.hiroshima.lg.jp/www/contents/1476873330360/files/01honpen.pdf http://www.city.hiroshima.lg.jp/www/contents/147687333

0360/files/02siryouhen.pdf
河村和徳(2014),『東日本大震災と地方自治－復旧・復興における人々の意識と行政の課題』ぎょうせい.
河村和徳(2016),「被災自治体が行った意向調査にみるその特徴」『社会と調査』第16号, pp.23-29.
河村和徳・伊藤裕顕(2016),「原子力災害と福島の地方選挙」『大震災に学ぶ社会科学第１巻　政治過程と政策』東洋経済新報社.
河村和徳・伊藤裕顕(2017),『被災地選挙の諸相　現職落選ドミノの衝撃から2016年参院選まで』河北新報出版センター.
気象庁(2017),「地方公共団体の防災対策支援のための気象予報士活用モデル事業報告書」http://www.jma.go.jp/jma/press/1704/27a/yp_houkokusho.pdf
青木栄一編(村松岐夫・恒川惠市監)(2015),『大震災に学ぶ社会科学第6巻 復旧・復興へ向かう地域と学校』東洋経済新報社.
砂原庸介・小林忠夫(2017),「災害対応をめぐる行政組織の編成－内閣府と表現の人事データから」『災害に立ち向かう自治体間連携－東日本大震災にみる協力的ガバナンスの実態』ミネルヴァ書房.
山村武彦(2016),『スマート防災－災害からの命を守る準備と行動』ぎょうせい.
室崎益輝・幸田雅治編(2013),『市町村合併による防災力空洞化－東日本大震災で露呈した弊害』ミネルヴァ書房.
武田文男・竹内潔・水山高久・池谷浩(2016a),『政令指定都市における防災・危機管理対策に関する比較研究』GRIPS Discussion Paper, pp.16-04.
武田文男・竹内潔・水山高久・池谷浩(2016b),『自治体における改正災害対策基本法の実務的課題に関する研究』GRIPS Discussion Paper, pp.16-05.
武田文男・竹内潔・水山高久・池谷浩(2016c),『巨大災害に対する法制の見直しに関する課題についての研究』GRIPS Discussion Paper, pp.16-06.
小原隆治・稲継裕昭編, 村松岐夫・恒川惠市監(2015),『大震災に学ぶ社会科学第2巻　震災後の自治体ガバナンス』東洋経済新報社.
岩岡泰孝(2017),「避難行動に関する住民の意識についての研究—広島豪雨土砂災害経験をどう活かすか」政策研究大学院大学2016年度修士論文.
邑本俊亮(2012),「避難と情報」『電子情報通信学会誌』第95巻第10剛, pp.894-898.
御厨貴 [編集]. 2016.『大震災復興過程の政策比較分析:関東, 阪神・淡路, 東日本の三大震災の検証』ミネルヴァ書房.
中邨章・市川宏雄編(2014),『危機管理学－社会運営とガバナンスのこれから』第一法規.

佐藤健一(2013), 『講演シリーズ第111号 いま被災地から訴えたいこと』地方行財政調査会.

제6장

NHK東日本大震災プロジェクト(2011), 『明日へ－東日本大震災命の記録』NHK出版.
S. Van de Walle and G. Bouckaert. 2003. 「Public Service Performance and Trust in Government: The Problem of Causality」, International Journal of Public Administration 29(8&9): 891-913.
長岡市災害対策本部編(2005), 『中越大震災－自治体の危機管理は機能したか』ぎょうせい.
河北新報社編(2011), 『河北新報特別縮刷版3.11東日本大震災1ヵ月の記録』
河村和徳・湯淺墾道・高選圭編(2013), 『被災地から考える日本の選挙－情報技術活用の可能性を中心に』東北大学出版会.
荒蝦夷編集・IBC岩手放送監修・協力(2012), 『その時, ラジオだけが聴こえていた』竹書房.
秋月謙吾(2010), 「地方政府における信頼」日本政治学会編『年報政治学政治行政への信頼と不信』2010-Ⅰ号, pp.68-84.
三陸河北新報社(2012), 『ともに生きた伝えた－地域紙「石巻かほく」の1年』早稲田大学出版部.
善教将大(2013), 『日本における政治への信頼と不信』木鐸社.
時事通信防災リスクマネジメントWeb編集部編(2007), 『わがまちの強みと弱み－100人のトップが語る防災・危機管理』時事通信社.
新川敏光・大西裕編(2008), 『日本・韓国』ミネルヴァ書房.
中邨章・牛山久仁彦編(2012), 『政治・行政への信頼と危機管理』芦書房.

제7장

Aldrich, Daniel P. 2012.Building Resilience: Social Capital in Post-Disaster Recovery, Chicago: University of Chicago Press.
いわき明星大学人文学部現代社会学科(2014), 「東日本大震災からの復興におけるいわき市民の意識と行動に関する調査報告書」www2.iwakimu.ac.jp/~imusocio/iwaki2014/2014iwaki_report.pdf
村瀬洋一(2015), 「被災地での社会調査－調査方法論と問題点」第62回東北社会学会報告資料.

福井英次郎・岡田陽介(2014),「東日本大震災における主観的被災者意識と投票参加の非連続性－負のエピソード記憶を手がかりとして－2011年仙台市調査より」『学習院高等科紀要』第12号, pp.63-79.

髙橋若菜(2014),「福島県外における原発避難者の実情と受入れ自治体による支援－新潟県による広域避難者アンケートを題材として」『宇都宮大学国際学部研究論集』第38号, pp.35－51.

和田明子(2015),「県外避難者受入自治体の対応」『大震災に学ぶ社会科学第2巻 震災後の自治体ガバナンス』東洋経済新報社, pp.191-212.

河村和徳(2014),『東日本大震災と地方自治－復旧・復興における人々の意識と行政の課題』ぎょうせい.

河村和徳(2016),「被災自治体が行った意向調査にみるその特徴」『社会と調査』16号, pp.23-29.

河村和徳(2016),「福島における被災者支援に対する「複雑な感情」－原発事故避難者受入自治体の住民意識調査から」『公共選択』第66号, pp.130-151.

河村和徳・伊藤裕顕(2016),「原子力災害と福島の地方選挙」辻中豊<編> / 村松岐夫・恒川惠一<監修>『大震災に学ぶ社会科学第1巻 震災後の自治体ガバナンス』東洋経済新報社.

河村和徳・伊藤裕顕(2017),『被災地選挙の諸相　現職落選ドミノの衝撃から2016年参院選まで』河北新報出版センター.

横山太郎(2015),「原発事故に伴う長期避難に対する市町村への支援のあり方について－県と市町村の協働支援的連携による効果を中心として」政策研究大学院大学修士論文.

今井照.(2012),「「仮の町」構想と自治の原点」『ガバナンス』第137号, pp.22-25.

今井照.(2014),『自治体再建－原発避難と「異動する村」』筑摩書房.

菊池真弓・高木竜輔.(2015),「原発事故に対するいわき市民の意識構造(２)－原発避難者との「軋轢」の構造」『いわき明星大学人文学部研究紀要』第28号, pp.81-96.

立教大学社会学部社会調査グループ(2014),『生活と防災についての仙台仙北意識調査報告書－震災被害と社会階層の関連』.

人見剛(.2014),「原子力災害避難者住民と「仮の町」構想」『学術の動向』2014年2月号, pp.59-63.

山下祐介・市村高志・佐藤彰彦(2013),『人間なき復興－原発避難と国民の「不理解」をめぐって』明石書店.

田並尚恵(2012),「東日本大震災における県外避難者への支援－受け入れ自治体調査を中心に」『災害復興研究』第3号, pp.167-175.
田中優(2011),「非被災地における被災者支援の社会心理学的問題」『大妻女子大学人間関係学部紀要』13号, pp.79-88.
小野裕一・井上義久(2016),「<対談>「創造的復興」で東北を地方創生のモデルに」公明党機関誌編集委員会『公明』第124号, pp.44-52.
原田峻・西城戸誠(2015),「東日本大震災・福島原発事故から5年目を迎えた県外避難の現状と課題－埼玉県における自治体・避難者調査の知見から」『立教大学コミュニティ福祉研究所紀要』第3号, pp.59-78.

제8장

양기근(2016),「재난 취약성 극복과 복원력향상 방안」『Crisisonomy』Vol.12 No.9, 위기관리 이론과 실천, p.143.
安藤邦廣(2011),「木で震災復興をはかれ:板倉構法による応急仮設住宅」『森林技術』No.835, 日本森林技術協会, pp.2-7.
安藤邦廣(2011),「災害応急仮設住宅を木造でつくれ:田中文男棟梁の遺言」『住宅建築』428号, 建築資料研究社, pp.47-49.
本間義規(2012),「応急仮設住宅の温熱環境と改善: アーキテクチャで生活と環境を守る」『建築雑誌』Vol.127 No.1633, 日本建築学会, pp.38-39.
柴崎恭秀(2012),「木造応急仮設住宅の類型に関する研究」『会津大学短期大学部研究年報』69号, 会津大学短期大学部, pp.113-132.
長谷川兼一, 吉野博, 柳宇, 鍵直樹(2012),「応急仮設住宅の温熱環境の実態」『空気清浄』Vol.50No.2, 日本空気清浄協会, pp.9-17.
大村奈緒, 室崎益輝, 松隈守城(1996),「災害ストレスと生活環境との関わりに関する研究: 阪神・淡路大震災における応急仮設住宅居住者を例として」『日本建築学術講演梗概集(1996)』日本建築学会学, pp.67-68.
大地昭生(2017),「南海トラフ巨大地震に備える: 東日本大震災の教訓を生かして」『配管技術』59(9), 日本工業出版, pp.13-19.
大矢根淳(2012),「被災へのまなざしの叢生過程をめぐって」『環境社会学研究』第18号, 新曜社, pp.96-111.
大澤元毅, 鈴木晃, 小林健一(2011),「震災を踏まえた建築衛生研究のあり方」『保健医療科学』Vol.60 No.6, 国立保健医療科学院, pp.477-483.
柳宇, 吉野博, 長谷川兼一, 東賢一, 大澤元毅, 鍵直樹(2016),「仙台市内の応急仮設住宅における室内真菌汚染の実態」『日本建築学会技術報告集』Vol.22No.51, 日本建築学会, pp.615-620.

渡辺茂幸(2014),「応急仮設住宅の遮音性能: 岩手県の事例」『音響技術』Vol.43 No.1, 日本音響材料協会, pp.33-38.
額賀信・佐藤潤・三浦丈志(2012),「観光主導の復興戦略」『東日本大復興』東日本放送, pp.119-129.
福山拓俊, 井上勝夫, 冨田隆太(2014),「東日本大震災に伴う応急仮設住宅の遮音性能と居住者評価に関する調査研究: 岩手県宮古市の事例を通して」『日本建築学会大会学術講演梗概集(2014)』日本建築学会, pp.961-962.
冨安亮輔－他(2013),「コミュニティケア型仮設住宅の提案と実践」『日本建築学会技術報告集』第19巻第42号, 日本建築学会, pp.671-676.
岡本直樹, 往吉大輔, 赤司泰義(2014),「応急仮設住宅の温熱環境改善に関する研究: 温熱環境および気密性能の実測調査と温熱環境改善手法の検討」『日本建築学会学術講演梗概集(2014)』日本建築学会, pp.969-970.
岡本直樹, 住吉大輔, 赤司泰義他(2014),「応急仮設住宅の居住環境に関するアンケートと夏期温熱環境実測調査」『日本建築学会研究報告九州支部』53號, 日本建築学会九州支部, pp.241-244.
岡村精二, 三浦房紀, 村上ひとみ(2009),「「戸建てシェルター」の居住性に関する検討と新規試作品の開発:大災害を想定した組立て方式による早期設置型　「戸建てシェルター」の開発」　『日本建築学会計画系論文集』Vol.74No.645, pp.2425-2433.
高見真二(2011),「東日本大震災における応急仮設住宅の建設について」『建築雑誌』Vol.126, No.1623, 日本建築学会, pp.48-49.
高橋儀平, 野口祐子(2012),「応急仮設住宅における居住問題とまちづくり」『福祉のまちづくり研究』Vol.14 No.1, 福祉のまちづくり研究所, pp.26-32.
古関良行(2013), 「仮設住宅史を繙く-関東大震災から東日本大震災九〇年後の今」東北学院大学『震災学』vol.3, 荒蝦夷, pp.84-85.
古賀俊策他(2012),「技術の人間化に基づいたサステナブルデザイン」『神戸芸術大学紀要「技術工学2012」』神戸芸術大学, pp.1-4.
古山周太郎, 奈良朋彦, 木村直紀(2012)「応急仮設住宅団地における協働型コミュニティ支援に関する研究:岩手県気仙郡住田町の仮設支援協議会を中心とした支援活動より」『都市計画論文集』Vol.47 No.3, 日本都市計画学会, pp.361-366.
谷口知弘, 材野博司(1996),「仮設的生活環境に関する研究: 西宮市における応急仮設住宅の調査より」『日本建築学会近畿支部研究報告集』第36号, 日本建築学会近畿支部, pp.765-768.

谷口知弘, 材野博司(1996),「応急仮設住宅居住者の生活行動に関する研究: 西宮市郊外, 名塩地区の応急仮設住宅団地の調査より」『日本建築学会学術講演梗概集(1996)』日本建築学会学, pp.93-94.
国友直人(2013),「災害と住宅問題: 東日本大震災からの教訓」『経済学論集』79巻1号, 東京大学経済学会, pp.2-16.
後藤忠徳(2016),「西日本の内陸, 南海トラフ, 首都直下, 熊本地震を受けて, 地震学者が警戒する地域は?」『婦人公論』101(10), pp.56-59.
甲斐悠介・安武敦子(2017), 「地域防災計画における事前復興の取り組みに関する研究」『長崎大学工学研究科研究報告』第47巻第88号, 長崎大学大学院工学研究科.
菅野拓(2012),「仙台市の応急仮設住宅入居者への伴走型サポートの始動: パーソナルサポートセンター 安心見守り協働事業」『ホームレスと社会』Vol.5, 明石書店, pp.49-52.
鍵直樹, 吉野博, 長谷川兼一他(2012),「応急仮設住宅における化学物質汚染の実態」『空気清浄』Vol.50No.2, 日本空気清浄協会, pp.25-29.
金菱清(2016),『震災学入門』筑摩新書, pp.31-32.
鎌田薫他(2015),『震災後に考える:東日本大震災と向き合う92の分析と提言』早稲田大学.
鈴木浩(2012), 「東日本大震災と木造応急仮設住宅の展開」『都市計画』Vol.61 No.2, 日本都市計画学会.
柳宇, 吉野博, 長谷川兼一, 鍵直樹(2012),「応急仮設住宅における室内真菌汚染の実態」『空気清浄』Vol.50No.2, 日本空気清浄協会, pp.18-24,
柳宇(2013), 「応急仮設住宅における室内真菌汚染の実態」『日本雪工学会誌』Vol.29No.1, 日本雪工学会, pp.62-65.
茅岡彰人, 藤田香織(2007),「間伐材を利用した応急仮設住宅に関する研究: 文献調査に基づく考察」『日本建築学会大会学術講演梗概集(2007)』日本建築学会, pp.697-698.
牧紀男, 三浦研, 小林正美(1995),「応急仮設住宅の物理的実態と問題点に関する研究 : 災害後に供給される住宅に関する研究」『日本建築学会計画系論文集』Vol.60 No.476, 日本建築学会, p.125.
奈良勲, 山崎俊明, 木林勉, 神戸晃男(2014),『理学療法から診る廃用症候群—基礎・予防・介入』文光堂, pp.1-254.
平光厚雄, 星和磨, 上田麻理(2014),「避難所におけるパーティションを利用した音環境改善の検討例」『音響技術』Vol.43No.1, 日本音響材料協会,

pp.8-12.
平野正秀(2011),「「応急仮設住宅」をめぐって」『地域開発』566, 日本地域開発センタ-, pp.17-20.
橋本典久(2013),「東日本大震災の応急仮設住宅における近隣騒音問題に関する調査研究」『日本建築学会環境系論文集』第78巻第693号, 日本建築学会, p.901.
秋山由衣, 月舘敏栄, 山口裕史(2014),「岩手県太平洋沿岸における応急仮設住宅の雪寒対策の課題」『雪氷研究大会講演要旨集(2014)』日本雪氷学会.
三木直美(2001),「災害時における保健婦活動-避難所・応急仮設住宅・恒久住宅入居者へのかかわりを通して」『都市政策』102, 神戸都市問題研究所, pp.38-64.
山本喜文, 小野田修一(2014),「南相馬市応急仮設住宅居住者における廃用症候群の実態調査」『理学療法学(2013)』日本理学療法学会, p.1527.
山口雅子, 菊澤秀和, 中島倫, 菊澤康子(1996),「兵庫県南部地震における応急仮設住宅の事例研究:　各輸入仮設住宅の室内温熱環境の特徴と問題点」『日本建築学会近畿支部研究報告集』第36号, 日本建築学会近畿支部, pp.433-436.
山崎健太郎外(2010),「災害時における応急仮設住宅の提案とその評価についての研究: Bamboo Houseの開発とその検証を通じて」『日本建築学会大会学術講演梗概集(2010)』日本建築学会, pp.935-936.
山田美由紀, 佐藤隆雄(1998),「「復興計画」及び「事前復興計画」に関する考察的研究」『地域安全学会論文報告集』(8), 地域安全学会, pp.298-303.
山中茂樹(2009),「事前復興計画のススメ-この国の明日を紡ぐ」『災害復興研究』(1),　関西学院大学災害復興制度研究所, p.183.
室崎益輝, 大西一嘉, 成尾優子(1994),「大災害時の応急仮設住宅供給に関する研究:　応急仮設住宅をめぐる諸問題」『平成6年度日本建築学会近畿支部研究報告集』No.34, 日本建築学会近畿支部, pp.765-768.
室崎益輝(1994),「応急仮設住宅における居住生活上の問題点」『地域安全学会論文報告集』No.4, 地域安全学会, pp.39-49.
室﨑益輝(2015),「近畿圏における大規模・広域災害と防災対策」『都市計画』64巻6號, 日本都市計画學會, pp.24-27.
水野史規, 長野裕美, 三浦研, 小林正美(1997),「阪神大震災後のグループホームケア事業型応急仮設住宅に関する調査研究:　建築環境・施設サービスの実態と入居者意識の分析を通して」『日本建築学会近畿支部研究報

告集』第37號, 日本建築学会近畿支部, pp.181-184.
松本滋, 大塚毅彦(1998),「応急仮設住宅から移転後の住まいと暮らしの復興過程に関する研究: 住まいの復興について」『日本建築学会大会学術講演梗概集(1998)』日本建築学会, pp.1047-1048.
太田理樹, 阪田弘一(2011),「災害時における木造応急仮設住宅の供給実態と課題」『日本建築学会近畿支部研究報告集』第51号, 日本建築学会近畿支部, pp.513-516.
太田直希, 矢吹信喜, 福田知弘(2009),「柱グリッド方式を用いた大災害後の応急仮設住宅に関する研究」『日本建築学会近畿支部研究報告集』49, pp.193-196.
小島裕貴, 岩佐明彦(2008),「地域資源を活かした応急仮設住宅支援: 越沖地震仮設住宅におけるケーススタディ」『人間・環境学会誌』Vol.11 No.2, 人間・環境学会, p.48.
小野田知矢他(2013),「震災関連住宅における温熱・空気環境に関する調査: 応急仮設住宅における住まい方と断熱水準の提案」『日本建築学会東北支部研究報告集』76号, 日本建築学会東北支部, pp.37-40.
野崎淳夫, 一條佑介, 柳宇, 鍵直樹, 成田泰章, 吉野博(2014),「震災関連住宅における温熱・空気環境に関する調査: 郡山市内における応急仮設住宅の室内空気質)」『日本建築学会学術講演梗概集』日本建築学会, pp.967-968.
伊藤裕造(2012),『東日本復興』ＫＨＢ東日本放送.
永幡幸司(2014),「震災避難所における音環境の問題とその対策例」『音響技術』Vol.43No.1, 日本音響材料協会, pp.1-7.
越山健治, 室崎益輝(1995),「阪神・淡路大震災における応急仮設住宅供給に関する研究: 神戸市周辺7市におけるアンケート調査から」『地域安全学会論文報告集』No.5, 地域安全学会, pp.89-96.
越山健治, 室崎益輝(1996),「阪神・淡路大震災における応急仮設住宅供給に関する研究」『都市計画論文集』Vol.31, 日本都市計画学会, pp.781-786.
中村昇(2011),「災害時における木造応急仮設住宅(1)応急仮設住宅の変遷」『木材情報』243, 日本木材総合情報センター, pp.1-10.
中村一樹(1999),「都市の地震災害に対する事前復興計画の考察: 東京都の震災復興戦略と事前準備の考え方を事例に」『総合都市研究』第68号, 東京都立大学都市研究センター, pp.141-164.
中村一樹・池田浩敬(2002),「事前復興計画」『防災辞典』築地書館, p.163.
佐藤英明(2011)「岩手県における応急仮設住宅の建設事業者公募及び木造仮設

住宅」『木材情報』246, 日本木材総合情報センター, pp.1-4.
佐藤滋(2007),「事前に復興まちづくりに取り組む」『大震災に備えるシリーズⅡ復興まちづくり』社団法人日本建築学会, p.270.

제9장

トム・キル, ブリギッテ・シテーガ, デビット・スレイタ編(2013),『東日本大震災の人類学』人文書院.
河田恵昭(2011),『津波災害-減災社会を築く』岩波書店.
海渡雄一(2011),『原発訴訟』岩波書店.
イース・プレス編(2013),　『被災地復興で本当にあった忘れてはいけない話』イースト・プレス.
読売新聞東京本社(2011),『読売新聞報道写真集　東日本大震災』読売新聞.
開沼博(2012),『フクシマの正義-「日本の変わらなさ」との戦い』幻冬舎.
開沼博(2011),『「フクシマ」論』青土社.
畠中宗一(2002),『自立と甘えの社会学』世界思想社.
NHKスペシャル(2013),『メルトダウン』取材班『メルトダウン連鎖の真相』講談社.
福山哲郎(2012),『原発危機 官邸からの証言』ちくま新書.
斎藤環(2012),『被災した時間-3.11が問いかけているもの』中央公論新社.
御厨貴(2011),『「戦後」が終り,「災後」が始まる』千倉書房.
上昌広(2012),『復興は現場から動き出す』東洋経済新報社.
市田良彦(2011),『脱原発「異論」』作品社.
塩谷喜雄(2013),『「原発事故報告書」の真実とウソ』文春新書.
馬淵澄夫(2013),『原発と政治のリアリズム』新潮新書.
烏賀陽弘道(2012),『原発難民』PHP新書.
『現代思想』Vol39-14(特集　反原発の思想), 青土社, 2011年.

제10장

Vivien Burr著, 田中 一彦訳(1997),『社会的構築主義への招待』川島書店.
あぼえいじ(2007),「オートポイエーシスとは何か」『ロジスティックビジネス』7月号, ライノス・パブリケーションズ, pp.68-71.
いとうたけひこ(2015),「テキストマイニングによる被災体験学への混合研究法アプローチ」『東西南北:和光大学総合文化研究所年報』和光大学総合文化研究所, pp.104-116.
マトゥラーナ H. R. and F. J. ヴァレラ著, 河本英夫訳(1991),『オートポイエーシスー 生命システムとは何か』国文社.
みやぎ民話の会編(2012),『みやぎ民話の会叢書』第13集, みやぎ民話の会.
やまだようこ(2000), 「人生を物語ることの意味」『教育心理学年報』第39集, pp.146-161.
磯前順一(2015),『死者のざわめき: 被災地信仰論』河出書房新社.
大橋忠雄(1985),『民話の中の被差別部落像』明石書店.
大島廣志(2007),『民話－伝承の現実』三弥井書店.
島津信子(2013),「失われたふるさとを民話の力で」『震災と民話』三弥井書店, pp.115-1118.
保坂裕子(2014),「ナラティヴ研究の可能性を探るための一考察」『兵庫県立大学環境人間学部研究報告』第16号. pp.1-10
福田雄 (2012),「災禍を語ること/語られることはいかにして可能か: 「第七回みやぎ民話の学校」における「3.11」津波の語りから」『KG社会学批評』創刊号, pp.57-63
森岡正芳(2013),「現場から理論をどう立ち上げるか: 臨床ナラティヴアポローチを手がかりに」『神戸大学大学院人間発達環境学研究科研究紀要』6巻3号. pp.7-12.
小野和子(2012),「3.11を語り継ぐために」『震災と語り』三弥井書店, pp.102-106.
(2013),「映像と声と」『震災と民話』三弥井書店, pp.66-73.
小田桃子(2014), 「W.G.ゼーバルト 『アウステルリッツ』におけるコレクション: <歴史>と<記憶>のはざまで」『DA』第10集, pp.46-58.
松本孝三(2015), 「災害を語る民間説話の世界」『伝承の創造力』三弥井書店, pp.217-242.
安川晴基(2008), 「「記憶」と 「歴史」ー集合的記憶論における一つのトポスー」『芸文研究』Vol. 94. pp.68-85.
岩本由輝(2012), 「3.11大津波そこまでやって来た」『震災と語り』三弥井書店, pp.97-101.
岩本通弥(1990),「柳田国男の「方法」について-綜観・内省・了解」『国立歴史民俗博物館研究報告』第27集, pp.113-135.
野家啓一(1996),『物語の哲学ー柳田国男と歴史の発見』岩波書店.
野村敬子(2012),「今語ること」『震災と語り』三弥井書店, pp.71-80.
宇野邦一(1986),「1986年の政治ゲーム, 言語ゲーム, あるいは死のメニュー」

『現代思想』vol.14-8, pp.38-49.

友沢悠季(2015),「「なかったこと」にさせない思いをつなぐ営みとしての歴史叙述」『歴史学研究』No. 935, pp.29-33.

庄司アイ(2013),「宮城県亘理郡山元町の津波体験」『震災と民話』三弥井書店, pp.49-55.

井庭崇・成瀬美悠子(2008),「オートポイエティック・システムとしての生態系」『社会・経済システム学会第27回大会発表集』情報社会学会, pp.1-4.

佐々原正樹(2014),「「読み」の語り直しと「言論の場」」『広島大学大学院教育学研究科紀要』第63集, pp.87-96.

川田牧人(2005),「<社会調査の社会学>目で見る方法序説:視覚の方法化もしくは考現学と民俗学」『先端社会研究』第2号, pp.73-94.

鷲田清一(1999),『「聴く」ことの力』TBSブリタニカ.

초출일람

제1장 김영근, 「일본의 진재학과 재해부흥의 역(逆)이미지: 한국형 위기관리 모델의 시론」 『한림일본학』24집, 한림대학교일본연구소, 2014년.

제2장 김영근, 「한국의 재해문화와 안전교육에 관한 대학의 역할 일본 3·11 후쿠시마의 교훈」 『日本研究』第26輯, 고려대학교글로벌일본연구원, 2016년.

제3장 야마 요시유키(山泰幸), 「'상징적 부흥'이란 무엇인가?」 『日本研究』第18輯, 고려대학교글로벌일본연구원, 2012년.

제4장 야마 요시유키(山泰幸), 「災害に備える村の事前復興の取り組み: 徳島県西部中山間地の事例から」 『村落社会研究』51, 農山漁村文化協会, 2015年.

제5장 가와무라 가즈노리(河村和德), 「2017年度 日本政治学会研究大会での報告論文」 東日本大震災学術調査及び科学研究補助金基盤研究B(課題番号15H02790), 2017年.

제6장 가와무라 가즈노리(河村和德), 「2014년 고려대학교일본연구센터 국제학술대회 「현장에서 본 3.11 동일본대지진과 공생」 발표 논문」, 東日本大震災学術調査, 立教大学学術推進特別重点資金(立教SFR)及び科学研究補助金基盤研究B(課題番号15H02790) 성과물, 2014年.

제7장 가와무라 가즈노리(河村和德), 「福島における被災者支援に対する「複雑な感情－原発事故避難者受入自治体の住民意識調査から」 『公共選択』第66号, 木鐸社, 2016年.

제8장 전성곤, 새로 집필.

제9장 전성곤, 「후쿠시마 도미오카마치를 다녀와서」 『BOON』2호, RHK일본문화콘텐츠연구소, 2014년. 수정보완. 『트랜스 로컬리즘과 재해사상학』 인문사, 2014년, 제2장 수정.

제10장 전성곤, 「기억 내러티브의 이중성과 역사화의 탈정치성」 『아태연구』 제23권제4호, 경희대학교국제지역연구원, 2016년.

색인

김영근(金暎根)

미국 예일대학 국제지역연구센터(YCIAS) 파견연구원을 역임하고, 도쿄대학교 정치경제학 박사 학위를 취득, 계명대학교 국제대학 일본학과 조교수를 역임했다. 현재 고려대학교 글로벌일본연구원 부교수로 있으며, 사회재난안전・연구센터 소장을 맡고 있다. 「재해후의 일본경제정책 변용: 간토・전후・한신・동일본대지진의 비교분석」등의 논문을 썼으며, 『한일관계사 1965-2015. Ⅱ: 경제』(공저), 『동일본 대지진과 일본의 진로』(공저), 『한일 경제협력자금 100억 달러의 비밀』, 『제언 동일본대지진』, 『일본 원자력 정책의 실패』, 『재난에서 살아남기 2』(공역) 외 다수.

야마 요시유키(山泰幸)

프랑스 파리 제7대학 방문연구원을 역임하고, 오사카대학(大阪大学) 박사과정 수료 후 간세이가쿠인(関西学院)대학 사회학박사를 취득했다. 현재 간세이가쿠인대학 인간과학과 교수이며, 재해부흥제도연구소 부소장을 맡고 있다. 주요 연구 업적으로는 『동일본대지진과 일본』(공저), 『추억(追憶)하는 사회』, 『환경민속학』(공저), 『이인론(異人論)이란 무엇인가』(공저)』, 『누가 행운을 잡는가』, 「「유적사회학」의 가능성」, 「환경민속학을 생각한다」, 「사자(死者)와 상상력: 일본에서의 타자상(他者像) 구성」 외 다수.

가와무라 가즈노리(河村和徳)

일본 게이오기주쿠대학(慶應義塾大学) 법학연구과 박사과정을 수료하고, 게이오기주쿠대학 법학부 전임강사를 거쳐 가나자와대학(金沢大学) 법학부 조교수, 도호쿠대학(東北大学大学) 정보과학연구과 조교수로 재직 중이다. 주요 논고로는 「피재지 선거의 제상(諸相)」을 2014년부터 현재까지 공동집필하고 있으며, 「지방자치제에 있어서 수장(首長)과 연대하는 것이 갖는 의의」, 「고령자 사회에 따른 교통 약자의 증가와 투표 환경 유지: 주민 행정의 창」이 있으며, 주요 저서로는 『시정촌(市町村) 합병을 둘러싼 정치의식과 지방선거』, 『현대일본의 지방선거와 주민의식』 외 다수.

전성곤(全成坤)

일본 오사카대학(大阪大学)에서 문학박사(일본학 전공)를 취득한 후 오사카대학 외국인초빙연구원, 고려대학교 일본연구센터 HK연구교수, 베이징(北京)일본학연구센터 객원교수를 역임했다. 현재 베이화(北華)대학교 동아연구원 교수이며, 일본연구소 소장을 맡고 있다. 주요 연구업적으로는 『트랜스 로컬리즘과 재해사상학』, 『일본의 재해부흥』(공저), 『재해에 강한 사회를 만들기 위하여(과학자의 역할과 대학의 사명, 동일본대지진과 핵재난-와세다 리포트 12)』, 『제언 동일본대지진 지속 가능한 부흥을 위하여』(공동), 『동일본대지진 부흥을 위한 인문학적 모색』(공동) 외 다수.

재해 리질리언스:
사전부흥으로 안전학을 과학하자

초판인쇄 2018년 1월 17일
초판발행 2018년 1월 17일

지은이 김영근, 야마 요시유키, 가와무라 가즈노리, 전성곤
펴낸이 채종준
펴낸곳 한국학술정보㈜
주소 경기도 파주시 회동길 230(문발동)
전화 031) 908-3181(대표)
팩스 031) 908-3189
홈페이지 http://ebook.kstudy.com
전자우편 출판사업부 publish@kstudy.com
등록 제일산-115호(2000. 6. 19)

ISBN 978-89-268-8238-2 93330